321

별나고 신기한 321가지 공부머리 잡학사전

초판 1쇄 발행 2019년 4월 19일
개정판 1쇄 발행 2024년 12월 30일

지은이 마틸다 마스터르스
그린이 라우이저 페르디위스
옮긴이 최진영

펴낸이 윤상열
기획편집 서영옥 최은영 **디자인** 맥코웰 **마케팅** 윤선미 **경영관리** 김미흥
펴낸곳 도서출판 그린북 **주소** 서울 마포구 방울내로11길 23 두영빌딩 3층
전화 02-323-8030~1 **팩스** 02-323-8797
이메일 gbook01@naver.com **블로그** blog.naver.com/gbook01
ISBN 978-89-5588-910-9 73030

*도서출판 그린북은 미래의 나와 즐거운 세상을 만들어 가는 콘텐츠를 만듭니다.
*도서출판 그린북은 독자 여러분의 소중한 의견과 원고를 기다립니다.
*잘못 만들어진 책은 구입하신 곳에서 바꾸어 드립니다.

KC마크는 이 제품이 공통안전기준에 적합하였음을 의미합니다.
제조국: 대한민국   사용 연령: 8세 이상
책장에 손이 베이지 않게, 모서리에 다치지 않게 주의하세요.

별나고 신기한 321가지
공부머리
잡학사전

마틸다 마스터르스 글 라우이저 페르디위스 그림 최진영 옮김

그린북

차례

1 놀라운 동물의 세계   11
2 알수록 신비한 인체   49
3 스포츠의 세계   75
4 유명한 인물 이야기   93
5 뜻밖의 세계사 상식   123
6 아름다운 별, 지구   151
7 신나는 세계 여행   181
8 재밌는 과학의 세계   203
9 다양한 지구의 말과 언어   233
10 신기한 식물의 세계   245
11 음식에 관한 모든 것   263
12 상상 초월 별들의 세계   277

1
놀라운 동물의 세계

1 마디개미는 마디를 세지 않아

개미가 작다는 건 모두가 아는 사실일 거야. 그런데 **마디개미**는 우리가 작다고 생각하는 '보통'의 개미보다도 훨씬 작아. 크기가 1.4밀리미터에서 6밀리미터밖에 되지 않거든. 마디개미의 일개미들도 '보통'의 일개미들보다 작아서 2.5밀리미터도 되지 않아. 그런데 마디개미의 크기가 이렇게 작은 데에는 다 이유가 있지.

- 마디개미는 다른 종의 개미 집을 찾아내서 근처에 자신들의 집을 짓곤 해. 그리고 그 집에 여왕 마디개미가 머무르는 동안, 마디개미의 일개미들은 다른 개미의 집에 도둑질을 하러 갈 준비를 하지. 그러고는 마디개미의 일개미들은 다른 개미의 집과 맞닿은 벽에 작은 구멍을 뚫고 음식을 훔쳐 와.

- 이때 다른 종의 개미가 알아채고 도둑질을 막으려 하면, 마디개미들은 미리 뚫어 놓은 작은 구멍으로 재빠르게 도망쳐. 물론 다른 부족의 개미들은 몸집이 너무 커서 그 구멍을 통과할 수 없지. 개미에 대해 더 알고 싶다면 40번 잡학을 읽어 보렴.

2 집에서 키우는 고양이들은 우사인 볼트보다도 빨리 달려

자메이카의 육상 선수 **우사인 볼트**는 100미터를 10초도 되지 않는 시간에 달린대. 초당 10미터에서 11미터를 달리는 거야. 이렇게 믿을 수 없이 빠른 속도 덕에 번개같이 빠르다는 뜻의 '라이트닝 볼트(Lightening Bolt)'나 '썬더 볼트(Thunderbolt)'라는 별명으로도 불리지.

- 그런데 그 이야기 들어 봤니? **집고양이**가 우사인 볼트보다 더 빨리 달릴 수 있다는 사실 말이야. 우리가 집에서 키우는 집고양이는 초당 약 13.9미터까지도 달릴 수 있대. 아까 말했던 우사인 볼트보다도 빠른 속도지.

- 그리고 고양이의 큰형이라고도 볼 수 있는 **호랑이**는 고양이보다도 빨라서 초당 23.9미터나 달릴 수 있다고 하네. 아참, 혹시 표범에게 쫓기고 있다면 더욱 더 조심해야 할 거야. 표범은 초당 30미터나 달릴 수 있거든. 지구상에서 가장 빠른 육상 동물이지. 그 정도라면 고속 도로에서 달리는 자동차만큼이나 빠르다고.

3 사마귀 부인은 육식 동물이래!

사마귀는 크기가 2.5센티미터에서 25센티미터까지 아주 다양해. 25센티미터라니, 곤충치고는 정말 크지 않니?

사마귀는 메뚜기와 친척일 거라고 말하는 사람도 있는데, 그건 사실이 아냐. 사마귀의 조상은 오히려 바퀴벌레에 더 가깝대. 생각해 봐! 사마귀는 메뚜기처럼 펄쩍펄쩍 뛰지도 않잖아. 사마귀가 뒷다리로 서서 양쪽 앞다리를 모으고 있는 모습은 꼭 조용히 기도하는 사람처럼 보이는데, 그건 그냥 먹이를 찾고 있는 모습이래.

- 사마귀는 수많은 종이 있는데, 더운 열대 지방에서 사는 종류만 2,400종이 넘는대. 모두 삼각형 머리에 긴 목과 정말 커다란 앞다리가 있어. 그리고 눈이 다섯 개나 되지. 이것들 중 두 개의 커다란 겹눈이 얼굴의 양옆에 붙어 있고, 그보다는 작은 세 개의 홑눈이 머리 위에 붙어 있어. 하지만 시력이 그다지 좋지는 않아.

- 사마귀의 가장 특별한 능력은 청력이라 할 수 있지. 사마귀의 귀는 양 뒷다리 사이의 배에 달려 있어. 꼭 길게 잘린 자국처럼 보이곤 해. 웃긴 것은 허물을 벗을 때마다 사마귀의 청력이 점점 좋아진다는 거야. 이 말은 사마귀가 나이를 먹을수록 소리를 더 잘 듣게 된다는 거지.

- 보통 사마귀는 다른 곤충을 먹고 사는데, 커다란 사마귀들은 작은 새나 개구리를 먹기도 해.

- 그런데 말이야, 무서운 이야기 하나 해 줄까? 사마귀는 육식성 곤충이야. 심지어 자기의 형제자매를 잡아먹을 때도 있어. 어린 사마귀 유충 중 가장 센 유충은 한두 마리만 남겨 놓고 자신의 형제자매들을 모두 잡아먹곤 해. 그러면 자기가 살아남을 수 있는 확률이 높아지거든.

- 커다란 사마귀의 경우, 짝짓기를 한 후 암컷 사마귀가 수컷 사마귀를 잡아먹기도 해. 수컷 사마귀에게 짝짓기란 말 그대로 목숨을 건 일이지.

사마귀에 대한 더 무서운 이야기

짝짓기 하는 동안 수컷 사마귀는 암컷 사마귀만 바라본대. 이렇게 수컷이 암컷에게 눈을 떼지 못하는 이유가 무엇일까? 사마귀가 짝짓기를 하는 도중에도 이따금 수컷 사마귀를 먹어 치우는 경우가 있기 때문이야. 하지만 수컷 사마귀는 머리가 없어지거나 몸이 반쯤 잡아먹힌 상태에서도 끝까지 짝짓기를 한대.

4 자기의 똥도 먹어 치우는 토끼

토끼를 키우는 사람들은 이미 알아챘을지도 모르겠네. 자기 똥을 먹어 치우는 토끼가 있다는 걸 말이야. 그런데 토끼들이 왜 그러냐고? 그건 똥에 아직 소화하지 않은 영양소가 남아 있기 때문이야.

- 소화할 영양소가 더 이상 남아 있지 않은 똥은 딱딱해. 토끼는 이런 똥은 먹지 않아.

- 그런데 토끼들이 엄청 부드러운 똥을 쌀 때도 있어. 토끼들이 먹는 똥은 바로 이런 똥이야. 부드러운 똥은 보통 위장이나 맹장에서 소화 과정을 거쳤지만 아직도 많은 영양소가 남아 있어. 이렇게 남은 영양소들이 다시 한번 위장에 들어가서야 토끼들은 자신에게 필요한 남은 영양소를 흡수할 수 있어. 토끼들이 자신의 부드러운 똥을 먹지 않는다면 영양실조로 죽을 수도 있어.

5 코끼리는 줄넘기를 하지 않아!

코끼리가 줄넘기를 하지 않는다니 정말 다행이야! 이 세상의 모든 코끼리들이 동시에 같이 줄넘기를 한다면 지구가 태양계를 벗어날지도 모른다고!

- 그거 아니? 코끼리들은 뛸 수가 없대. 이유는 너무 무겁기 때문이야. 코끼리는 뛰면 다리가 부러질 수도 있다고 해. 종에 따라 다르지만, 코끼리의 무게는 보통 1,500킬로그램에서 7,000킬로그램이야. 세상에서 가장 가벼운 코끼리 종인 보르네오코끼리도 몸무게가 1,500킬로그램이나 되니, 보통 사람의 체중보다 훨씬 무겁지. 서아프리카코끼리나 아프리카부시코끼리 같은 종은 말 그대로 엄청 거대해. 이런 코끼리들은 트럭이랑 견줄 수 있을 정도야.

- 이렇게 몸이 무거운데도 코끼리는 상당히 빠르게 달릴 수 있어. 짧은 거리는 시속 40킬로미터까지도 속력을 낼 수 있대.

- 코끼리는 크고 무겁기만 한 게 아니라 상당히 똑똑하고 사회적인 동물이야. 풍족할 때나 그렇지 않을 때나 상관없이, 물과 음식물을 서로 나눠 먹을 줄도 아는 동물이거든.

- 기억력도 엄청나게 좋아서 집에 돌아가는 길을 항상 잘 찾지. 다른 가족도 만나고 서로 어루만지고 껴안기도 해.

- 죽은 코끼리의 엄니나 뼈를 발견했을 때는 슬픔을 표현하기도 해. 보통 그게 어떤 코끼리인지 알아보고 긴 코를 뻗어서, 발견한 엄니나 뼈를 쓰다듬어 주지.

코끼리에 대한 더 많은 이야기

- 코끼리는 서로 멀리 떨어져 있어도 휴대 전화 없이 대화를 할 수 있어. 코끼리는 인간들이 들을 수 없는 엄청나게 낮은 소리를 만들어 내는데, 이 소리를 이용하면 5킬로미터나 떨어진 곳에서도 서로 대화를 할 수 있지. 보통 이 소리를 이용해서 어디에서 먹이를 찾을 수 있는지나 어디에 천적들이 있는지를 알리곤 해.

- 무리에서 떨어져 나온 코끼리는 멀리 떨어진 다른 무리의 코끼리들에게 아주 중요한 정보를 가져다주기도 해. 밀렵꾼이 나타났을 때 보내는 경고처럼 말이지.

- 코끼리의 천적은 인간이야. 코끼리 무리가 살아가기 위해서는 엄청나게 넓은 공간이 필요한데, 인간이 수많은 코끼리의 서식지를 파괴하고 있지. 또한 상아를 얻기 위해 코끼리를 사냥하는 밀렵꾼들도 있어. 1930년대까지만 해도 약 오백만 마리가 넘는 아프리카코끼리가 살고 있었다고 하는데, 이제는 고작 20만에서 30만 마리의 코끼리만 남아 있어. 얼마 남지 않은 코끼리들을 지키기 위해 세계 여러 나라에서 코끼리 보호 구역을 정했지.

- 아주 오랜 옛날, 코끼리들은 물속에서 살았을지도 몰라. 그래서인지 지금도 코끼리들은 수영을 엄청 잘하지. 기다란 코를 스노클처럼 사용해서 물속에 오래 머무르곤 하니까 말이야.

- 코끼리는 커다란 엄니 때문에 다른 동물처럼 바닥에 놓인 음식을 고개 숙이고 먹을 수 없어. 먹이를 입으로 가져가기 위한 '도구'가 필요하지. 바로 기다란 코야. 그런데 코끼리의 코가 예전부터 길지는 않았어. 원래는 윗입술이었는데, 진화하면서 팔처럼 길쭉하게 변했대.

- 코끼리의 코는 매우 편리한 도구야. 굵은 나무줄기뿐만 아니라 작은 동전까지도 집어 올릴 수 있고, 다른 코끼리를 만지거나 때리고 물을 뿜어 올려 샤워를 할 수도 있지. 고대 인도에서는 코끼리를 '손이 있는 동물'이라고 불렀대.

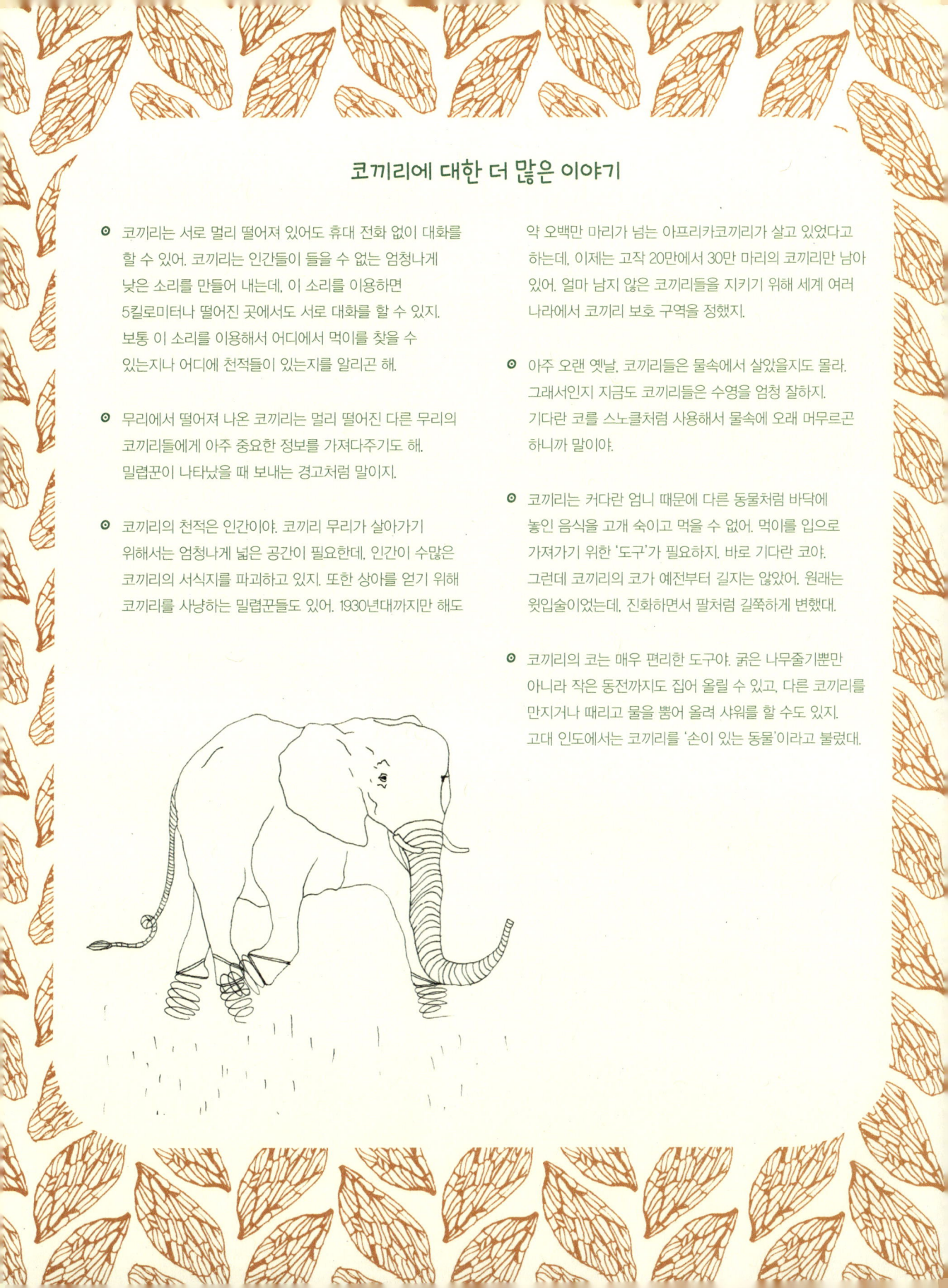

6 볼록눈 물고기의 머리통은 투명해

어둡고 컴컴한 깊은 바닷속, 이상하게 생긴 물고기가 있어. **통안어** 또는 '볼록눈 물고기'라고 불리지. 라틴어 이름은 매크로핀나 미크로스토마(*Macropinna microstoma*)라고 해.

- 통안어의 몸은 갈색이야. 그런데 머리통은 투명하고 그 위에 눈만 불쑥 솟아나 있어. 이렇게 툭 튀어나온 눈으로 모든 방향을 볼 수 있지만, 보통은 먹이를 찾기 위해 위쪽만을 바라봐. 머리의 앞쪽에는 꼭 눈처럼 생긴 콧구멍이 있고, 그 바로 아래에 입이 있지. 머리통 위에 붙어 있는 눈은 먹잇감을 찾고 사냥하는 데 쓰이지. 독특하게 생긴 눈 덕분에 통안어는 '천국을 보는 물고기'라고 불리기도 해. 통안어는 몸에 달린 지느러미를 이용해 조용히 헤엄쳐 다니기 때문에 바로 옆에 있어도 그 누구도 알아채지 못하지.

- 몸 크기가 15센티미터 정도 되는 이 물고기는 깊은 바다의 2,500미터 아래에서도 살 수 있어. 이런 깊은 바닷속에 사는 생물은 많지 않기 때문에 먹이를 찾으려면 똑똑해야만 하지. 통안어가 얼마나 똑똑하냐면 해파리가 찾은 먹잇감을 훔치기도 해. 해파리들은 조금 얕은 바다의 표면에서 작은 크기의 해파리나 조개류를 잡아채 깊은 바닷속으로 끌고 들어와 먹곤 하거든. 물론 갑자기 튀어나온 통안어가 다 잡은 해파리의 먹잇감을 낚아채기 직전에만 가능한 일이지.

통안어의 친구들에 대한 더 많은 이야기

바닷속뿐만 아니라 바다 밖에도 통안어의 친구들이 많아.

- **유리개구리**의 배는 투명한 초록빛이라서 배 속의 모든 내장이 보여. 이런 특성 때문에 유리개구리들이 사는 열대 우림에서 완벽한 보호색을 뽐낼 수 있지.

- **투명잠자리나비**는 속이 들여다보이는 아름다운 날개를 가지고 있어.

- 투명한 딱정벌도 있다는 사실 알고 있니? 바로 **남생이잎벌레**야. 투명한 날개 위의 작은 오렌지색 투명한 날개가 꼭 투명 갑옷처럼 보여.

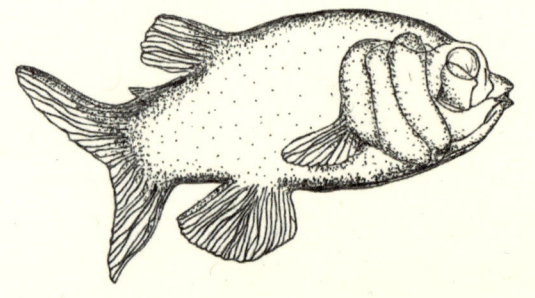

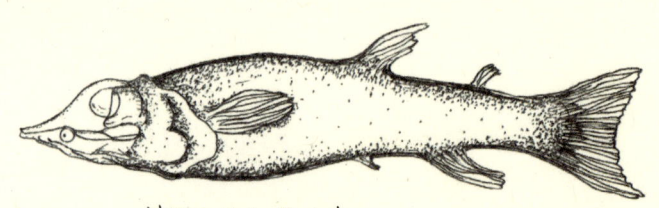

천국을 보는 물고기

7 '사자'라는 이름은 '하품'에서 따온 거래

- **사자**는 무섭게 보이지만, 알고 보면 얼마나 게으른지 몰라. 하루 중 20시간 이상 잠을 자고 고작 4시간만 활동한다니까.

- 사자의 체중은 120~250킬로그램이야. 보통은 수컷이 암컷보다 70킬로그램 정도 더 무거워.

- 수컷 사자는 얼굴 전체에 '갈기'라고 부르는 커다란 수염이 나 있어. 이 수염 덕분에 다른 동물들에게 위협적인 모습을 보여 줄 수 있지. 이뿐만 아니라 갈기는 다른 동물과 전투할 때 수컷 사자의 머리와 목 주변을 보호하는 역할을 해. 세 살쯤부터 갈기가 나기 시작하는데, 갈기가 클수록 더 용맹한 사자라는 사실을 알 수 있어.

- 사자는 매우 사회적인 동물이야. 수컷 사자 한 마리와 암컷 사자 여러 마리, 그리고 새끼 사자들까지 열다섯 마리 정도가 무리를 이루어 살아. 이 무리에 사는 암컷들은 서로 자매이거나 딸이야. 무리의 어른 사자들은 모두 동등한 권리를 누리고 서로를 존중해.

- 다른 무리의 암컷 사자들을 끌어오려 수컷 사자들이 싸우는 경우가 있어. 엄청나게 큰 전투가 될 때도 있지. 그렇기 때문에 10살이 넘는 야생 수컷 사자를 찾기는 쉽지 않아. 나이가 많은 수컷 사자들은 더 어리고 강한 수컷 사자에게 밀려 왕좌를 물려주곤 해.

- 우두머리 사자들은 으르렁거리는 소리를 내서 다른 사자들이 자신의 영역에 들어와 위협하지 못하게 무리를 지켜. 이 울음소리가 얼마나 큰지 알고 있니? 때때로 8킬로미터나 떨어진 곳에서도 들을 수 있어.

- 이외에 수컷 사자가 할 일은 많지 않아. 대신 암컷 사자들이 들판으로 나가 먹잇감을 사냥해서 돌아오지. 암컷 사자들은 다 같이 모여서 많은 숫자의 먹잇감을 가둬 사냥해. 수컷 사자들은 사냥에는 동참하지 않지만, 잡아 온 사냥감은 가장 먼저 먹곤 해.

- 사자의 먹이는 주로 영양, 멧돼지 그리고 얼룩말이야. 야생 들소, 누, 하마, 어린 코뿔소나 어린 코끼리를 사냥하는 것은 무서워하지.

- 사자는 시속 60킬로미터로 달릴 수 있대. 하지만 100미터 이하의 거리에서만 가능해. 그래서 보통 키 큰 수풀 틈에 숨어서 조용히 먹잇감을 기다리곤 해. 먹잇감들이 30미터 정도의 거리까지 다가왔을 때, 사자는 엄청난 속도로 달려들어서 먹잇감의 목덜미나 코를 물어 질식시켜 버리지.

어흥!

놀라운 동물의 세계 17

8 평생을 여행하는 제왕나비

- **제왕나비**의 여행은 자연의 신비로운 현상 중 하나야. 매년 백만 마리의 제왕나비들이 캐나다에서부터 북아메리카를 거쳐 멕시코의 중앙에 위치한 산까지 여행을 해. 몇몇 나비들이 여행하는 거리는 8,000킬로미터나 된다고 해.

- 제왕나비도 다른 나비들처럼 애벌레 시절을 보내. 제왕나비 애벌레는 독초를 먹고 자라. 점차 이 독에 면역이 생겨 먹어도 죽지 않지. 하지만 소화하지 않고 배설하기 때문에 먹어 치운 독이 몸에 쌓여 자신을 잡아먹을지도 모를 새, 파충류, 그리고 설치류를 죽일 수도 있어.

- 제왕나비는 평생 동안 네 번 허물벗기를 해. 그리고 다섯 번째에는 몸을 검은 고치로 감싸. 얼마 뒤 이 고치를 벗고 주황과 검정이 섞인 아름다운 날개를 펼치며 새롭게 태어나.

- 고치에서 나온 지 두 달 정도 되면 다른 나비들과 함께 놀라운 여행을 시작해. 캐나다의 늦여름, 수억 마리가 넘는 나비들이 떼 지어 여행을 시작하지. 이 긴 여행 동안 물을 마시거나 꽃꿀을 빨거나 날씨가 너무 안 좋을 때만 잠시 멈춘대. 그 어떤 나비도 이 길고 힘든 여행을 경험한 적은 없어. 하지만 제왕나비는 자신의 목적지까지 헤매지 않고 도착하지. 수많은 과학자들이 어떻게 제왕나비가 여행을 하는지 궁금해해.

- 멕시코 사람들은 제왕나비의 여행을 몹시 기다려. 사랑하는 조상들이 나비의 모습을 하고 집으로 돌아온다고 생각하거든. 그래서 제왕나비들이 올 때면 쉴 수 있도록 수많은 과일과 꽃을 모아서 제단을 마련하느라 바빠.

- 제왕나비들은 늦가을 날씨가 추워지면 든든히 배를 채우고 나뭇가지에 가까이 모여 있어. 이렇게 모여 있으면 따뜻하기 때문에 에너지가 적게 들거든. 가끔 물을 먹거나 꿀을 빨러 가지만, 금세 무리로 돌아오곤 해.

- 이렇게 모인 제왕나비들은 다시 봄이 올 때까지 그 자리에서 겨울을 지내. 그러고는 다시 날개를 펼쳐 흩어지지. 그리고 오래지 않아, 다시 커다란 무리를 이뤄서 더 북쪽으로 떠나는 여행을 시작해. 첫 번째 목적지는 미국 텍사스야. 이곳에서 짝짓기를 하지.

- 짝짓기를 마친 암컷 나비들이 300~400개의 수정된 알을 낳으면, 일생을 마쳐. 이 알들에서 다시 제왕나비로 자라날 애벌레들이 태어나. 여기서 태어난 다음 세대의 제왕나비는 더 먼 북쪽으로 가는 여행을 시작해. 그곳에서 짝짓기를 하고 새로운 나비들이 태어나지. 그리고 그 다음 세대의 제왕나비도 똑같은 여행을 반복해. 이런 여행을 사랑을 위한 도피라고 부르는 사람들도 있어. 다시 여름이 돌아올 즈음에는 네 번째 세대의 제왕나비가 캐나다에 도착하고, 새로운 여행을 시작해.

9 하늘을 날며 먹이를 먹는 유럽칼새

- **유럽칼새**가 제비과에 속한다고 알고 있는 사람들이 있어. 하지만 이름에서 알 수 있듯, 칼새과에 속해. 칼새를 의미하는 학명인 *Apodidae*는 발이 없다는 것을 의미해. 하지만 이 말도 틀려. 유럽칼새가 작긴 하지만 네 개의 발가락과 날카로운 발톱이 있어서 벽이나 지붕 위에 매달릴 수 있으니까 말이야.

- 유럽칼새는 땅 위에 거의 내려오지 않아. 날기 위해서 태어난 생물처럼 그 누구보다도 비행을 잘하거든! 시속 170킬로미터의 속도로 날아오를 수 있고 그러면서 수천 마리의 곤충을 잡아먹어. 목이 마를 때면 물웅덩이 위로 날아들어 부리로 물을 쪼아 마시지.

- 유럽칼새는 건물들 사이에 난 틈이나 구멍에 둥지를 짓고 새끼를 키우곤 해. 날아다니며 찾은 전선, 깃털, 나뭇가지들을 모아 침으로 붙여 둥지를 만들지. 만약 참새나 찌르레기가 버리고 간 둥지를 찾으면 거기서 살아.

- 그리고 매년 같은 둥지로 돌아와. 만약 둥지를 지었던 건물이 없어지거나 해서 둥지가 사라지면 당황해 어쩔 줄을 모르지.

- 새끼들에게 먹이를 주기 위해 유럽칼새들은 사냥을 나가. 하늘을 날며 하루에 2만~5만 마리의 곤충을 사냥해. 새끼들을 위해 충분한 먹이를 잡으려고 수백 킬로미터를 비행할 때도 있어.

10 먹이를 쿠키처럼 잘라먹는 쿠키커터상어

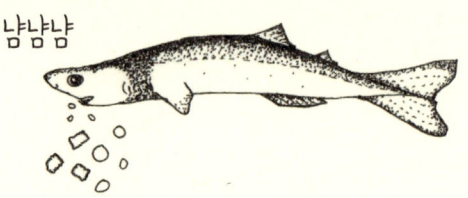

- **쿠키커터상어**라니, 이름은 정말 멋지지만 주변에 있다면 각별히 조심해야 하는 친구야. 날카로운 이빨로 살을 쿠키처럼 둥그란 모양으로 물어뜯거든. 물고기, 사람, 그리고 심지어는 잠수함까지도 물어뜯어 버려. 대서양과 인도양 바닷가에 살고 있는 이 상어의 아랫니는 윗니보다 더 길게 자라나지.

- 1970년, 미국 해군 잠수정이 수리를 하려고 육지로 돌아온 적이 있어. 이 잠수함의 겉면에 붙은 플라스틱에 생긴 너무나 많은 구멍에서 연료가 새어 나오고 있었지. 그걸 처음 발견한 승무원은 적군으로부터 공격을 받은 줄 알았대. 그때까지만 해도 잠수정의 승무원들은 잠수정에 고장을 일으킨 범인이 쿠키커터상어인지 몰랐어. 물론 범인인 쿠키커터상어를 목격하기 직전까지 말이지.

11 기린은 자신의 귀를 핥을 수도 있어

- 덩치가 큰 동물들이라면 많은 양의 먹이를 먹는 게 정상이지. **기린**은 두개골, 턱, 그리고 앞니가 너무 작아서 충분한 양의 먹이를 먹기가 힘들어. 하지만 다행히도 커다란 입술과 혀가 있지. 이 두 가지가 입의 연장선이나 다름없어.

- 기린의 혀는 50센티미터에 달한다고 해. 그 말은 기린의 기다란 혀로 귀에 묻은 먼지까지 털어 낼 수 있다는 거지. 보통 기린은 나뭇잎과 나뭇가지를 끌어내려 먹기 위해 이 기다란 혀를 사용해. 기린의 혀가 얼마나 딱딱하고 **뻣뻣**한지 가시가 잔뜩 돋아난 아카시아나무의 잎을 먹을 때도 상처를 입지 않아.

- 혹시 동물원에 간다면, 기린의 혀가 무슨 색깔인지 꼭 살펴보도록 해. 신기하게도 푸른빛을 띠고 있는데, 이는 햇빛으로부터 혀를 보호하기 위한 거야. 기린은 혀를 자주 입 밖으로 내놓는데, 이때 파란색이 자외선 차단제의 역할을 하지.

기린에 대한 더 많은 이야기

- 기린은 태어날 때부터 키가 2미터나 돼. 그리고 다 자라면 5미터까지 돼.

- 오카피라는 동물은 기린과 가장 가까운 친척이지. 오카피와 기린은 기린과에 속하는 동물이야.

- 기린의 눈은 머리통의 양옆에 달려 있어. 그래서 멀리까지 볼 수 있어. 기다란 속눈썹은 눈을 깜빡여 다른 동물들을 유혹하는 데 쓰지는 않지만 나무에서 떨어지는 갖가지 위험물들에서 눈을 지키는 역할을 하지. 그거 아니? 기린도 사람처럼 윙크를 할 수 있대.

- 기린은 덩치에 비해서는 작지만 엄청나게 강한 심장을 가지고 있어. 기다란 목을 통해 두뇌까지 피를 올려 보낼 만큼 튼튼하지.

- 기린은 인간과 동일한 개수의 목뼈가 있어. 바로 일곱 개야. 그렇지만 목뼈 한 개의 길이는 인간의 목뼈보다는 훨씬 길겠지?

- 수컷 기린은 목을 사용해 짝을 찾기 위한 레슬링을 해. 서로 목을 감싸고 쳐도 오랫동안 목을 구부리지 않고 뻣뻣하게 서 있는 기린이 이기는 경기이지. 이 경기에서 이긴 수컷이 암컷을 차지하겠지?

- 기린은 물을 마시지 않고 한 달 정도를 버틸 수 있대. 다행이지. 기린은 물을 마시려고 강이나 호수에 몸을 수그릴 때 가장 약해지거든. 물을 마실 때는 뒷다리보다 긴 앞다리를 넓게 벌려 고개를 숙여야 하는데, 그러면 적이 왔을 때 빨리 도망가지 못해.

- 유럽에 기린을 가장 처음 들여온 사람은 율리우스 카이사르야.

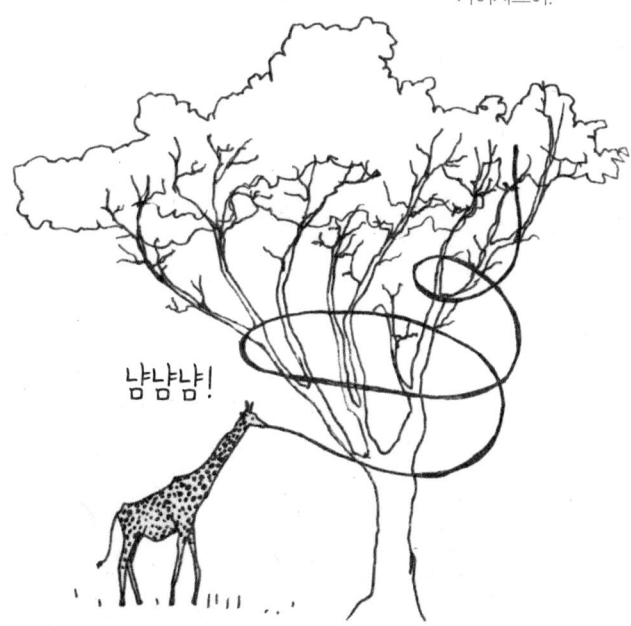

12 세상에서 가장 큰 물고기, 고래상어

'**고래상어**가 세상에서 가장 큰 물고기라고? 그건 **대왕고래** 아니었어?'라고 물어볼 수 있겠지만 대답은 '아니!'야. 왜냐하면 대왕고래는 물고기가 아니라 포유류거든.

- 고래상어는 평균 9.7미터까지 자라. 지금껏 발견된 것 중 가장 큰 것은 12.7미터였다고 하는데, 어부와 잠수부들의 말로는 18미터까지 되는 고래상어를 본 적도 있대.

- 고래상어는 전 세계의 모든 바다에서 살고 있어. 몇 마리나 사는지 정확히 알 수는 없지만 과학자들은 수만 마리 정도가 살고 있을 거라고 추정하고 있어.

- 다른 상어들과 비교했을 때, 고래상어는 헤엄치는 속도가 느린 편에 속해. 헤엄칠 때의 속도가 시속 약 5킬로미터거든. 다른 상어들은 꼬리만 써서 헤엄치는데 고래상어는 몸 전체를 다 써서 헤엄친다고 해.

- 고래상어의 수명은 100년 이상이지만 30살이 되어서야 새끼를 낳을 수 있대. 고래상어의 느린 수영 속도와 더불어 멸종 위협을 받는 이유 중 하나지.

- 고래상어는 덩치는 커다랗지만 가까이 가도 공격하지는 않아. 하지만 그 커다란 꼬리지느러미에 맞아 튕겨 나가지 않도록 조심해야 해.

- 고래상어는 입을 벌리고 수영해. 그러면 입속으로 플랑크톤, 크릴새우, 작은 물고기, 그리고 오징어 같은 먹이가 알아서 들어와. 먹이를 다 흡입한 뒤, 입을 닫고 그 안의 물을 모두 아가미를 통해 걸러 내. 그러면 먹이만 입안에 남지. 고래상어는 시간당 1,000리터가 넘는 물을 걸러 낼 수 있대.

- 범고래를 빼면 고래상어를 위협하는 생물은 많지 않아. 하지만 고래상어를 사냥하는 인간이란 천적이 있지. 인간들은 고래상어의 몸통 고기는 먹고, 지느러미로는 수프를 만들지. 간에는 배를 만들 때 사용할 물질이 들어 있고, 가죽 역시 비싸게 팔려 나간대.

13 나무에 사는 생선

한가로이 아주 좋아하는 나무 줄기에 앉아 있는데, 그 옆으로 물고기가 지나가는 모습을 본 적이 있니? 본 적이 있다면 그 물고기는 바로 **아나바스**, 그중에서도 **등목어**일 가능성이 커.

- 등목어는 산소가 부족한 물에 적응해서 살아가. 그래서 머릿속 눈 사이에 라비린트기관이라고 불리는 특별한 장기가 생겨났어. 등목어는 수면 가까이에서 공기를 들이마시고, 라비린트기관으로 밀어 넣어서 산소를 얻곤 해. 그리고 그 산소로 거품을 만들어 그 안에 알을 낳지.

- 그런데 등목어가 정말 나무에 오를 수 있을까? 가끔 연구자들이 살아 있는 등목어를 나무 위에서 찾아낸 경우가 있어서 다들 등목어가 나무를 타고 올라갈 수 있을 거라고 생각했어.

- 그렇지만 1927년에 똑똑한 과학자들이 등목어가 혼자 힘으로는 나무에 올라갈 수 없다는 사실을 발견했어. '분명 나무 위의 등목어를 봤는데, 대체 어떻게 된 일이야?'라고 질문한다면, 바로 그 비밀을 알려 줄게. 등목어는 수면 가까이에서 헤엄치기 때문에 날아다니던 새에게 사냥당하기 쉬워. 그리고 새들은 사냥한 등목어를 나중에 잡아먹으려고 나무 위에 숨겨 놓는대. 그러고는 깜빡 잊어버리고 마는 거지. 그런데 등목어는 물 밖으로 나와도 며칠을 살아 있을 수 있기 때문에, 혼자서 나무를 타고 올라간 것처럼 보였던 거야.

- 등목어는 아주 먼 거리를 이동할 수도 있어. 보통은 많은 등목어가 함께 물을 찾는 여행을 하지.

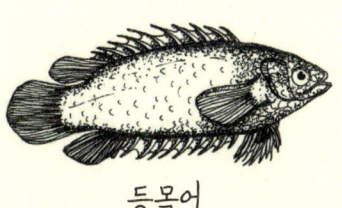

등목어

으싸

놀라운 동물의 세계

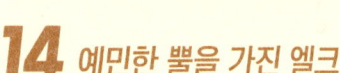

14 예민한 뿔을 가진 엘크

엘크는 북유럽, 미국, 그리고 시베리아에 살고 있는 지구에서 가장 큰 사슴이야.

- 수컷 엘크나 뿔이 달린 사슴들은 짧은 돌기와 함께 크고 넓은 뿔을 지니고 있어. 주로 사슴들에게서 나무에 가지가 달린 모양의 뿔을 찾아볼 수 있지. 엘크의 넓은 뿔 같은 경우는 너비 2미터까지 자란대.

- 수컷 엘크나 뿔이 달린 사슴의 경우, 매년 12월에서 3월 사이에 뿔이 떨어지고 4월이면 다시 뿔이 자라나지. 그런데 사슴과 동물의 뿔은 매우 민감하대. 얼마나 예민한지 뿔에 파리가 앉았는지도 알 수 있어.

- 엘크는 다리가 길어. 이 다리를 사용해서 엄청나게 높이 쌓인 눈밭을 달리지.

- 엘크는 냄새를 잘 맡고 소리도 잘 들을 수 있지만 시력은 좋지 않아서 안경을 사용해야 할 정도야.

- 엘크가 가장 좋아하는 음식은 소나무의 새싹과 잔가지, 버드나무와 포플러나무의 껍질, 허브, 나뭇잎, 그리고 수중 식물이야. 그리고 가을에는 옥수수를 먹지.

- 수영을 좋아해서 호수나 강가에 살기 좋아하지만, 겨울에는 건조한 지역을 찾아서 떠난대. 또한 여름에는 혼자서 다니지만, 겨울에는 무리를 지어 다니지.

- 수컷 엘크는 짝짓기를 할 때까지는 암컷 엘크의 꽁무니를 쫓아다니지만, 짝짓기가 끝난 다음에는 암컷을 떠나. 그리고 그 사이에서 태어난 아기 엘크는 다음 새끼 엘크가 태어날 때까지 엄마와 함께 살 수 있지. 새로운 새끼가 태어나면 엄마는 먼저 태어난 엘크가 긴 다리로 혼자 설 수 있도록 곁에서 밀어내.

15 돼지와 함께 게임을 한다고?

유인원, 고래, 코끼리, 까마귀 다음으로 **돼지**는 지구상에서 가장 똑똑한 동물일 거야.

- 돼지는 20가지가 넘는 소리를 내서 서로 대화할 수 있어.

- 돼지는 소리 이외에도 몸짓을 사용해 다른 돼지들에게 위험이 온다는 것을 알려 주거나 감정을 표현해.

- 엄마 돼지는 심지어 새끼들에게 젖을 먹일 때 노래를 불러 줘.

- 연구에 따르면 돼지는 미리 계획을 세울 수 있을 만큼 똑똑해. 또한 인간들이 원하는 점을 정확하게 이해한다고 해.

- 어떤 돼지들은 게임까지도 할 수 있대. 조이스틱을 이용해서 컴퓨터 화면을 조종할 수 있다는 점을 이해하거든. 어느 정도 시간이 지나고 나면 게임을 완전히 이해하고 침팬지들보다 더 높은 점수를 낼 수도 있어.

- 돼지가 가장 좋아하는 것은 진흙 샤워야. 왜냐하면 진흙은 햇빛, 열기, 그리고 기생충으로부터 보호해 주거든.

- 야생 돼지들은 항상 같은 곳에서 진흙 샤워를 한대. 집이 더러워지는 것이 싫어서 집에서 먼 곳으로 간다고 해.

아마 애완동물로는 개보다 돼지가 더 나을지도 몰라.

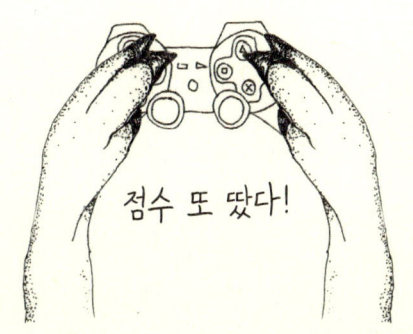
점수 또 땄다!

놀라운 동물의 세계

16 네모난 똥을 싸는 웜뱃

- **웜뱃**은 작은 발에 둥그런 몸, 그리고 짧은 꼬리가 달려 있어서 얼마나 귀여운지 몰라. 오스트레일리아에 사는데, 조상이 누군지는 잘 모르겠네. 다들 코알라와 같은 조상일 거라고 추측해.

- 웜뱃은 풀, 씨앗, 허브, 나무껍질, 그리고 식물 뿌리 등을 먹고 사는 초식 동물이야. 먹은 음식을 그대로 소화해서 2센티미터 정도 되는 똥을 누지. 그렇게 눈 똥은 바위나 나무뿌리에 걸려 굴러가지 않아. 똥을 주사위 모양으로 싸기 때문이기도 하지.

- 웜뱃은 야행성 동물이라 시력이 좋지 않아. 그래서 똥으로 자신의 영역을 표시해. 이 방식으로 암컷들은 데이트를 신청할 수컷이 근처에 있는지 알아볼 수 있어.

17 생각보다 똑똑한 양

온몸이 털로 북실북실한 **양**의 모습이 확실히 약간 멍청해 보이기는 해. 그리고 양의 울음소리를 들어봐도 그다지 똑똑할 것 같진 않아. 하지만 그거 아니? 양의 겉모습은 전부 사기야!

- 영국의 케임브리지대학교에서 진행한 연구에 따르면, 양들은 우리가 생각하는 것보다 훨씬 똑똑하대. 친구의 얼굴을 2년이 넘도록 기억할 수 있고, 서로의 입 모양도 기억한대. 또한 식물이 어느 종에 속하는지 알아본다거나 미로 속 길을 기억할 수 있다는 거야. 더 신기한 것은 똑똑하다고 소문난 원숭이도 통과하지 못한 테스트를 양은 매우 좋은 성적으로 통과했대.

- 양을 특정한 장소에만 머물게 하기 위해서 보통 울타리를 치곤 해. 하지만 농부들에게 물어보면 양들이 울타리를 넘어 탈출한 이야기를 수도 없이 해 줄 거야. 양이 대체 얼마나 똑똑한 걸까? 그런데 아까 말한 테스트를 통과한 양들은 무리를 떠나 혼자 다니는 양이었어. 과학자들이 그러는데, 동물들이 무리를 지어 사는 경우에는 약간 멍청해진대.

1 메에! (맛있다.)   2 메에에! (위험해.)

18 뒤로도 날 수 있는 벌새

벌새는 주로 남아메리카에 사는 작은 새야.

- 그중에서도 가장 작은 벌새는 **꿀벌벌새**야. 키가 보통 5~6센티미터이고 무게는 2그램이 채 되지 않아.

- 안데스산맥에 사는 **자이언트벌새**는 22센티미터의 키에 20그램의 몸무게로 가장 큰 벌새로 알려져 있어.

- 벌새의 날개는 어찌나 빨리 움직이는지 1초에 80번까지도 퍼덕거려. 그래서 벌새들은 먹는 동안에도 하늘을 계속 날아다닐 수 있지. 또한 빨리 움직이는 날개 덕에 위아래로도 재빨리 날아갈 수 있어.

- 벌새는 심지어 뒤로도 날 수 있는 유일한 새야. 그렇지만 뒤로 날아갈 때는 엄청난 에너지를 쓰기 때문에 자주 뒤로 날지는 않아.

- 벌새의 심장은 매우 작지만 분당 1,000번이나 뛰어. 따라서 에너지를 얻기 위해 하루 종일 음식을 섭취해야 해.

- 벌새는 꽃꿀을 먹기 위해서 길고 뾰족한 부리를 사용해. 그리고 더 쉽게 꿀을 먹기 위해 혀를 내밀지. 그렇게 곤충들도 먹지 못하는 꽃꿀을 먹을 수 있어. 오렌지색과 붉은색 꽃의 꽃꿀은 벌새가 가장 좋아하는 거야.

휙!

놀라운 동물의 세계 27

19 네가 어루만져 주어 상어가 되었다

- 몇몇 상어 종의 경우 등을 바닥으로 가게 뒤집고 주둥이 부분을 치면 몸이 딱딱하게 굳는 모습을 볼 수 있어. 과학자들은 이걸 '긴장성 부동화'라고 부르지. 동물이 스스로 몸을 마비시켜 죽은 것처럼 보이게 하는 현상이야. 아마 상어의 몸에서 무슨 일이 일어나서 상어를 움직이지 못하게 만드는 것이겠지. 그런 상어를 두고 자리를 떠나면 보통 15분 안에 다시 움직이기 시작한대.

- 조심해! 모든 상어에게서 긴장성 부동화가 일어나지는 않으니까. 다음번에 상어를 만나면, 상어의 종을 정확하게 확인한 후 등을 바닥 쪽으로 가게 뒤집길 바라.

- 다른 동물의 경우 '가사 상태'에 빠지곤 해. 상어의 '긴장성 부동화'와 같아 보이지만 전혀 다르지. '가사 상태'는 동물이 본능적으로 자신을 죽이는 현상이야. 포유류, 파충류, 곤충은 포식자에게 죽은 척을 할 때 가사 상태에 빠지곤 해. 이 연기에 깜빡 속은 포식자에게 풀려나 도망갈 수 있게 되면 정말 다행이지.

- 어떤 물고기들은 이런 가짜 죽음을 이용해서 먹이를 사냥하기도 해. 다른 물고기들이 자신을 죽었다고 착각할 만큼 가만히 있는 거야. 그리고 착각한 물고기가 가까이 다가오는 순간, 바로 잡아먹지.

20 7미터까지 크는 큰가오리

- **만타** 또는 **큰가오리**라고 불리는 이 생물은 폭이 7미터까지도 자라는 커다란 물고기야. 이때 폭이란 지느러미 한쪽 끝에서 다른 쪽 끝까지의 길이를 말해. 무게는 1,350에서 3,000킬로그램까지 나가.

- 가오리는 태어날 때부터 이미 1.2미터나 돼.

- 큰가오리는 커다란 외계인의 우주선처럼 보여. 물 밖에서 보면 우아하게 떠 있는 것 같지만 지느러미를 휘날리며 엄청나게 빠른 속도로 수영을 할 때도 있어. 가끔은 물 밖으로 몇

미터나 떠올라 하늘을 나는 것처럼 보이는데, 그건 지느러미가 날개처럼 보이기 때문이지.

- 가오리 몸의 위쪽은 어두운 색이고, 아래쪽은 밝은 색이야. 그래서 적의 눈에 쉽게 띄지 않지. 수영하는 가오리를 물 위에서 내려다보면 그저 검은 덩어리로 보이고, 물 아래에서 배 쪽을 바라보면 바다 표면의 밝은 색으로 보이거든.

- 플랑크톤과 작은 물고기를 먹는 가오리는 물과 함께 먹이를 입안으로 빨아들여.

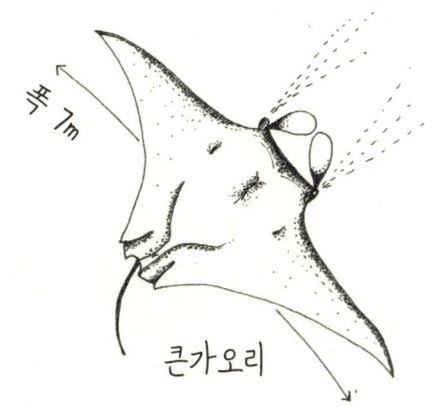

큰가오리

21 이빨이 너무 많아

- **심해아귀**는 겉모습이 매우 무섭게 생겼어. 짙은 푸른빛의 몸에 길고 커다란 투명색 이빨이 달린 주둥이를 지니고 있거든. 이빨이 얼마나 큰지 도저히 입술을 다물 수가 없을 정도야. 그 외에도, 작은 가시들이 잔뜩 달려서 한번 물리면 더 이상 빠져나가지 못해. 심해아귀는 어둡고 깊은 물속에서 물고기를 잡기 위해 이빨을 사용해. 남들이 보기에 아름다운 물고기는 아니지만, 유일하게 무서운 물고기는 아니지.

- **피라냐**는 아마존에 사는 물고기인데, 겁이 많고, 굉장히 공격적인 물고기야. 날카로운 이빨로 사람에게 달려들 때도 있는데, 그건 배가 고플 때뿐이야.

- **전기뱀장어**는 전혀 사랑스러운 물고기가 아니야. 길이가 2.5미터까지 자랄 수 있는데, 몸에 600볼트의 전기를 저장할 수 있어. 이 전기 쇼크를 받으면 정신을 잃고 물에 가라앉게 되지.

- **백상아리**는 간식으로 사람을 먹는다고 알고 있을 거야. 그리고 그 친척인 **황소상어**는 그보다도 더 똑똑해. 아주 사람이 많은 바닷가에서 살아남을 수 있지만, 강에서도 살 수 있어. 그리고 수영하는 사람들을 잡아먹을 수 있지.

이빨을 줄여야 하나?

심해아귀 피라냐

22 물구나무를 서서 볼일을 보는 판다

- 판다는 싸움을 좋아하지 않아. 적을 최대한 피하고 냄새 흔적으로 영역을 표시하지.

- 이 냄새 흔적으로 서로 대화를 할 때도 있어. 머리와 몸을 나무에 비벼 다른 판다들에게 자신의 성별과 나이를 알리지. 곰들은 냄새를 분비하는 분비샘을 갖고 있는데, 특히 판다는 그 냄새가 석 달 이상 유지된다고 해. 또한 특정한 장소에서만 용변을 보아서 다른 판다들에게 그곳이 자신의 영역임을 알리지.

- 수컷 판다는 재주를 부리기도 해. 앞발로 땅을 짚고 몸을 나무에 기대고는 다리를 뒤로 쳐드는 행동이야. 바로 물구나무를 서는 거야. 그리고 나무의 가능한 한 높은 곳에 소변을 봐. 그리고 지나가던 암컷 판다는 소변의 높이가 가장 높은 수컷을 선택하지. 그 수컷이 승자가 되어 다른 판다와 싸우지 않고도 암컷과 짝짓기를 할 수 있어.

- 좋은 시기를 아주 잘 잡아야 할 거야. 왜냐면 판다는 1년에 하루에서 이틀 정도만 짝짓기가 가능하거든. 그러니 아기 판다가 태어날 가능성은 매우 적어. 그게 바로 판다가 멸종 위기를 겪고 있는 이유이지. 중국에 사는 야생 판다는 2,000마리도 채 되지 않는대.

판다에 대한 더 많은 이야기

아기 판다는 버터 상자 정도의 크기밖에 되지 않을 정도로 작아. 갓 태어났을 때는 몸무게가 100~160그램 정도이고, 엄마의 다리에 매달려 살지. 태어난지 9~10개월이 지나야 판다는 자신을 돌볼 수 있어.

판다는 하루에 12시간을 먹이를 먹는 데 써. 보통 40킬로그램 정도의 대나무를 먹어 치우거든.

판다의 손가락은 6개야. 여섯 번째 손가락을 사용해서 대나무를 잡지. 그 손가락은 우리의 엄지손가락 즈음에 위치하고 있어.

지금 짝을 찾고 있어.

나는 일곱 살 수컷 판다야!

23 얼룩말의 줄무늬는 모두 달라

- 얼룩말에게는 검정과 하양의 아주 멋진 줄무늬가 있어. 그런데 모든 얼룩말의 줄무늬가 제각기 다른 모양임을 알고 있니? 이 세상에 같은 모양의 무늬를 지닌 얼룩말은 없어.

- 얼룩말이 왜 줄무늬를 가지고 있는지는 확실하지 않아. 위장술도 아니야. 초원의 풀이 하얀색과 검은색이 아니잖아. 과학자들은 얼룩말의 가장 큰 천적인 사자를 혼동시키기 위해 줄무늬가 생기지 않았을까 예상하고 있어. 색맹인 사자의 눈에는 줄무늬가 춤을 추는 것처럼 보여서 혼란스러울 수 있거든. 그리고 그 줄무늬로 파리를 쫓을 수 있다거나 서로를 알아보기 위해 줄무늬가 생겼다고 말하는 과학자도 있어.

- 처음에는 얼룩말의 몸은 하얀색이고 그 위에 검은 줄무늬가 있다고 생각했었어. 배 쪽이 하얀색이기 때문이지. 그렇지만 사실은 그 반대였어. 얼룩말의 몸통은 검은색이고 그 위에 하얀 줄무늬가 있는 거야.

- 재미있는 사실은 몸은 흑백이지만 사실 얼룩말은 색깔을 구분할 줄 안다는 거야. 야맹증도 없고 말이야. 그리고 귀가 여러 방향으로 움직여서 소리를 잘 들을 수 있지. 그렇지만 후각과 미각은 그다지 좋지 않아.

- 얼룩말의 무리처럼 한 마리의 수컷과 여러 마리의 암컷, 그리고 새끼 얼룩말이 모여 다니는 형태를 '하렘'이라고 불러. 짝이 없는 수컷들은 결혼하지 않은 상태로 모여 살지.

- 얼룩말은 다른 얼룩말이 주변에 있어서 자신들에게 위험을 경고해 줄 수 있을 때만 잠을 자. 잘 때도 눕지 않는데, 위험한 일이 생기면 잽싸게 달려 도망가기 위해서야.

- 얼룩말을 길들이는 것은 불가능해. 아주 조금만 불편해도 불안 상태에 빠져 도망가거든.

24 대왕 눈을 지닌 대왕오징어

빨간 모자와 늑대의 이야기에 대해 알고 있니? 빨간 모자가 묻지. "너는 눈이 왜 그렇게 크니?" 그리고 늑대가 말하지. "더 잘 보기 위해서야……." 늑대의 말처럼 커다란 눈으로는 더 잘 볼 수 있을 거야.

- **안경원숭이**는 야행성 동물이라 몸에 비해 눈이 커다래. 그래서 맛있는 파리나 오동통한 벌레를 밤에도 잘 잡아먹을 수 있지. 한쪽 눈이 자신의 두뇌만 한 경우가 많아.

나는 네가 보지 못하는 것들도 볼 수 있지.

27cm

- 하지만 **인간**은 많이 다르지. 인간의 눈은 두뇌보다 상당히 작아.

- 지구에서 눈이 가장 큰 생물은 **대왕오징어**야.

- 대왕오징어 눈의 지름은 약 27센티미터야. 인간의 안구보다 11배 이상 크지. 바닷가에서 가지고 노는 풍선 공과 비슷해. 대왕오징어는 칠흑같이 캄캄한 깊은 바닷속에서 앞을 보아야 하니 커다란 눈이 필요해.

- 대왕오징어는 눈만 큰 게 아니야. 덩치도 커. 연구자들은 대왕오징어의 몸이 12~14미터까지 자랄 수 있다는 것을 밝혀냈어. 지구상에서 가장 큰 무척추동물이지.

- 하지만 대왕오징어는 엄청난 사냥꾼은 아니야. 많이 먹지도 않을뿐더러 사냥을 하려면 너무 많은 에너지가 필요하기 때문이야. 커다란 눈은 천적들을 미리 보고 도망갈 시간을 벌기 위해 편리하게 쓰이지. 그래서 상어나 향유고래가 대왕오징어를 잡아먹는 일은 흔치 않아.

25 모기는 땀 냄새를 좋아해

모기에게 잘 물리는 사람이 있다는 걸 눈치챈 적 있니?

- 그건 그 사람들에게서 나는 냄새가 모기가 맛있게 생각하는 냄새이기 때문이야. 사람들은 숨을 쉴 때 이산화탄소를 내쉬는데 그게 바로 모기를 유혹하는 물질이야.

- 이외에도 모기를 이끄는 건 땀 냄새나 신체의 다른 냄새 때문일 거야. 모기는 사람의 몸 냄새를 30~70미터 거리에서도 맡을 수 있어.

- 모기는 피를 빨아들일 수 있는 뾰족한 입을 가지고 있어. 하지만 모든 모기가 피를 먹으려고 사람을 무는 것은 아니야.

- 오직 암컷 모기만 사람을 물어. 알을 낳기 위해 필요한 영양분을 피에서 뽑아내야 하거든. 수컷

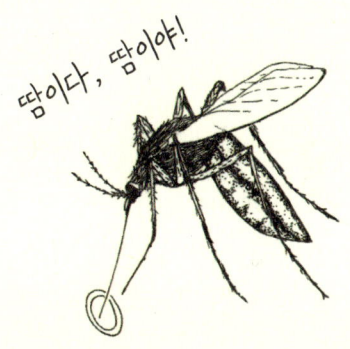

땀이다, 땀이야!

모기는 꽃꿀을 먹고 살아. 하지만 둘 다 짜증나는 소리로 우리의 잠을 깨우는 녀석들이지.

- 가끔 작은 종류의 모기들은 인간에게 매우 위험할 수 있어. **말라리아모기**를 생각해 봐. 매년 약 오십만 명의 사람이 물려 죽잖아. 또는 장애가 있는 아이를 태어나게 만드는 지카바이러스를 옮기는 모기도 마찬가지야.

놀라운 동물의 세계 33

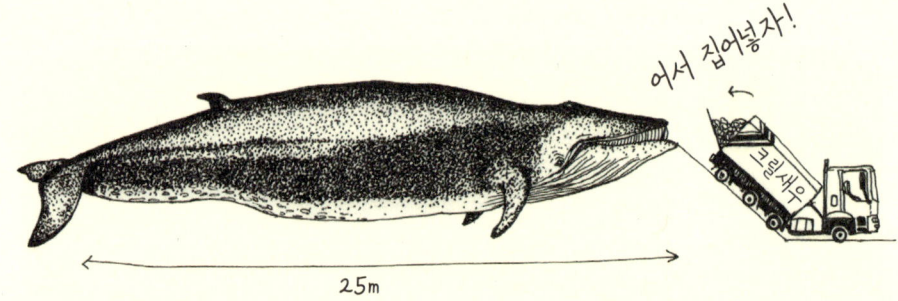

26 트럭에 꽉 채운 크릴새우를 하루 만에 먹어 치우는 대왕고래

- 고래에게 엄청난 양의 먹이가 필요하다는 사실은 그리 이상하지 않아. 고래는 지구상에서 가장 큰 동물이잖아. **대왕고래**는 포유류이며 수염고래종에 속해. 무게는 약 150톤이고 길이는 약 25미터야.

- 겨울에 대왕고래는 하루에 3.5톤의 크릴새우를 먹어. 승용차 세 대, 또는 대형 트럭 한 대 분량이지.

- 여름철, 적도 지방의 따뜻한 바다를 지날 때에는 그것보다는 적게 먹어.

- 대왕고래는 음식을 찾기 위해 극지방부터 적도 지방까지 수천 킬로미터의 거리를 여행해.

- 대왕고래는 100미터 이상을 잠수해서 입을 벌리고 수면 위로 올라와. 그리고 입속의 수염판으로 크릴새우를 걸러 내지.

- 대왕고래의 유일한 천적은 인간이야. 인간은 고래 고기와 지방을 얻기 위해 대왕고래를 사냥하지. 그래서 1966년에 이미 전체 대왕고래의 개체수 중 1퍼센트만 살아남았어.

그 이후부터는 대왕고래 사냥이 금지되었지. 과학자들은 전 세계에 약 25,000마리의 대왕고래가 살고 있을 거라고 생각하고 있어.

대왕고래에 대한 더 많은 이야기

- 암컷 대왕고래는 수컷보다 크기가 커. 보통 수컷 대왕고래가 25미터라면 암컷 대왕고래는 27미터야.

- 지금까지 측정한 것 중 가장 큰 대왕고래는 33.85미터야.

- 지금까지 측정한 것 중 가장 무거운 대왕고래는 190톤이야. 보잉 747항공기의 무게와 비슷하지.

- 대왕고래의 혀는 코끼리만큼 큰데, 무게가 약 2톤에 달해.

- 평균적으로 대왕고래는 시속 22킬로미터를 헤엄칠 수 있지만, 힘껏 속도를 내면 시속 40~50킬로미터까지 속도를 낼 수 있대.

- 대왕고래는 노래를 불러. 약 188데시벨까지 올라가 동물 세계에서 가장 큰 소리를 만들어 내지. 항공기의 모터가 120데시벨의 소리를 만들어 낸다는 사실과 비교해 보면. 이 소리는 물을 타고 넘어가서 다른 고래들에게 말을 걸 수 있을 정도지. 대왕고래는 또한 매우 낮은 소리로 콧노래도 불러. 그 소리를 사용해 주변에 무엇이 있는지 알아내지. 왜냐하면 대왕고래는 시력이 매우 낮거든.

27 그물코비단뱀은 얼마나 클까?

- **그물코비단뱀**은 10미터까지 자라나는 엄청난 크기의 뱀이야. 아시아 대륙에 살며 물 근처에서 찾아볼 수 있어. 그곳에서 먹잇감이 물을 마시러 올 때까지 기다리지. 그물코비단뱀은 독이 없지만, 동물들을 몸으로 둘둘 감아 질식시켜 죽여. 보통 먹이는 새나 작은 포유류이지만, 사람도 그물코비단뱀의 먹이 메뉴에 올라 있지. 다행히도 사람이 자주 잡아먹히지는 않아. 보통 먹이를 먹으면 일주일 동안 소화시킨다고 해.

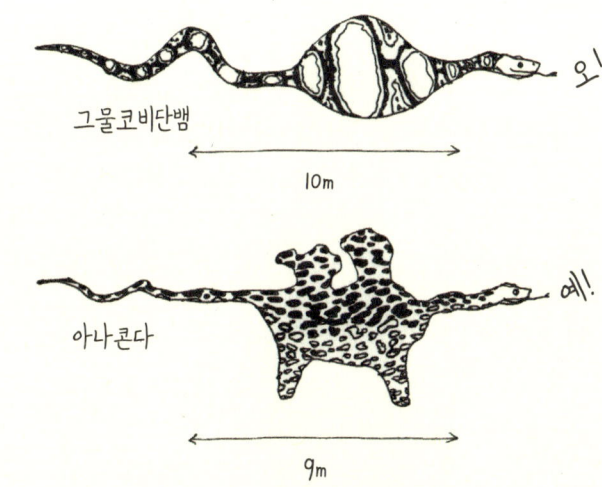

- 세계에서 두 번째로 긴 뱀은 **아나콘다**야. 9미터 정도까지 자랄 수 있지. 아나콘다, 또는 물보아뱀이라고 불리는 이 뱀은 남아메리카 열대 우림에 살아. 그리고 그물코비단뱀처럼 새, 파충류, 그리고 작은 포유류를 먹고 살아. 가끔 겁도 없이 악어나 사슴을 공격하기도 해.

- 다른 커다란 뱀으로는 **아프리카비단뱀**(7.5미터), **비단구렁이**(5.7미터), **킹코브라**(5.7미터), **부시마스터**(4.6미터), **보아구렁이**(4.3미터), **인디고뱀**(2.6미터), **방울뱀**(2.5미터), **동부갈색뱀**(2.5미터) 등이 있어. 보통 덩치가 큰 뱀들은 보통 먹이를 친친 감아서 죽이지.

28 세상에서 가장 독이 많은 동물은 해파리

상자해파리는 코브라보다 100배나 더 강한 독을 가지고 있어. 세상에서 가장 강한 독이야.

- 상자해파리는 여러 개의 다리가 달린 상자처럼 생겼어. 위와 아래쪽만 제외한 모든 면에 눈이 6개씩 달려 있어. 모두 24개의 눈이 있는데, 그 눈을 통해 먹이를 찾고 촉수로 먹이를 죽여. 상자해파리는 60개의 촉수가 있는데, 가끔 3미터까지 자라나기도 해. 그리고 각 촉수에 5,000개의 빨판이 달려 있어. 이 빨판은 독을 만들어 내는데 엄청난 고통을 주고 심지어는 사람을 죽일 수도 있어. 그리고 해독 물질도 있지만, 보통은 흉터를 남기곤 해.

- 한국의 바다에서 상자해파리를 볼까 겁을 내지 않아도 돼. 오스트레일리아, 동남아, 그리고 뉴질랜드 주변 바다에만 살거든.

- 이 세상에는 총 19종의 상자해파리가 살고 있어.

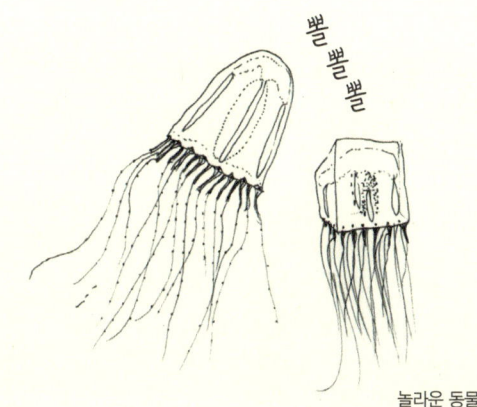

29 사과 두 개 무게의 골리앗새잡이거미

작은 사과 두 개를 손에 쥐어 봐. 그게 바로 **골리앗새잡이거미**의 몸무게야. 세상에서 가장 무거운 거미이지.

거미의 앞다리 끝에서 뒷다리 끝까지를 잰 거리를 '다리 경간'이라고 하는데, 골리앗새잡이거미의 경간은 28센티미터야. 큰 도마와 같은 사이즈야.

다행히, 골리앗새잡이거미는 흔하지 않아. 곤충, 설치류, 박쥐, 뱀, 도마뱀, 그리고 가끔은 새를 잡아먹고 남아메리카에만 살거든.

이 거미는 먹이 위에 내려앉아 독니로 물어 버려. 이 독니는 2센티미터 정도의 길이지만 털북숭이 위턱 속에 잘 숨길 수 있지.

골리앗새잡이거미보다 다리 경간이 더 큰 거미가 있어. 바로 라오스에서 사는 **대왕농발거미**이지. 다리 경간이 약 30센티미터나 돼. 하지만 그중 몸통 지름은 고작 5센티미터이지.

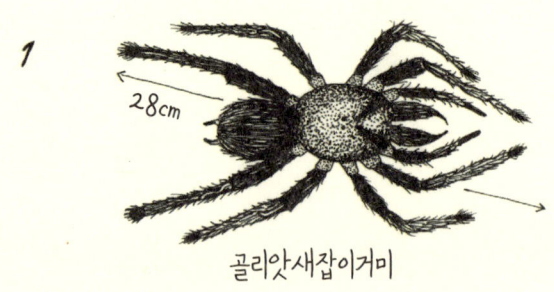
골리앗새잡이거미

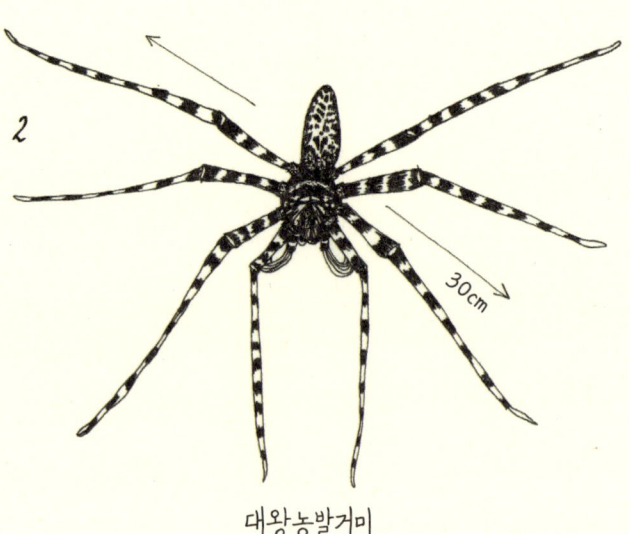
대왕농발거미

30 작은 거미는 뇌가 발에도 달려 있어

파나마에 위치한 스미소니언 열대연구소의 연구자들이 9개 종류의 거미에 대해 조사를 벌였어. 그중에는 거대한 크기의 거미도 있었지만 작은 핀의 대가리 크기도 안 될 정도로 작은 거미들도 있었지.

작은 거미의 경우는 몸통뿐만 아니라 발에도 뇌가 달려 있어. 작은 거미도 커다란 거미 사촌들과 마찬가지로 먹이를 잡기 위해 거미줄을 칠 거야. 그러니 뇌의 크기도 비슷해야만 하겠지. 하지만 몸통에는 충분한 공간이 없기 때문에 발에도 뇌가 달려 있어.

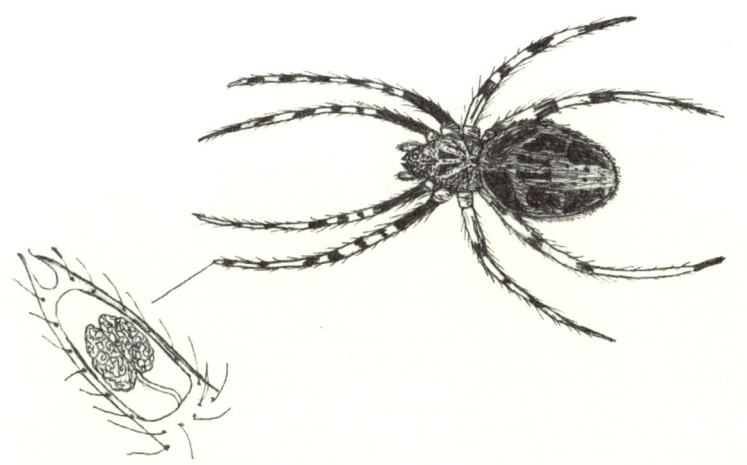

거미에 대한 더 많은 이야기

다윈거미라고 불리는 거미는 25미터까지 거미줄을 만들 수 있어. 이 말은 즉, 양방향 3차선 도로의 한쪽 끝에서 다른 쪽 끝까지 거미줄을 충분히 칠 수 있다는 말이야. 게다가 그 강도는 믿을 수 없이 튼튼해.

31 엄청나게 큰 곤충들

뉴질랜드에서 멀리 떨어진 한 섬에는 **자이언트웨타**라는 커다란 메뚜기가 살고 있어. 무게가 거의 70그램인데, 세 마리의 작은 쥐를 합친 무게야. 성인 남성의 손만큼 커다랗기도 해. 이 곤충이 이렇게 클 수 있는 이유는 자연적인 천적이 없는 데다가 매우 고립된 지역에 살고 있기 때문이야.

웨타는 오랜 시간 변함이 없는 섬에서 이미 1억 년이 넘는 세월 동안 살아 왔어. 원시적인 생물이고 '곤충계의 공룡' 같은 존재로 알려져 있지. 웨타의 먹이는 나무뿌리와 나뭇가지야.

다른 지역에서도 비슷한 곤충을 찾을 수 있어.

- **타이탄하늘소**는 그런 이름을 가지게 된 이유가 있지. '타이탄'이란 단어는 거대하다는 뜻을 담고 있어. 거대한 이 녀석은 남아메리카 열대 우림에서 살고 있는데, 16.5센티미터로 쥐만큼이나 커다래. 힘이 얼마나 센지 턱으로 연필을 부서뜨릴 수도 있지.

- 챈의 메가스틱이라고 불리는 **막대벌레**는 두 말할 필요도 없이 세상에서 가장 긴 곤충이야. 걸어 다니는 나뭇가지라고 할 수 있는 이 녀석은 보르네오에 사는데, 다리를 쫙 펼치면 길이가 57센티미터나 돼.

- 날아다니는 곤충을 보자면 **아틀라스나방**이 가장 커. 이 밤나방의 날개를 쫙 펼치면 크기가 30센티미터도 넘어.

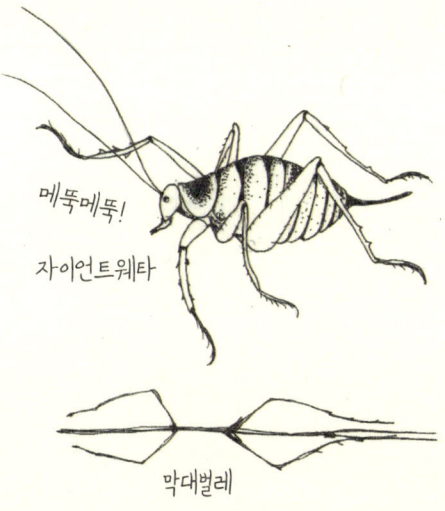

메뚝메뚝!
자이언트웨타

막대벌레

놀라운 동물의 세계 37

크릉!
크르릉!
파키케투스
프로토케투스

32 고래가 지상에 살았던 시절

똑똑한 친구들은 **고래**가 어류가 아니고 포유류라는 것을 잘 알고 있겠지. 그건 알이 아니라 새끼를 낳는다는 말이야. 대부분의 어류와 달리 고래는 알을 낳지 않아.

고래와 다른 **알락돌고래** 또는 **돌고래** 같은 해양 포유류의 조상이 지상에 살았던 시절이 있었다는 걸 알고 있니?

- 그 증거로, 고래는 물 위로 올라와 숨을 쉬고 지느러미에는 뼈가 남아 있지. 또한 수영할 때 수평 운동을 하는 다른 어류들과 달리 고래의 지느러미는 달리기를 하는 동물처럼 움직여.

- 고래는 사실 하마와 매우 비슷한 동물이야. 하지만 하마는 단 한 번도 물속에서 숨 쉬고 살아 본 적이 없지.

- 고래의 조상은 파키케투스라는 동물이야. 약 5,000만 년 전 평화롭게 주변을 거닐었지. 이 파키케투스는 그레이트 데인(독일 원산의 대형견)만큼이나 덩치가 크고 굉장히 빠르게 달릴 수 있어. 그리고 호수와 강에서 물고기를 잡는데, 이것이 파키케투스가 수영을 더 잘할 수 있게 해 주었지.

- 지구에서는 꽤나 오랜 시간인 몇 백만 년이 지난 뒤 파키케투스가 진화한 프로토케투스가 나타났어. 이 동물이 사실 돌고래와 고래의 진정한 조상이라고 할 수 있지. 이 동물은 물속에서 사는 것을 더 편하게 여기기 시작했고 해양 동물로서 점점 진화해 갔어. 우리가 지금 고래라고 생각하는 동물만큼 덩치가 커졌지.

고래에 대한 또 다른 이야기

돌고래와 고래는 장거리를 헤엄쳐 가기 때문에 매우 피곤해해. 그러니 당연히 바로 낮잠을 자고 싶겠지. 하지만 계속해서 호흡해야 하기 때문에 수면 중에도 정신을 차려야 해. 잠드는 것은 위험한 일일 거야. 그렇기 때문에 돌고래와 고래는 두뇌의 절반은 '스위치'를 꺼 두고 다른 뇌는 깨어 있게 놔두는 거야. 그러니 절반의 뇌는 잠을 자지 않아. 그래서 고래는 항상 한쪽 눈을 뜨고 잠들지.

33 아빠 해마는 아기를 낳지

해마는 어류야. 하지만 바다의 다른 친구들과는 굉장히 다르게 생겼어.

- 특이한 모양의 주둥이가 달린 머리를 가진 해마는 눈에 띄는 모습이야. 꼭 말 대가리 같지. 거기서 바다의 말이라는 뜻을 지닌 해마라는 이름을 얻게 된 거야.

- 해마를 특별하게 만드는 여러 가지 요소 중 하나는 바로 비늘 대신에 몸에 난 마디무늬야. 마디무늬는 몸 바깥쪽을 딱딱하게 감싸고 있는데, 이 때문에 다른 바다 동물들이 해마를 잡아먹기 어렵다고 해.

- 헤엄을 칠 때 해마는 정말 특별해 보여. 등에 돋아난 지느러미로 자기 몸통을 밀며 수영을 하거든. 그리고 가슴에 달린 지느러미로 물살을 헤쳐.

- 지구상에는 갖가지 색깔의 해마가 있어. 밝은 푸른색부터 밝은 노란색까지 있지. 하지만 대부분의 해마는 녹갈색을 띠고 있어서 해초나 수초, 또는 산호초 사이에서 잘 보이지 않아.

- 해마는 구부러진 꼬리를 이용해 수중 식물을 움켜쥐고 부드럽게 움직여.

- 몇몇 종은 매우 작아서 2센티미터밖에 안 되는데, 30센티미터까지 크는 해마도 있어.

- 해마는 겉모습뿐만아니라 생식 역시 동물 세계에선 특이해. 해마의 생식은 몸의 색깔을 바꾸는 짝짓기 춤으로 시작해. 그리고 암컷 해마들이 수컷의 관심을 받기 위해 싸움을 하지.

- 짝을 짓게 되면, 암컷 해마는 수컷의 배 안에 알을 낳아. 그 안에 알 주머니가 있거든. 수컷 해마는 정자와 함께 알을 수정시키고 아기 해마가 나올 수 있도록 잘 돌보지. 그리고 그동안 암컷 해마는 다시 알을 만들기 시작해.

- 수컷이 새끼를 돌보는 어류는 매우 흔해. 하지만 그중에서도 배 안에서 수정을 시키는 해마는 매우 특별하지.

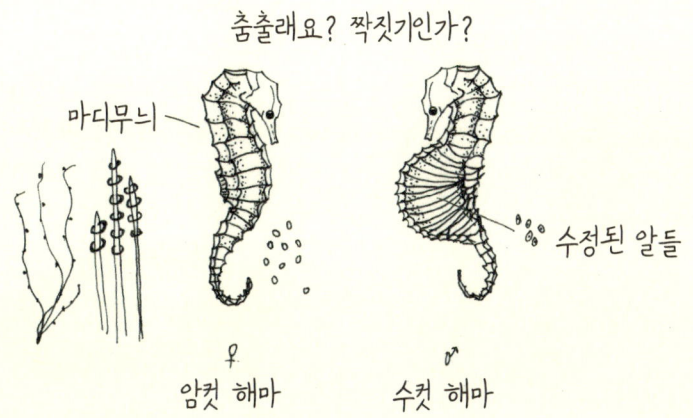

34 벌도 가끔은 다른 벌을 쏜대

지구상에는 2만 종이 넘는 **벌과 호박벌**이 존재해.

- 모든 암컷 벌은 침을 가지고 있어. 모든 적으로부터 자신의 영역을 지키기 위해서 사용하지. 여기서 적이란 벌집에서 꿀을 훔쳐가려고 하는 곰이나 사람일 거야.

- 꿀벌은 다른 영역의 일벌들이 자신의 벌집에 침범하려 하면 침으로 쏘아 죽여 버리지. 하지만 슬프게도 그 동시에 자신의 삶도 끝내 버리곤 해. 침을 쏘는 순간 그 침이 다른 벌의 몸에 박혀 버리거든. 침을 쏜 꿀벌의 배에는 커다란 상처가 생기고 곧 죽어 버려.

- 여왕벌은 매우 특이하게도, 오직 다른 여왕벌만 쏘아. 한 벌이 막 여왕벌이 되면 다른 벌의 방에 들어가 여왕으로 키워지고 있는 벌을 침으로

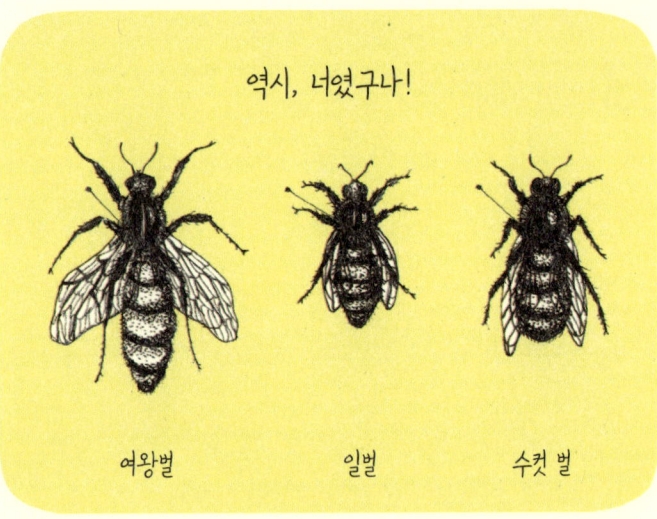

역시, 너였구나!

여왕벌   일벌   수컷 벌

쏘아 버리지. 그렇게 모든 방의 여왕 후보들을 죽여 버린 후 혼자만 살아남아.

- 여왕벌은 벌 세계의 왕과 같아. 알을 낳아 새 벌이 태어나게 만드는 단 하나의 벌이지. 사실 살면서 그 이외에 하는 일은 하나도 없어. 그동안 다른 일벌들은 여왕벌에게 엄청난 양의 특별한 음식을 제공하지. 바로 로열 젤리야. 수컷 벌들은 여왕벌과 함께 짝짓기 비행을 해서 알이 수정되도록 도와. 수컷 벌 또한 많이 일을 하진 않지. 벌의 세계에서 일을 엄청 많이 하는 것은 일벌뿐이야.

35 충직했던 애완견 보비

존 그레이는 스코틀랜드 에든버러 지역의 야간 경찰이었어. 그리고 존을 따라다니는 개 한 마리가 있었지. 바로 **보비**야.

존은 1858년 사망 후 에든버러의 중심가에 위치한 그레이프라이어스 커크야드라는 곳에 묻혔지. 그리고 보비만 남겨졌어. 존에게는 다른 가족이 없었거든.

보비는 슬픔을 견딜 수 없었고 자신의 주인을 매우 그리워했어. 매일 무덤 근처에 머물러 있다가 주변의 이웃이 마련해 준 밥을 먹으로 잠깐 나올 뿐이었지. 그리고 다시 무덤으로 돌아왔어.

그렇게 단 하루도 빠짐없이 무덤을 지키녀 14년을 살았던 보비는 1872년, 세상을 떠나고 말았어.

에든버러의 주민들은 그 긴 시간 동안 보비가 충절을 지켜 왔다는 것에 감탄했어. 그래서 주인과 같은 장소에 무덤을 만들어 주고 그 앞에 보비를 기리는 동상을 세웠어. 그레이프라이어스에 가면 보비의 동상을 볼 수 있을 거야.

2005년, 바비 이야기를 담은 영화 《수도사 바비(원제: The adventures of Greyfriars Bobby)》가 개봉됐어.

커크야드에 관한 이야기

에든버러에 위치한 그레이프라이어스 커크야드는 이미 16세기부터 사람들의 무덤으로 사용됐어. 수많은 스코틀랜드의 유명인들이 이곳에 묻혀 있지.

에든버러의 주민들에 따르면 커크야드에는 귀신이 돌아다닌대. 특히 벽 가까이에 위치한 무덤들이 더 무서워 보여. 돌에 조각된 무서운 머리 모양 때문이지. 얼마나 무서운지 알고 싶다면 직접 그레이프라이어스에 가서 밤에 걸어 보아도 좋아. 겁이 없는 사람들만 말이야!

36 돌고래 플리퍼와 생쥐 라따뚜이의 지뢰 추적 미션

캄보디아에서 긴 전쟁이 일어났던 적이 있어. 그래서 아직까지 지뢰가 땅에 남아 있지. 지뢰는 사람들이 밟으면 폭발하기 때문에 아주 위험해. 지금까지 2만 명이 넘는 사람들이 지뢰를 밟아 사망해 캄보디아에서 지뢰는 큰 골칫거리야.

- 금속 탐지기를 사용하면 약 5일 안에 지뢰를 쉽게 발견할 수 있어. 하지만 그 시간 동안에 사람이 지뢰를 밟을 수 있다는 위험에 처하지. 그런 이유로 요즘은 **쥐**를 훈련시켜 지뢰를 추적하곤 해. 훈련된 쥐들은 폭발 물질의 냄새를 기억하고 그 냄새를 찾아. 대부분의 경우 정확히 11분 정도면 지뢰를 찾곤 하지. 그리고 상으로 바나나 한 조각을 받아. 이런 일이 쥐의 생명을 위협하지는 않느냐고? 전혀! 이 쥐들은 몹시 가벼워서 무리 없이 지뢰 위를 달릴 수 있거든.

- 당연하게도 쥐들이 물 아래 숨은 지뢰를 찾을 순 없어. 이 임무는 **돌고래**들이 준비하고 있지. 초음파를 쏘는 돌고래의 능력으로 바다에 묻힌 지뢰에 대해 사람들에게 경고를 줄 수 있어. 그러면 지뢰를 쉽게 찾을 수 있지.

플리퍼, 라따뚜이! 아주 잘하고 있어!

37 항상 같은 종끼리만 결혼하는 것은 아니야

웃기지만 서로 다른 종류의 동물 절반씩을 모아 놓고 존재하지 않는 동물을 만드는 보드 게임이 있어. 이 게임이 현실에서도 일어난다면 믿을 수 있겠니? 만약 엄마 동물과 아빠 동물의 특성이 크게 다르지 않다면, 그 둘이 아기를 만들 수 있거든. 우리는 그걸 '종간 잡종(하이브리드)'이라고 불러.

야생에서 이런 일은 흔치 않아. 이런 동물들은 특별한 교배법을 통해서 동물원에서 태어나곤 하지.

- 돌고래와 흑범고래가 교배하면 **홀핀**이 태어나.

- **그롤라베어**는 회색곰(그리즐리베어)과 북극곰의 새끼야.

- **존키**는 얼룩말과 당나귀가 교배하면 나오는 새끼야. 그리고 **조스**는 얼룩말과 말의 혼혈이지. 조스의 이름은 말의 영어 단어인 '호스(horse)'에서 따왔어.

- 염소와 양의 혼혈은 재미난 이름을 가지고 있어. 수컷 양과 암컷 염소에게서 태어난 새끼는 **쇼트**라고 불리고 수컷 염소와 암컷 양에게서 태어난 새끼는 **지프**라고 불러.

- 야마와 낙타가 교배하면 **카마**가 태어나. 하지만 이 경우는 오직 인공 교배로만 태어날 수 있는데, 낙타가 야마보다 훨씬 무겁고 덩치가 크기 때문이야. 그 사이에서 태어난 카마는 큰 덩치에 부드러운 모피를 지니고 있어.

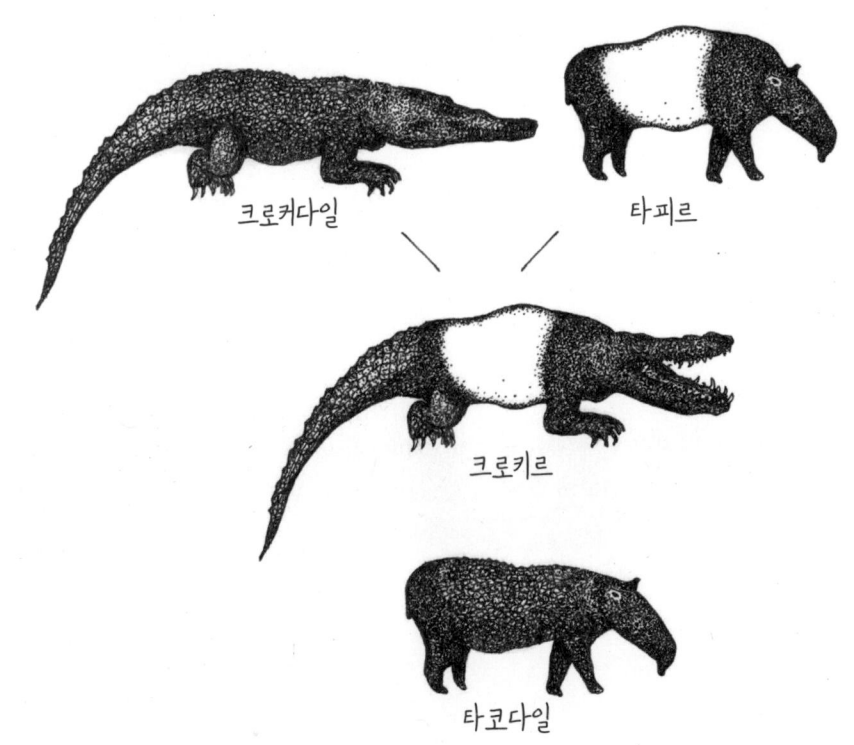

크로커다일   타피르

크로키르

타코다일

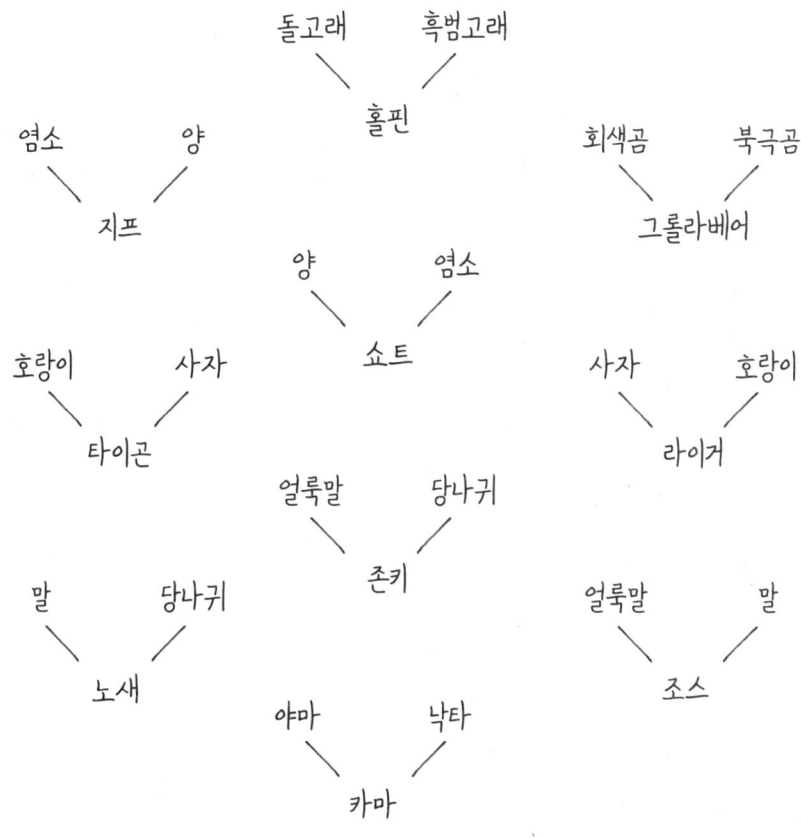

- **늑대개**의 엄마 아빠가 누구인지는 이름만 봐도 알 수 있을 거야.

- 수컷 말과 암컷 당나귀를 교배시키면 **노새**가 태어나. 그리고 그 반대는 **버새**라고 하지.

- 이 중 특이한 건 **라이거**야. 수컷 사자와 암컷 호랑이 사이에서 태어난 새끼지. 라이거는 덩치가 매우 커. 그건 수컷 사자의 유전자가 성장을 돕기 때문이지. 암컷 사자는 보통 덩치가 커지지 않게 하는 유전자를 전달해 주고는 해. 암컷 호랑이는 암컷 사자 같은 성장 방지 유전자를 지니고 있지 않기 때문에 라이거의 덩치가 클 수 있는 거야.

잘 알려진 라이거인 '헤라큘레스'는 키가 4미터에 무게가 410킬로그램이나 나가.

- 반대로 **타이곤**은 덩치가 작아. 수컷 호랑이와 암컷 사자의 종간 잡종이야.

- **아세라고양이**는 세 가지 종이 합쳐진 동물이야. 처음에는 보통 집고양이와 살쾡이를 교배시켜야 해. 그리고 그 사이에서 나온 새끼를 서발이라 불리는 커다란 야생 고양이와 교배시켜야 하지. 그러면 아세라고양이가 태어나. 아세라고양이는 50센티미터가 넘는 거대한 몸집의 고양이야. 어디에서도 찾아볼 수 없는 고양이지.

38 무릎으로 걷는 펭귄

펭귄이 앞으로 뒤뚱거리며 걷는 모습은 정말 귀여워. 그건 발 전체로 몸을 지지해서 서 있어야 하기 때문이지. 다른 조류들은 보통 발가락만 써서 서 있기 때문에 훨씬 더 우아한 걸음걸이를 보여 줘.

하지만 물에 들어가면 그런 펭귄의 몸은 마치 유선형의 로켓처럼 변해. 작은 물고기나 크릴새우를 사냥하거나 범고래나 바다사자의 무서운 턱을 피해갈 때 마치 총알처럼 튀어 나가곤 하지.

믿기 어렵겠지만 펭귄에게도 무릎이 있어. 펭귄의 기다란 다리뼈와 함께 굽힐 수 있는 무릎 관절을 보면 아마 놀랄걸. 이 뼈는 펭귄을 추위에서 지켜 주기 위한 털과 두꺼운 피부 속에 숨어 있어.

그 외에도 펭귄의 뒤뚱거리는 걸음새는 매우 현명한 행동이야. 왜냐면 에너지를 덜 소모할 수 있거든.

펭귄에 대한 더 많은 이야기

펭귄의 위는 몸의 아주 아래인 무릎 사이에 있어. 그래서 먹이를 위까지 전달해 줄 아주 긴 식도가 필요하지.

펭귄은 이빨이 없기 때문에 잡은 물고기를 씹지 않고 바로 위로 보내서 소화해. 간혹 소화를 돕기 위해 돌덩이를 같이 삼키는 경우가 있어.

펭귄과 북극곰은 서로 친구도 아니고 적도 아니야. 서로 만날 일이 절대 없거든. 바로 펭귄은 남극에 살고 북극곰은 북극에 살기 때문이지.

39 고양이가 하는 말을 알아듣고 싶니? 그러면 꼬리를 봐!

고양이가 '야옹' 소리를 내면 말한다고 생각할 테지만 사실 그 소리에는 별 의미가 없어. 차라리 고양이의 꼬리를 잘 살펴보는 것이 좋을 거야. 꼬리는 많은 걸 알려 주거든.

- 고양이의 꼬리가 똑바로 서서 움직이지 않고 몸의 털이 누워 있다면 다정하게 "안녕! 나 여기 있어!"라고 말하는 거야.

- 엄마 고양이가 이렇게 꼬리를 똑바로 세운다면 새끼들에게 따라오라고 하는 것일 수 있어.

- 고양이도 서로 인사를 해. 꼬리를 높이 세우고 서로 문지르지.

- 간혹 서로 꼬리를 고리처럼 만들어 거는 경우가 있어. 그건 "나는 네 친구야. 무서워하지 않아도 돼."라는 뜻이지.

- 고양이가 꼬리를 어떤 사람의 다리 쪽에 내려놓는다는 것은 그 사람과 제일 친해지고 싶다는 뜻이야. 그 순간에는 그 사람의 관심을 바라거나 맛있는 간식을 먹고 싶다는 뜻이지.

- 꼬리의 끝을 잘 봐. 약간 꺾여 있니? 그건 고양이가 지금 상황이 어떤지 제대로 이해하고 있지 못하다는 뜻이야.

- 꼬리 끝이 왔다 갔다 하는 경우는 조심해야 해. 지금 고양이가 불안감을 느껴서 할퀴거나 물어 버릴지도 모르거든.

- 고양이의 등에 난 털 방향을 보는 것도 중요해. 꼬리는 위로 똑바로 서 있는데 털도 같이 서 있다? 그건 고양이가 위협을 받아서 공격적으로 변했거나 실제로 공격하겠다는 뜻이야. 털과 꼬리를 세워 원래 덩치보다 커 보이게 하려는 것이지.

- 고양이가 꼬리를 똑바로 아래를 향한 채 이리저리 흔들거리는 것은 지금 언제라도 공격할 준비가 돼 있다는 뜻이야. 고양이가 사냥을 하거나 먹잇감을 쫓고 있을 때 볼 수 있는 모습이지. 엄청나게 꼿꼿한 꼬리가 바로 지금의 긴장 상황을 말해 주고 있어.

놀라운 동물의 세계

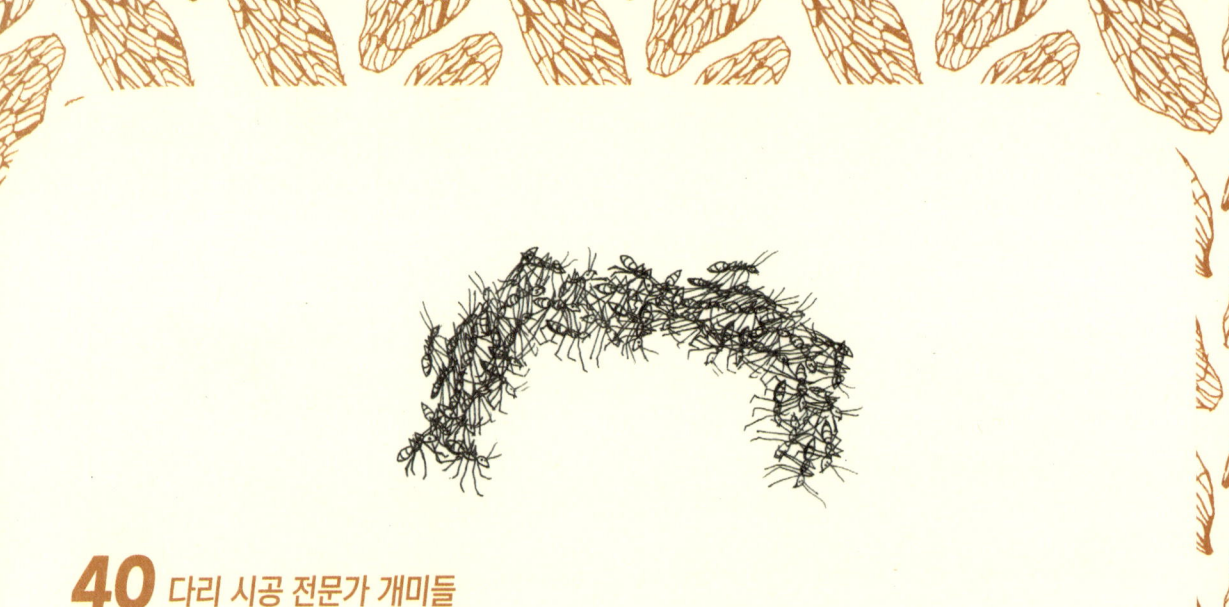

40 다리 시공 전문가 개미들

중남미에서 온 **군대개미**는 훌륭한 다리 시공 전문가들이야.

- 군대개미들은 열대 우림에서 서로를 끌어당겨 움직여. 간혹 자기들이 간단하게 건너지 못할 만큼 커다란 구멍이나 웅덩이를 만나면 일개미들이 서로 몸을 맞붙여 밧줄 역할을 해. 서로 찰싹 달라붙은 개미들은 다리를 만들어 다른 개미들이 자신들을 밟고 웅덩이를 건널 수 있게 해 주지. 이 모든 작업은 아주 빠르게 이루어져.

- 개미들이 더 많이 건너갈수록 다리가 점점 넓어져. 고속 도로에 비교한다면 차가 많은 러시아워에는 길이 넓어지고 차가 없는 한산한 시간대에는 길이 좁아진다고 보면 돼. 일개미들은 심지어 웅덩이의 짧은 폭을 찾아서 옮겨 가기도 해.

개미에 대한 더 많은 이야기

- 개미가 하늘을 난다면 그건 보통 번식기의 수컷 개미이거나 어린 여왕개미야.

- 일개미들은 모두 암컷이야. 수컷 개미들은 여왕과 짝짓기를 하기 위해서 존재하지.

- 만약 개미가 어디선가 맛있는 음식을 찾았을 때는 개미집까지 냄새 흔적을 남기지. 그러면 집에 돌아가 다른 친구들을 데리고 음식을 찾으러 돌아갈 수 있거든.

- 개미는 힘이 엄청나게 세. 자신의 몸무게보다 50배가 넘는 무게를 들 수 있거든. 인간으로 친다면 40킬로그램의 체중이 나가는 사람이 2,000킬로그램을 들어 올리는 것이나 마찬가지야.

- 가장 오래된 개미 화석은 9,200만 살이야.

- 개미는 두 개의 소화기가 있어. 한 개는 자신을 위한 음식을 소화하기 위한 기관이고 다른 하나는 친구 개미들을 위해 음식을 남겨 두는 기관이지.

41 정해진 곳에서만 볼일을 보는 지렁이

콜롬비아와 베네수엘라의 과학자들이 커다란 구멍을 발견했어. 그 위에 솟아나 있는 건 지렁이의 얼굴이었지. 이 지렁이들은 지하에 살고 있는데, 용변을 정해진 장소에서만 본다고 해. 모든 지렁이들이 다 같은 화장실을 이용하기 때문에 엄청나게 많은 구멍들이 생겨났던 거지.

이 지렁이 화장실은 폭이 30센티미터에서 2미터까지 커지기도 해.

아마 수많은 화장실들이 서로 합쳐져 그렇게 커다란 구멍이 될 수도 있었겠지.

이 화장실을 깨끗이 정리해 줄 청소부가 있는지 없는지는 아직 밝혀지지 않았대!

2
알수록 신비한 인체

42 24시간 동안 흘린 8리터의 땀방울

인간은 24시간 동안 0.1에서 8리터까지의 땀을 만들어. 땀의 양은 당연히 우리가 무엇을 했는지, 바깥이 얼마나 더운지에 따라 결정되지. 달리기를 하거나 운동을 한다면 텔레비전을 보며 누워 있는 때보다 더 많은 양의 땀을 흘려. 바깥 온도가 높을 때는 굳이 노력하지 않아도 땀이 흐르지.

인체는 정말 똑똑해. 왜냐하면 땀을 흘리면서 체온을 유지할 수 있거든. 습기가 증발하며 몸은 자연적으로 체온을 낮추게 돼 있지.

땀샘은 온몸에 퍼져 있지만 대부분은 손, 발, 그리고 겨드랑이에 분포하고 있어. 그래서 이 세 곳에서 땀이 가장 많이 나는 거야.

혹시 더울 때 팔을 핥아 본 적이 있니? 그래 본 적이 있다면 땀은 물뿐 아니라 소금으로 이루어졌다는 것을 알 수 있을 거야. 그런데 땀에는 그뿐만 아니라 살균 물질도 들어 있다는 것을 알고 있니? 우리는 이 물질을 오르토크레졸과 파라크레졸이라고 불러. 안타깝게도 이것들 중 파라크레졸은 암컷 모기를 유혹하는 물질이기도 해.

땀이 나는 곳
- 겨드랑이 폭포
- 땀나는 손
- 냄새나는 발

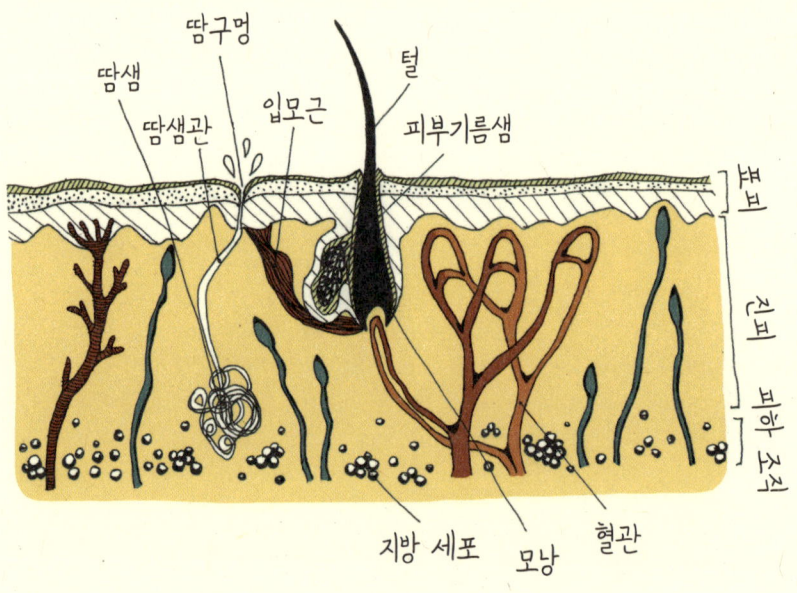

어린아이의 땀은 냄새가 나지 않거나 좋은 냄새가 나. 아이의 몸에는 에크린샘만 있기 때문이야. 이 샘은 몸이 과열되지 않게 도와주지. 그리고 사춘기 동안에는 아포크린샘이 활동하기 시작해. 여기서 생성되는 땀은 기름 같고 피부 위의 박테리아와 접촉하면 냄새가 나기 시작해. 이런 종류의 땀은 덥지 않아도 생성되고 아주 양이 적어.

그 누구도 땀 냄새가 나는 것을 좋아하지 않기 때문에 많은 사람들이 데오드란트를 사용하지. 물론 도움이 되지만 짧은 시간 동안만이야. 그렇기 때문에 정기적으로 씻고 옷을 세탁하는 것이 중요해.

> **땀에 대한 더 많은 이야기**
>
> 개는 땀샘이 거의 없어. 대신 주둥이 밖으로 혀를 내밀어 흔들며 몸의 열기를 빼내지. 그리고 발바닥을 통해 땀을 내기도 해.

43 조심해! 웃음에 중독된다고!

자주 웃는 사람이 편할까, 항상 찌푸리고 있는 사람이 좋을까? 아마 웃는 얼굴을 더 편하게 느낄 거야. 그건 아마도 웃는 사람을 보면 같이 웃게 되기 때문일 거야.

- 웃음 근육을 자극하면 머릿속에서 종이 울리는 것과 같아. 아마 두뇌는 지금이 웃을 만큼 재미있다고 느끼고 우리를 더욱 행복하게 만들 물질을 만들어 낼 거야.

- 이 물질은 고통을 줄여 주기도 해. 바로 엔도르핀이라고 불리는 호르몬이지. 심지어는 가짜 웃음도 엔도르핀을 만들어 낼 수 있어.

- 우리의 두뇌는 엔도르핀이 만들어지는 게 환상적이라고 생각할 거야. 그렇기 때문에 최대한 많은 양의 엔도르핀을 만들기 위해 웃음에 더욱 중독되고 말겠지.

- 그러니 웃음이야말로 약이라고 할 수 있어. 자주 웃을수록 아픔이 늦춰지고 문제를 더욱 쉽게 맞닥뜨릴 수 있어. 그러니 지금 당장 누군가에게 간질여 달라고 하고 건강하게 웃어 봐!

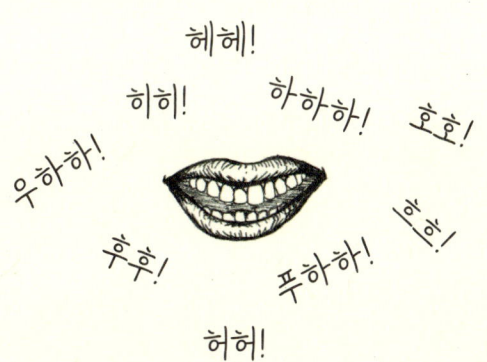

44 아기에게는 어른보다 더 많은 뼈가 있어

어른의 몸은 206개의 뼈로 이루어져 있어. 이 뼈들은 우리가 똑바로 서 있을 수 있게 할 뿐만 아니라 움직일 수 있게 도와주지. 그건 근육이 뼈에 붙어 있기 때문이야. 또한 몸의 뼈는 심장, 뇌, 그리고 폐와 같은 소중한 장기들을 지켜 주기도 해.

그런데 이 뼈들은 어른보다 아기에게 100개 정도 더 많이 있어. 아마 300개쯤 될 거야. 성장하며 특정 뼈들이 서로 붙어 자라기 때문이야. 말처럼 간단한 일은 아니야. 예를 들면 아기의 머리뼈는 서로 붙어 있지 않아. 이유는 조금 더 쉽게 태어날 수 있게 하기 위해서야. 붙어 있지 않은 아기의 머리뼈가 서로 바짝 붙어서 세상에 태어날 때 지나는 통로를 빠져나올 수 있는 거지.

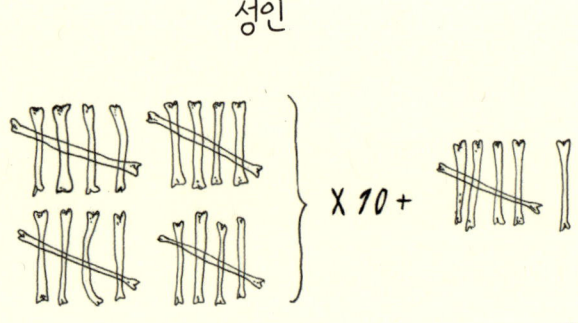

뼈에 대한 더 많은 이야기

우리 몸에서 가장 작은 뼈는 바로 귓속뼈 세 개 중 하나인 등자뼈야. 이 뼈는 고작 2밀리미터밖에 되지 않아. 그리고 몸에서 가장 길고 강하고 커다란 뼈는 바로 엉덩이부터 무릎까지 이어지는 넙다리뼈야.

신체 기관의 물 함유량

우리 몸
55%

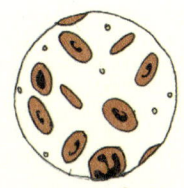
혈액 세포
10%

골세포
20%

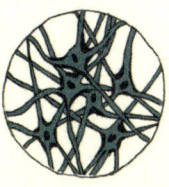
뇌세포
70%

피부 세포
80%

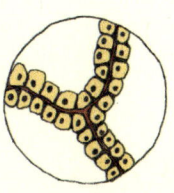
폐 세포
90%

45 우리 몸의 대부분을 차지하고 있는 물

- 물은 인간의 몸을 이루는 가장 중요한 물질이야. 아기의 몸은 75퍼센트가 물로 이루어져 있지만 어른이 되며 점점 양이 줄어들지. 성인의 몸은 55~60퍼센트 정도가 물로 이루어져 있어.

- 몸을 이루고 있는 물의 대부분은 세포 속에 존재해. 세포가 위치한 장기에 따라 각기 다른 양을 머금고 있지. 폐의 90퍼센트는 물로 이루어져 있고, 피부는 80퍼센트, 그리고 두뇌는 70퍼센트가 물로 이루어져 있지. 다른 신체 부위를 생각해 보면 뼈는 고작 20퍼센트만 물로 이루어져 있고 치아는 10퍼센트만 물이야.

- 그리고 나머지 40퍼센트의 물은 세포 바깥에서 찾을 수 있어. 그중 10퍼센트는 혈액에 함유돼 있지. 혈액이 액체라는 것을 생각하면 놀라운 일은 아니야. 그리고 나머지는 각기 다른 신체 기관에 담겨 있어.

- 신체의 그렇게나 많은 부분이 물로 이루어져 있다면 분명 뭔가 기능이 있겠지? 맞아! 물은 세포의 구성 요소로서 중요한 물질을 찾고 전달하는 역할을 맡고 있어. 또한 다른 장기를 서로 붙여 주는 풀 역할도 해. 그리고 소변을 보거나 땀을 흘릴 때, 물이 빠져나오면서 우리를 아프게 할 수 있는 물질들을 몸 밖으로 함께 내보내지.

- 그러니 몸에 수분이 없다면 오래 살아남을 수 없어. 물 없이 얼마나 오래 생존할 수 있는가는 몸 바깥의 온도와 섭취할 음식물이 있는지 없는지에 달려 있어. 만약 외부 온도가 높고 식량이 없다면 몇 시간이 지나지 않아 탈수로 사망하게 될 거야. 그리고 최상의 경우에도 고작 며칠 살게 되겠지.

- 물이 너무 많아도 사망할 수 있어. 몸 안의 모든 물질들의 농도가 낮아져 '물 중독'에 걸리게 돼. 하지만 다행히 그렇게 자주 일어나는 일은 아니야.

46 죽을 때까지 자라는 사람의 귀

너무 무서워하지 않아도 돼. 60대가 됐을 때 귀가 코끼리만큼 커진다는 뜻은 아니니까. 그렇지만 사람의 바깥귀가 계속해서 자라는 건 사실이야.

- 30세에서 60세 사이에 사람의 바깥귀는 8~10밀리미터 정도 더 길어져. 특히 65세 이상의 남성의 귀는 정말 크지. 그건 아마 바깥귀가 계속해서 자라기 때문일 거야.

- 귀도 계속해서 넓어지고 머리와 다른 방향으로 서게 돼. 귀 뒤쪽의 피부는 점점 더 얇아져서 귀가 점점 더 머리 쪽으로 붙어 버리지.

아마 빨간 모자가 했던 말이 맞았을 거야.
"할머니, 귀가 정말 큰 것 같아요······."

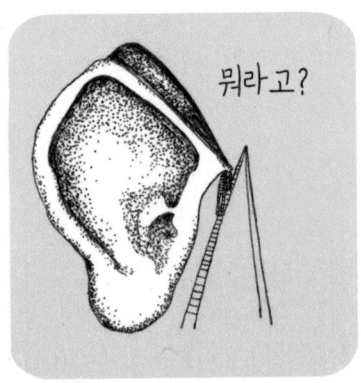

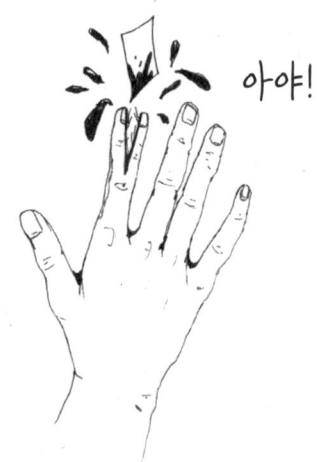

47 이 책장을 넘길 때 손을 베이지 않게 조심해! 정말 아프다고!

그런 데에는 이유가 있어. 수많은 신경이 손가락 끝에 모여 있거든. 손끝은 정말 예민한데, 세상을 탐험하고 작고 세밀한 일을 하도록 되어 있기 때문이야. 손끝에 몰린 신경들은 우리의 조심성을 기를 수 있도록 도와줘서 빨갛게 달궈진 팬에 손가락을 데지 않게 해 주지.

이렇게 손가락이 예민한 이유는 날카로운 것에 조심하기 위해서야. 그중 하나가 바로 종이야. 종이의 끝은 별거 아닌 것처럼 보이지만 정말 날카로워. 사실 종이에 베인 상처는 아주 얇지만 무뎌진 톱에 베인 상처에 비유할 수도 있어. 피부가 베이고 찢어질 수 있거든. 종이에 베인 상처는 보통 아주 깊기 때문에 신경 끝에 닿을 수 있어.

그러니 손끝에 난 상처를 조심해야 해. 종이 끝에 살고 있던 친절하지 않은 박테리아가 우리 손끝으로 이사를 올 수 있거든. 그러면 손가락 끝이 감염되어서 더 아파질지도 몰라.

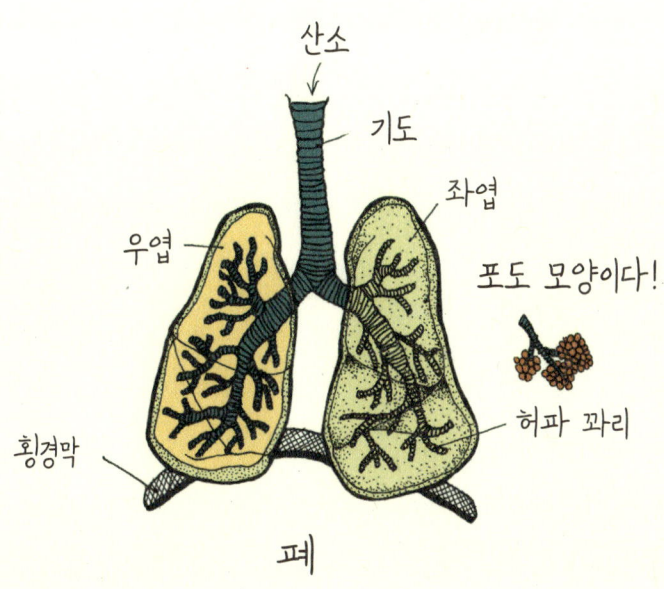

48 우리는 매일 숨을 쉬며 약 1만 리터의 공기를 들이쉬어

성인은 분당 12~18회 숨을 쉬어. 그 말은 곧 24시간 동안 약 1만 리터의 공기가 폐 속으로 들어간다는 거야.

- 인간이 생존하기 위해 가장 필요한 것은 공기 속의 산소야. 보통 들이쉬는 공기의 절반 정도가 산소로 이루어져 있어. 산소는 폐 속으로 들어간 후 피로 전달되지. 그리고 그렇게 들어간 산소는 적혈구의 헤모글로빈 속에 머물러. 혈액은 그렇게 산소를 몸 전체로 전달해. 오직 산소를 통해서만 물질을 태울 수 있고 그러면서 신체가 에너지를 얻어.

- 만약 뇌에 30초 동안 산소가 제공되지 않는다면 의식을 잃을 거야. 몇 분이 지나면 회복할 수 없이 손상을 입지. 그게 계속되면 결국 죽어. 그리고 조직*이 산소를 공급받지 못하면, 역시 죽어 버리고 말아. 이를 '경색'이라고 불러.

- 다행히 호흡에 대해 깊게 생각할 필요 없어. 자연스럽게 이루어지니까. 하지만 가끔 숨을 참아야 하는 게임을 해 본 적이 있을 거야. 그때는 의식적으로 숨을 참지. 그 순간 우리의 소뇌가 역할을 시작해. 그러다가 언제 숨을 쉬어야 하는지를 말해 주지. 그렇기 때문에 숨을 참아서 우리 스스로를 죽일 수는 없을 거야.

> **조직에 대한 더 많은 이야기**
>
> 조직은 세포의 단체야. 근육 조직, 결합 조직, 신경 조직 등 장기는 여러 종류의 조직으로 이루어져 있어.

알수록 신비한 인체

49 밤에 잰 키보다 아침에 잰 키가 더 큰 이유

믿거나 말거나지. 하지만 간혹 잠에서 깨어 키를 재 보면, 지난밤보다 1센티미터 정도까지 키가 큰 경우가 있지.
이유가 무엇일까?

- 우리 척추는 척추뼈로 이루어져 있어. 7개의 목뼈, 12개의 등뼈, 그리고 5개의 허리뼈로 이루어져 있어. 그리고 그 아래로 내려가면 엉치뼈와 꼬리뼈가 있지. 이 뼈들 사이는 쿠션 역할을 하는 물질로 가득 차 있어. 이것들이 바로 '척추 원반(디스크)'이야.

- 척추 원반, 즉 디스크는 척추뼈를 보호하고 충격을 흡수해. 디스크는 뼈들이 서로 부딪히지 않게 해 주지.

- 아침에 일어나면 디스크는 물로 가득 차서 매우 두꺼워. 하지만 잠자리에서 일어나자마자 중력이 바로 작용해 디스크들이 서로 눌리지. 그러면 디스크에 가득 찼던 물들이 빠져나가 납작해지는 거야. 그러니 키가 줄어들지. 그렇게 낮 동안 디스크에서 빠져나가는 양은 원래 내용물의 10퍼센트 정도래.

- 밤에 잠을 자면 디스크들에 저절로 수분이 채워지면서 다시 두꺼워져. 그런 방법으로 우리 몸은 스스로 회복하고 다음 날 아침을 맞이할 수 있는 거야.

그리고 또 다른 이야기

이제 왜 인간이 나이가 들면 몸이 쪼그라드는지 알겠지? 척추뼈 사이의 디스크들이 말라서 예전만큼 빨리 회복할 수 없기 때문이야. 그래서 나이 든 사람들의 키가 4~6센티미터 정도 작아지는 거야.

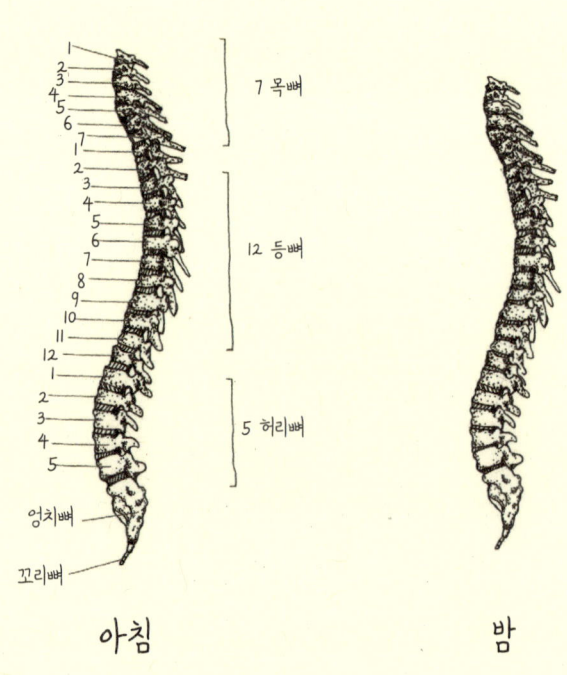

아침   밤

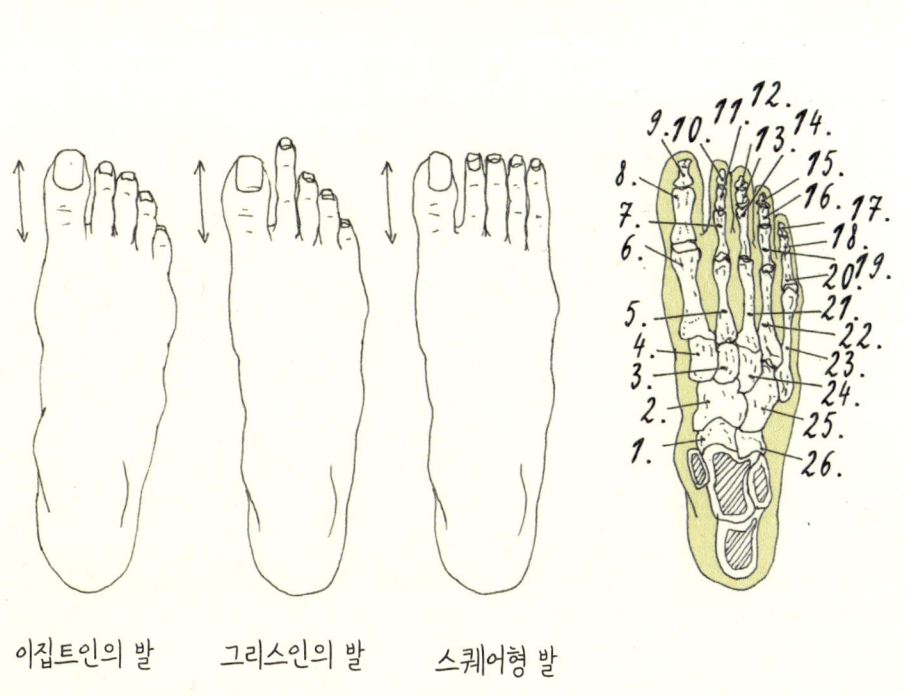

이집트인의 발　　그리스인의 발　　스퀘어형 발

50 우리 뼈의 4분의 1은 발에 있어

- 사람의 몸은 206개의 뼈로 이루어져 있다고 말했지. 그런데 양쪽 발에 각각 26개가 분포해 있어. 즉, 양발에 52개의 뼈가 있다는 거지. 그건 우리 전체 뼈의 15퍼센트가 넘어.

- 그나저나 우리 발은 정말 엄청난 기술의 집약체야. 26개의 뼈 외에도 33개의 관절, 107개의 인대(관절을 둘러싼 고리), 19개의 근육과 힘줄, 그리고 25만 개의 땀샘으로 이루어져 있거든.

- 이제 발가락을 보자. 엄지발가락이 발가락 중 가장 길다면, 그건 이집트인의 발이라고 해. 전 인류의 60퍼센트에 해당하지. 두 번째 발가락이 가장 길다고? 그렇다면 그리스인의 발을 가지고 있는 거야. 10명 중 1명꼴로 나타나지. 엄지와 두 번째 발가락의 길이가 같니? 그렇다면 스퀘어형 발이야.

그리고 또 다른 이야기

인간은 두 발로 서기 때문에
자유로운 두 손으로 모든 일을 할 수 있는
유일한 포유류야.

동맥　　　정맥　　　모세 혈관

51 우리 몸의 혈관으로 지구를 2바퀴 돌 수 있어

- 성인 몸에 있는 모든 혈관을 한 줄로 잇는다면 십만 킬로미터, 즉 지구를 두 바퀴 반 돌 수 있는 길이가 나와. 엄청난 거리지!

지구!

- 인간은 세 종류의 혈관을 가지고 있어. **동맥**, **정맥**, 그리고 **모세 혈관**이야. 동맥은 산소와 영양분을 몸의 각 세포에서 세포로 운반하고 노폐물을 밀어내. 정맥은 이산화탄소를 운반하고 노폐물을 씻어내지.

- 심장은 몸 전체로 혈액을 힘차게 밀어내. 동맥은 조직으로 혈액을 운반하는 역할을 하지. 가장 큰 동맥은 대동맥으로, 지름이 가장 큰 곳은 3센티미터나 된대. 대동맥은 심장부터 시작해 척추와 배 주변을 휘감지. 보통 분당 5리터 정도의 혈액이 대동맥을 지나가.

- 동맥은 가지를 치며 조직 안에서는 매우 가늘게 변하는데 그게 바로 모세 혈관이야. 모세 혈관은 얼마나 가는지 머리카락보다도 더 가늘어. 적혈구만이 겨우 지나갈 수 있는 크기이지. 그리고 벽이 매우 얇아서 모세 혈관에서 조직으로, 그리고 그 반대로도 혈액을 보낼 수 있어.

모세 혈관의 형태

52 귀의 평형

귀로는 소리를 들을 수 있어. 양쪽 귀는 소리를 잘 들을 수 있게 진화했지.

- 귀의 바깥쪽에는 **바깥귀**와 **바깥귀길**이 있어. 바깥귀는 가능한 한 많은 소리가 귓속으로 들어갈 수 있도록 관리해. 그리고 우리가 소리를 잘 듣지 못하는 경우에는 당연히 소리를 당기는 역할도 하지. 바깥귀길은 소리를 바깥에서 안쪽으로 전달해.

- 그리고 **가운데귀**에는 소리의 진동을 **달팽이관**이 있는 **속귀**까지 전달하기 위한 세 개의 **귓속뼈**가 자리하고 있어.

- 달팽이관에는 소리 신호를 속귀 신경으로, 그리고 뇌까지 전달하는 감각 세포들이 위치해 있어.

귀는 평형 감각 기관이기도 해.

- 속귀에는 엄청나게 가는 털이 자라나는 세 개의 관이 있어. 그리고 이 관은 액체로 가득 차 있지. 그 속의 가는 털은 마치 해초처럼 관 속의 액체가 움직이는 방향대로 움직여. 그리고 두뇌에게 지금 무엇을 하고 있는지를 알려 주지. 예를 들면 "지금 통통 뛰고 있어."나 "지금 조용히 의자에 앉아 책을 읽고 있어."가 될 수 있겠지. 만약 우리가 책을 읽느라 움직임이 전혀 없다면 우리 속귀 속의 액체에서는 아무 일도 일어나지 않아. 그 안의 털도 움직이지 않기 때문에 우리 뇌는 지금 우리가 가만히 앉아 있다는 것을 알게 되지. 만약 읽던 책을 옆에 두고 뱅글뱅글 돌기 시작한다면 관 속의 액체가 움직이게 될 거야. 그리고 털들이 뇌에게 우리가 빙글빙글 돌고 있다고 전달하겠지. 그렇지 않다면 우리는 바로 그 자리에 쓰러지게 될 거야. 우리가 똑바로 서 있을 수 있는 것은 속귀의 털 덕분이지. 그 털이 평형 감각을 맡고 있으니까.

- 우리가 계속해서 빙글빙글 돌다가 갑자기 멈추면 어지럼증을 느끼지. 계속해서 돌고 있는 느낌도 들고 말이야. 그건 바로 속귀의 액체가 계속해서 돌고 있기 때문이야. 우리 눈은 우리가 더 이상 돌지 않고 있다는 것을 알고 있지만 뇌는 털에게서 미처 바뀐 신호를 받지 못해서 어지럼증을 느끼는 거야.

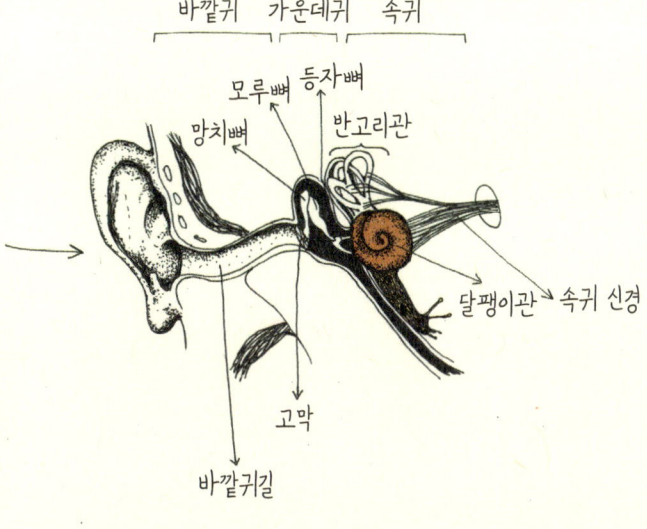

귀의 구조

우후!

53 우리의 특별한 혀

사람들은 서로 다른 모양의 지문을 가지고 있다는 것을 알고 있니? 텔레비전 범죄 수사 프로그램에서 수사관이 지문으로 범인을 쫓는 모습을 본 적 있을 거야.

그런데 혀 역시 서로 다른 모양이라는 것을 알고 있니? 누구도 혀 모양이 똑같지 않아. 혀의 미뢰, 모양, 크기, 파인 홈까지 모두 자기만의 혀 모양을 가지고 있지.

혀는 입안에서 잘 보호되고 있기 때문에 누군가를 인식하기에 지문보다 더 나은 방법일지도 몰라.

> **그리고 또 다른 이야기**
>
> 혀는 전부 근육으로 이루어져 있어서 모든 방향으로 움직일 수 있어. 혀의 모양을 바꾸고 움직이기 위해서는 여덟 개의 근육이 필요하대.

어떤 공항에서는 신원 확인을 위해 기계를 보아야 할 때가 있어. 기계가 우리의 홍채를 인식하는 거지. 홍채란 눈에서 색깔을 가지고 있는 동그란 부분이야. 지문이나 혀처럼 홍채 또한 사람들마다 다르게 생겼어.

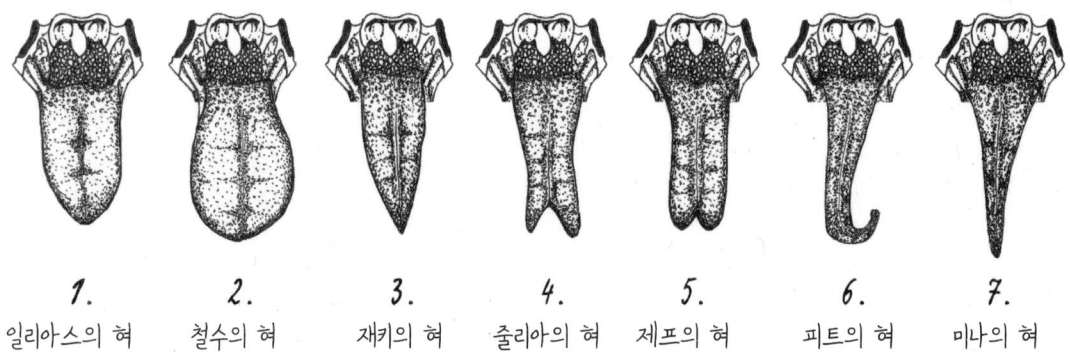

1. 일리아스의 혀
2. 철수의 혀
3. 재키의 혀
4. 줄리아의 혀
5. 제프의 혀
6. 피트의 혀
7. 미나의 혀

54 눈이 파란 사람들은 모두 조상이 같아

- 덴마크의 과학자에 의하면 푸른 눈을 가진 사람들은 모두 같은 조상에게서 나온 거래. 그 조상은 6천~1만 년 전 흑해 주변에 살던 사람이야.

- 덴마크 과학자 한스 아이버그 교수는 800명의 푸른 눈을 가진 사람들을 조사했어. 이들은 스칸디나비아와 터키에서 왔고, 요르단처럼 푸른 눈이 흔하지 않은 나라에서도 왔어.

- 눈의 색깔은 유전적으로 결정된 결과물이야. 즉, 부모에게서 물려받는다는 것이지. 유전자란 부모가 자식에게 전해 주는 모든 정보를 담고 있는 DNA의 한 조각이야.

- 아이버그 교수가 연구한 푸른 눈을 가진 사람 중 거의 대부분은 눈동자의 색을 결정하는 유전자의 아주 작은 변종을 가지고 있었어.

- 우리 눈동자의 색깔은 보통 갈색처럼 보여. 이는 그 안에 갈색 색소가 들어 있기 때문이지. 그걸 멜라닌이라고 하는데, 푸른 눈을 가진 사람들은 무슨 이유에서인지 이 멜라닌이 생성되지 않아. 그래서 이 사람들이 같은 조상을 가졌다고 말하는 거야. 왜냐면 푸른 눈을 가진 모두에게서 바로 이 '작은' 실수가 발견됐거든.

- 만약 자신과 친구들이 모두 푸른 눈을 가지고 있다면 아주 오래전에 같은 할머니와 할아버지를 가지고 있었다는 것을 알 수 있겠지.

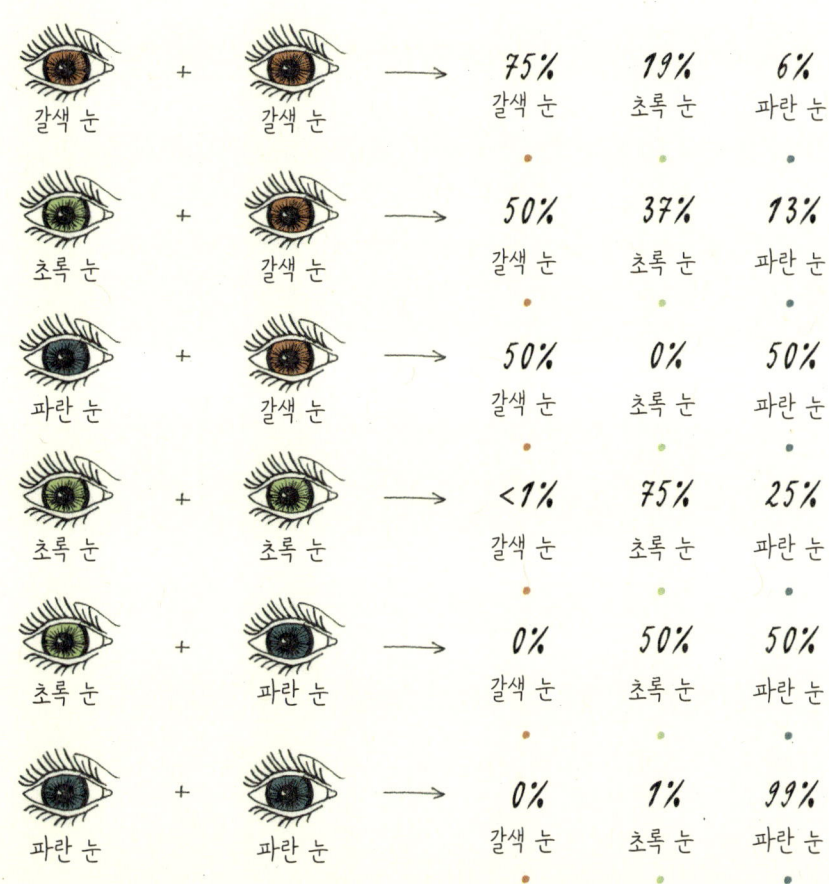

			갈색 눈	초록 눈	파란 눈
갈색 눈	+	갈색 눈	75%	19%	6%
초록 눈	+	갈색 눈	50%	37%	13%
파란 눈	+	갈색 눈	50%	0%	50%
초록 눈	+	초록 눈	<1%	75%	25%
초록 눈	+	파란 눈	0%	50%	50%
파란 눈	+	파란 눈	0%	1%	99%

55 자기 몸을 간지럽힐 수 없는 이유

간질간질

잠깐만 책을 내려놓고 실험을 해 보자. 깃털을 들어 자신의 발바닥을 살살 간지럽혀 봐. 배도 한번 해 봐. 어라, 웃음이 나오지 않네? 왜지? 이미 뇌에서 처리를 해 버렸기 때문이야.

- 뇌의 노동량은 상상할 수 없을 정도로 커. 지금 우리가 읽고 있는 행동을 하게 도와줄 뿐만 아니라, 그 이후에 무슨 일이 일어날지 계속해서 생각하느라 정신이 없지.

- 어린 시절, 막 걸음마를 배우기 시작할 때가 있었지? 그때는 몇 발자국 걸을 때마다 넘어져 엉덩방아를 찧었을 거야. 하지만 뇌가 걷는 방법을 이해하고 확실하게 실행하고 나서는 넘어질 일이 많지 않았지. 바로 그때부터 어떤 발을 내딛을 차례인지 생각하지 않아도 됐지. 뇌는 우리를 위해 모든 계산을 해 주기 때문에 우리가 준비하지 않아도 돼. 마치 자전거를 타는 방법처럼 이미 알고 있어서 생각하지 않아도 할 수 있는 일들이 바로 그 예이지.

- 하지만 길을 걷다가 돌부리에 걸려 넘어진 적이 있을 거야. 그럴 때면 바로 뇌가 끼어들지. 우리 움직임에 무언가 잘못됐다는 것을 알고 어떻게든 만회해 보려고 하거든. 그런 이유로 우리가 걸려 넘어지는 순간에 팔로 먼저 바닥을 받치게 되는 거야. 물론 손바닥은 조금 까지겠지만 넘어질 때 받는 충격은 조금 덜하겠지.

- 그러니 스스로 간지럼을 피기 시작할 때면 뇌는 이미 무슨 일이 일어날지 알고 있을 거야. 팔을 올리자마자 말이야. 그래서 스스로 간지럼을 펴도 간지럽지 않은 거지. 하지만 다른 사람이 우리 몸을 간지럽힐 때는 뇌가 미처 정보를 받기 전이어서 반응을 보이지. 바로 웃음이야.

56 간 없이는 살 수 없어

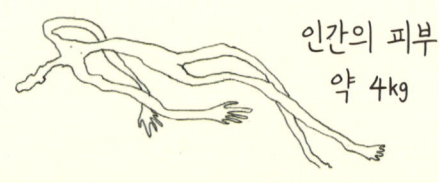

인간의 피부 약 4kg

간은 우리 몸에서 두 번째로 무거운 장기*야. 성인의 간은 약 1.5킬로그램의 무게가 나가지.

간은 500가지의 업무를 하고 있어. 모든 물건을 만들어 내는 화학 공장과 비교할 수 있어. 간은 우리 몸통의 오른쪽, 위 바로 옆에 위치해 있어. 간은 아주 특별한 장기이지. 간 없이 인간은 살아갈 수 없거든.

> **그리고 또 다른 이야기**
>
> 간이 두 번째로 무거운 장기라면 첫 번째로 무거운 장기는 피부야. 평균적으로 인간의 피부는 무게가 4킬로그램 정도 돼.

간의 가장 중요한 임무는 쓸개에 저장되는 쓸개즙을 만드는 일이야. 기름기가 많은 음식을 먹을 때 쓸개즙이 지방을 소화시키는 것을 도와줘.

간의 다른 임무는 항상 포도당이 전달되도록 돕는 일이야. 간은 당분을 글리코겐의 형태로 저장했다가 축구나 달리기를 하기 위해 에너지가 필요한 경우 다시 포도당으로 변환시켜.

우리 몸에는 매일 몸에 좋지 않은 물질이 들어와. 약을 먹거나 색소가 든 음식을 먹거나 또는 술을 마시니까. 우리 몸은 이런 물질들을 좋아하지 않아. 간은 이런 물질을 해독하고 우리 몸을 씻어 내는 임무도 맡고 있어.

만약 간의 일부분이 기능하지 못해서 잘라내도 간은 다시 완벽한 장기로 자라날 수 있어.

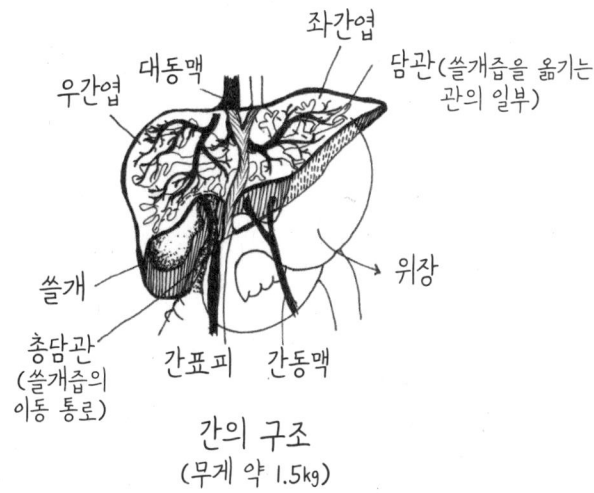

간의 구조
(무게 약 1.5kg)

57 눈물을 흘린 뒤에는 보통 기분이 나아져

조금 울고 나면 기분이 나아지는 듯한 느낌을 받은 적이 있을 거야. 꼭 어깨의 짐이 가벼워진 느낌 말이야.

- 한 교수는 이유가 궁금했어. 그래서 양파를 자르다가 흘린 눈물과 슬픔과 절망 때문에 흘린 눈물을 따로 모아 보았지. 그걸 분석해 봤더니 슬퍼서 흘린 눈물에서는 양파 눈물에는 없는 다른 물질이 들어 있었지. 즉, 눈물 흘리기는 우리를 행복하지 않게 만드는 나쁜 감정을 없애 주는 방법이라는 거지.

- 모든 과학자들이 이 연구를 신뢰하지는 않았어. 이들은 다른 이유가 있다고 했지. 우리가 행복하지 않은 모습을 남들에게 보여 주려 눈물을 흘리고, 그럼으로써 다른 사람들이 우리를 불쌍해하고 도와주길 바란다는 거야. 그러니 눈물은 우리를 편안하게 만들어 주는 역할을 한다는 거야.

- 하지만 기뻐서 우는 사람도 있잖아? 운동 경기에서 메달을 따고 기뻐서 우는 운동선수 말이야. 바로 그런 눈물에 대한 사실을 어떤 과학자도 아직 밝혀내지 못했어.

그러니 눈물에 대한 미스터리가 풀릴 때까지 더 흘려야 할 눈물이 있어야겠지.

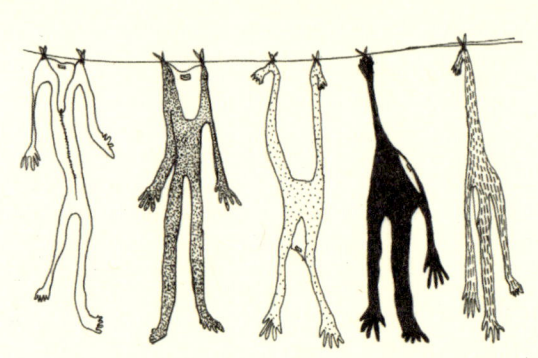

58 피부색은 천연의 자외선 차단제와 같아

우리는 모두 다른 색 피부를 가지고 있어. 갈색 피부를 가진 사람, 약간 밝은 갈색 피부를 가진 사람, 그리고 하얗거나 붉은 피부를 가진 사람들이 있지. 모두 비슷해 보이지만 서로 다른 피부색을 가지고 있어. 피부를 조금 늘려 본다고 해도 같은 색을 볼 수는 없을 거야.

그럼 대체 피부색은 어떻게 결정되는 걸까? 피부 세포 속에는 색소나 염색제가 들어 있어. 이것들이 우리 피부가 어떤 색깔을 가지도록 결정하지. 피부 속 세포는 멜라닌의 양에 따라 결정돼. 멜라닌은 두 종류가 있어. 바로 페오 멜라닌(빨간색, 노란색)과 유멜라닌(갈색, 검은색)이야. 그리고 그 사이에 여러 가지 다양성이 있지.

피부 속 색소의 양이 피부색을 결정해. 유럽의 스칸디나비아 사람들은 피부에 색소가 많지 않아. 그래서 매우 창백해 보이지. 아프리카의 세네갈 사람들은 피부 세포 속에 많은 양의 색소를 가지고 있어. 그래서 어두운 피부색을 지니고 있어.

이 피부 속 색소는 특별한 기능을 가지고 있어. 바로 천연의 자외선 차단제의 역할이야. 햇빛에 많이 노출되는 지역의 사람들 피부에는 더 많은 양의 색소가 들어 있어. 햇빛이 매우 위험하기 때문이야. 햇빛은 살갗을 태울 수도 있고 최악의 경우에는 피부암을 얻을 수도 있거든. 그러니까 피부 속의 색소는 햇빛의 피해를 최소화할 수 있게 해 주지. 아프리카에서 피부색이란 자외선 차단제와 같아.

밝은 피부색에 색소가 적은 이유가 또 한 가지 있어. 어두운 색 피부는 비타민 D 생성량이 적어. 비타민 D는 뼈의 생성과 건강을 위해 중요한 비타민으로, 태양이 있어야만 만들어 낼 수 있어. 아프리카에서는 많은 양의 햇빛이 있기 때문에 내부에서 충분한 비타민 D 생성이 가능해. 하지만 유럽은 햇빛의 양이 아프리카에 비해 매우 적지. 만약 유럽에서 어두운 피부색을 가지고 있다면 충분한 비타민 D를 만들 수 없을 거야. 이런 진화에 따른 이유 때문에 유럽 사람들은 피부색이 밝아.

59 사람들은 하루에 14,500번 눈을 깜빡거려

모든 사람들이 인식하지도 못하고 매일 하고 있는 일이 있지. 바로 눈 깜빡임이야.

- 사람은 분당 10~15번 눈을 깜빡거려. 시간당 약 900번이지. 만약 우리가 하루에 8시간을 자고 16시간 활동한다면 보통 하루에 14,000~15,000번 깜빡거리는 셈이야.

- 우리가 이렇게 눈을 깜빡거리는 데에는 다 이유가 있어. 눈알을 촉촉하게 만들고 더러운 것들과 먼지로부터 눈을 보호하기 위해 깜빡거리는 거야.

- 간혹 눈을 보통 때보다 더 많이 깜빡거릴 때가 있어. 예를 들면 긴장했을 때야. 사랑에 빠진

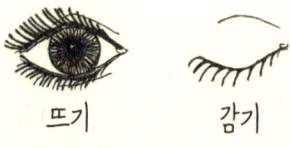

뜨기   감기

10~15번 (분당 깜빡이는 횟수)

사람들은 상대방에 대한 사랑을 보여 주기 위해 눈을 더 많이 깜빡거리기도 해.

- 대통령과 같이 중요한 사람들은 연설을 할 때나 다른 나라의 대통령과 대화할 때 눈 깜빡임을 최대한 적게 하려고 노력해. 눈을 적게 깜빡이면 자신감이 있다는 것과 긴장하지 않았다는 것을 보여 줄 수 있거든.

깜빡임에 대한 더 많은 이야기

- 물고기들은 눈꺼풀이 없기 때문에 눈을 깜빡일 수 없어. 하지만 상어는 예외야. 상어에게는 눈꺼풀이 있거든.

- 재채기를 하면 눈을 감게 돼. 이건 자연적인 반사야. 물론 눈을 뜨고 재채기를 할 수 있는 법을 연습하면 가능하겠지만 쉽지는 않을 거야.

- 왼쪽 눈을 감고 왼쪽 어깨를 보려고 노력해 봐. 이번엔 오른쪽 눈을 감고 오른쪽 어깨를 봐. 보이지 않지? 왜일까? 바로 코가 가리고 있기 때문이야.

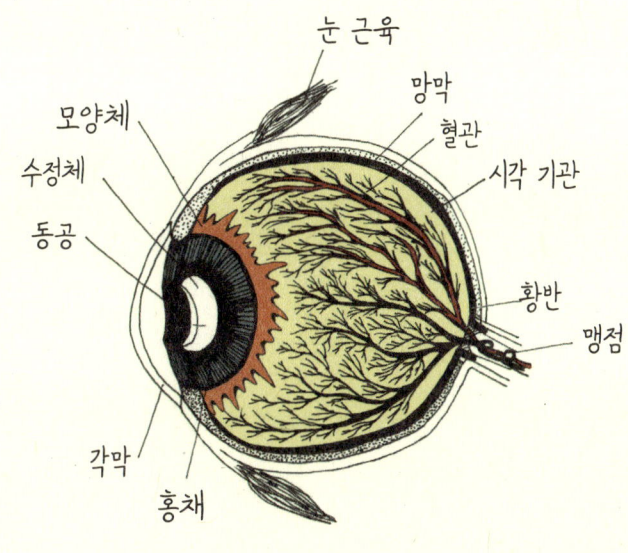

눈의 구조

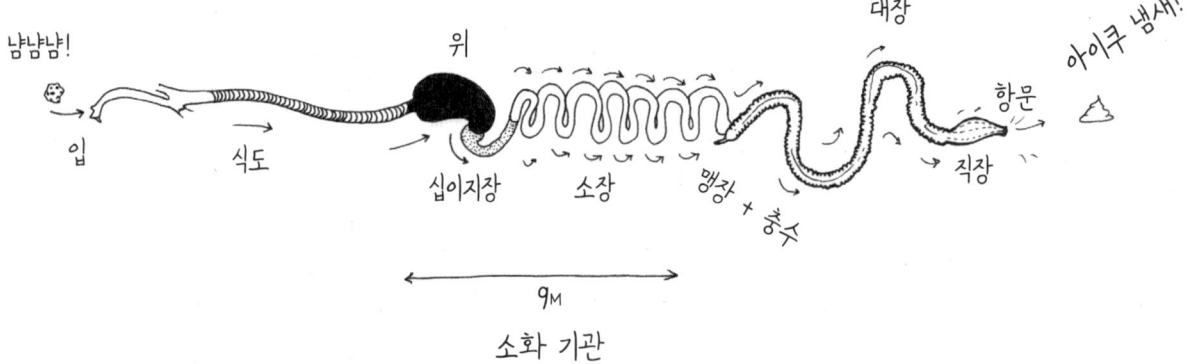

소화 기관

60 인간의 소화기는 거의 9미터나 돼

음식이 모두 들어갈 수 있는 9미터의 관이 있다고 생각해 봐. 그게 바로 소화기야. 소화기는 입에서부터 항문까지 연결되어 있어. 항문이란 창자 밖으로 변을 내보내는 구멍이지.

- 소화기 중 가장 긴 부분은 바로 소장이야. 길이는 6.5미터이고 배 속에 말려 있지.

- 맛있는 과자를 먹고 있다고 생각해 보자. 이로 한입 베어 물겠지. 그리고 이로 갈아 버릴 거야. 작은 조각으로 나뉜 과자는 소화액이 담긴 침과 섞여. 과자는 침과 섞이면서 덩어리가 잘게 나뉘고 걸쭉해지지.

- 걸쭉해진 과자는 **식도**로 미끄러져 **위**로 들어가. 음식들이 서로 모여 입자를 약간 더 잘게 만들지. 위에 있는 물질은 바로 산이야. 산은 음식과 같이 들어온 박테리아를 죽여 버려. 또 단백질을 소화시키는 것을 도와주기도 해.

- 위에 있던 음식은 **십이지장**으로 옮겨 가. 이곳에서는 산과 섞인 음식이 중화되는 곳이지. 그리고 나서 모든 음식은 **소장**에서 끝을 맞이해. 음식물이 몇 시간 머무르는 곳이지. 모든 영양분은 음식에서 분리되고 혈액은 그 영양분을 온몸으로 전달해 줘.

- **대장**에서는 소장에서 내려온 찌꺼기로부터 오직 수분만 흡수해. 그리고 난 나머지는 **직장**으로 옮겨 가지. 똥이 서로 모이는 장의 가장 마지막 부위야. 그리고 우리가 미처 소화시키지 않은 모든 것들을 **항문**을 통해 밖으로 밀어내.

한 끼 식사를 소화하려면 약 24시간이 필요해.

61 정자는 시간당 20센티미터를 헤엄쳐

정자가 얼마나 큰지, 아니 얼마나 작은지 알고 있다면 정자를 국가 대표 수영 선수라고 불러야 할 거야. 놀랄 일도 아닌 게, 죽음의 경쟁이거든. 정자는 2만 마리의 다른 정자들과 함께 자궁으로 헤엄쳐 가. 난자 하나를 수정시켜서 아기로 자라나게 하려고 말이야.

모든 정자가 난자에 도착하는 건 아니야. 오직 몇백 마리의 정자만 자궁을 지나 나팔관에 도착하지. 그리고 때맞춰 정자가 수정시킬 수 있는 성숙한 난자가 기다리고 있어야만 해. 만약 정자 한 마리가 난자와 만나서 수정에 성공하면, 수정란이 세포 분열을 해서 아기가 자라나는 거야.

그리고 또 다른 이야기

- 여성은 태어날 때부터 셀 수 없이 많은 숫자의 난자를 가지고 태어나. 거의 100만 개에 달하지. 그런데 매년 1만 개 정도에 달하는 난자가 태어나지 못하고 죽어 가. 그리고 사춘기가 되면, 약 40만 개의 난모세포만 남지.

- 정자는 여성의 몸에서 최대 5일 동안 생존할 수 있어. 그중 첫 3일 동안은 난자를 수정시킬 수 있어. 그러니까 난자는 여성의 몸속에 며칠 머무른 정자와 만나 수정될 수 있다는 뜻이지.

- 1977년 한 네덜란드인이 정자 세포를 발견했어. 안토니 판 레이우엔훅은 자신의 정액을 직접 만든 현미경으로 관찰했고 렌즈 안에서 아주 작은 생명체를 발견하고 놀랄 수밖에 없었어.

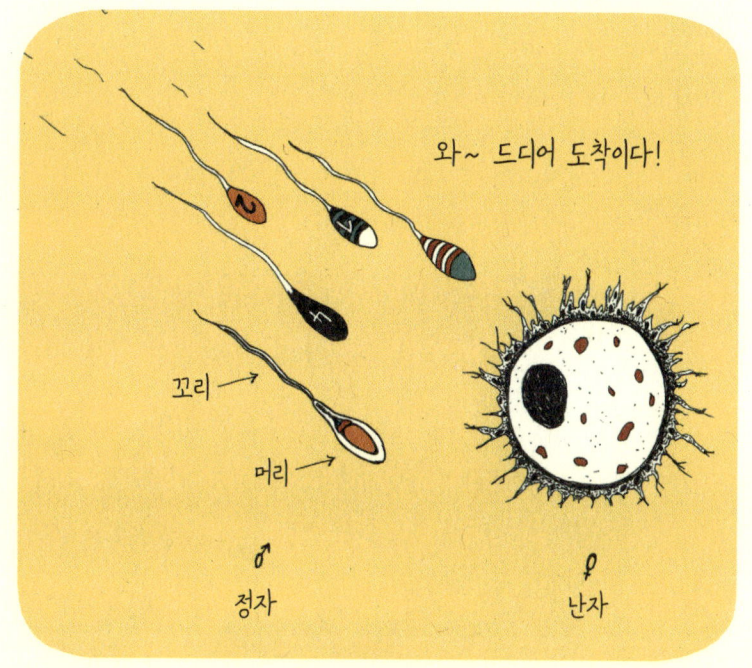

62 우리 몸에서 쓰지 않는 부분도 있어

인체란 기적에 가까워. 모든 세포에 각각의 기능이 있지. 하지만 사용할 필요가 없는 몸의 일부도 있어. 아직 완전히 사라지지 않은 먼 옛날의 흔적이야.

- **사랑니**는 질긴 육류나 채소를 씹기 위해 우리 조상들이 사용했던 치아야. 사랑니는 모든 음식물을 잘게 갈아 버릴 때 유용했지. 오랜 시간이 지나는 동안, 인간은 끓이고 굽는 요리법과 포크와 나이프로 음식물을 잘게 자르는 법을 배웠어. 따라서 사랑니가 더 이상 필요 없게 됐지. 이제 사랑니는 그저 치통을 남겨 줄 뿐이야.

- 눈의 가장자리를 보면 분홍빛 점막이 보여. 이건 **순막**이라고 불리는 제3의 눈꺼풀이야. 인간 말고 다른 동물들에게서도 찾아볼 수 있지. 밝은 빛과 바람에 눈을 보호하기 위해 순막이 필요했던 시절이 있었어. 그렇지만 세월이 흐르면서 선글라스처럼 눈을 지킬 수 있는 다양한 도구들이 개발됐지. 그리고 이제는 해가 너무 강하거나 바람이 불 때 걸을 일이 많지 않아. 그러니 제3의 눈꺼풀은 무용지물이야.

- 우리의 조상들은 소리가 어디서 오는지 확인하기 위해 귀를 움직일 줄 알아야 했어. 그렇게 사냥감과 적이 어느 쪽에서 나타날지 알 수

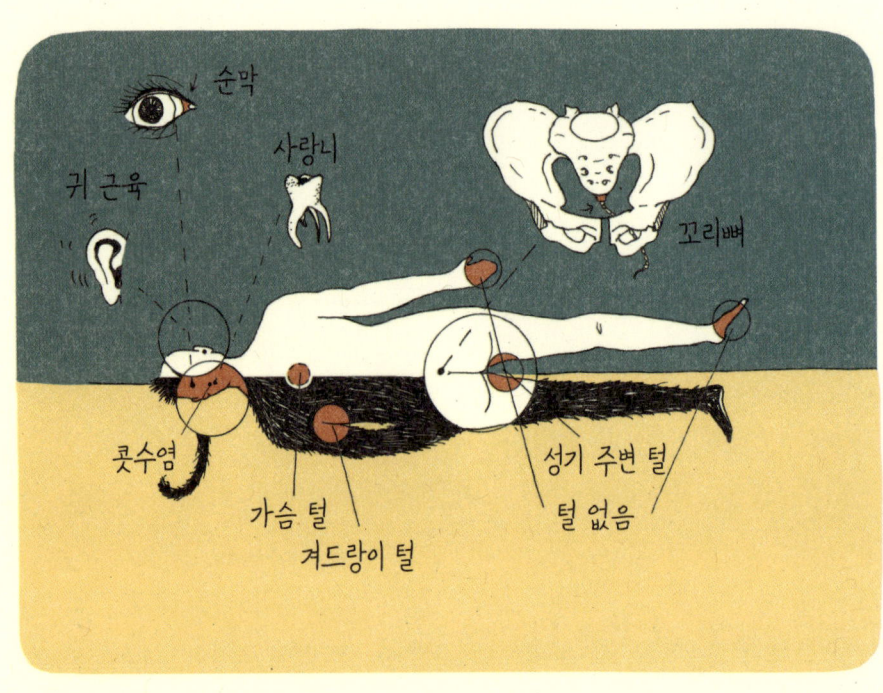

- 있었지. 하지만 시간이 지나면서 기능은 더 이상 필요가 없어졌어. 그래서 **귀의 근육**은 필요가 없어졌어. 오늘날 많은 사람들은 귀의 근육을 쓸 줄 몰라. 그런데 여전히 몇몇 사람들은 귀를 움직일 줄 알지.

- 우리 조상들은 중심을 잡기 위해 꼬리가 필요했어. 그 흔적이 척추의 끝에 붙어 있는 **꼬리뼈**야. 더 이상 필요하지 않은 작은 뼈지. 꼬리를 그리워할 사람도 있겠지만, 인간은 더 이상 꼬리가 필요하지 않아.

- 그리고 우리에게는 아직 **맹장**과 **충수**가 남아 있어. 충수는 맹장의 끝에 달린 벌레 모양의 창자야. 아마 과거 우리 조상들이 채소를 소화시키는 데 도움이 됐겠지. 하지만 지금은 그곳에 염증이 생기면 고통을 주기만 해. 그런 경우엔 병원으로 가서 충수를 제거해야 해.

63 우리 몸에서는 약 500만 올의 털이 자라

- 그중 10만 올은 머리에서 자라나지. 그리고 나머지는 몸 전체에 퍼져 있어. 사람도 개나 고양이만큼이나 털이 많아.

- 우리 몸에 자라는 털은 다른 포유류의 털과 달라. 인간의 온몸에 퍼져 있는 털은 매우 가늘거든. 오직 머리, 겨드랑이, 그리고 성기에만 더 굵은 털이 자라.

- 남성은 대머리가 되는 경우가 흔하지만 그래도 여성보다 25,000올의 털을 더 많이 가지고 있어. 바로 남자의 팔과 다리에 더 많은 털이 있기 때문이야. 그리고 가슴과 등에도 털이 자라지. 턱수염과 구레나룻도 기억해야 해!

- 아기가 아직 엄마 배 속에 있을 때는 부드러운 털로 덮여 있어. 그 털을 배내털이라고 불러. 배내털은 양모처럼 보이는데 과학자들은 기능이 무엇인지 아직 밝혀내지 못했어.

- 태어나기 직전에, 또는 태어난 직후 배내털은 빠져 버려.

- 머리털, 눈썹, 그리고 속눈썹도 태어날 때부터 있는 털이야. 그렇지만 빠지지 않지. 사춘기 무렵이 되면 겨드랑이와 성기 주변에도 털이 자라나. 남성은 턱수염, 콧수염, 그리고 가슴에 털이 더 자라나지.

털에 대한 더 많은 이야기

머리털의 양은 머리카락 색깔에 따라 달라. 빨간 머리카락을 가진 사람들은 평균 85,000 올의 머리털이 자라나. 갈색이나 검은색 머리털을 지닌 사람들은 평균 10만~14만 올의 머리카락이 자라나지.

64 세상에서 가장 키가 큰 남자들이 네덜란드에 살아

과학자들은 200개 나라에 퍼져 있는 1,860만 명 남자들의 키를 조사했어. 1896년에서 1996년까지 태어난 사람들이었지.

- 네덜란드 남자들은 평균 182.5센티미터로 세계에서 가장 큰 키를 가지고 있어. 벨기에, 에스토니아, 라트비아, 그리고 덴마크에도 키가 큰 남자들이 살고 있어.

- 가장 키가 큰 여성들은 라트비아, 네덜란드, 에스토니아, 그리고 체코에 살고 있어.

- 키가 가장 작은 남자들은 동티모르, 예멘, 그리고 라오스에 살고 있어. 이 사람들은 평균 키가 160센티미터야. 가장 키가 작은 여성들은 과테말라에 살고 있고 평균 149.4센티미터야.

- 과학자들은 각 나라의 사람들의 키 차이가 큰 이유를 알아보려 했어. 그 이유 중 하나는 유전자였지. 부모가 키가 크면 자식도 키가 크지. 하지만 유전자가 키를 결정하는 가장 중요한 요소는 아니야. 영양 부족이나 질병 때문에 키가 크지 않을 수도 있어.

- 과학자들은 키가 큰 사람들이 질병에 덜 걸리고, 더 오래 산다는 것도 알게 됐어. 그 이유에 대해서는 아직 연구가 진행 중이야.

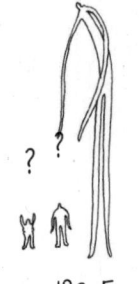

아이고 피곤해!

182.5cm

65 5명 중 1명의 아이가 시달리고 있는 몽유병

엄마 아빠가 앉아 있는 소파 옆에서 잠에서 깨어난 적이 있니? 그리고 그곳에 어떻게 갔는지 기억이 나지 않은 적도 있고? 그렇다면 안타깝게도 자다가 걸어간 거야. 자다가 일어나 걷는 병, 바로 몽유병이야.

쿨쿨

뚜벅뚜벅

몽유병

- 6~13세 어린이들 5명 중 1명이 몽유병을 앓고 있어. 이 아이들은 자다가 말을 하고 소리를 치며 걷기도 하는 게 보통이지만 그보다 어려운 일을 할 때도 있지. 달걀프라이를 만든다든가 말이야.

- 몽유병 증상은 밤에 깊은 잠에 들었을 때 나타나. 잠이 깊이 들었을 때는 델타파라고 불리는 느린 뇌파가 보여. 그런데 동시에 다른 일이 벌어지고 있지. 델타파보다 빠른 알파파도 보여. 바로 이 두 뇌파가 합작해서 잠자는 동안 걷게 만드는 거야. 알파파가 활동하기 때문에 모든 활동을 할 수 있고 델타파 때문에 아무것도 기억하지 못하는 거야.

- 보통 몽유병은 사춘기를 지나면서 사라져. 오직 3퍼센트의 성인만이 계속해서 몽유병을 앓지.

- 우습게도 어른이 자다가 걷게 되면 문제가 생겨나. 어떤 사람들은 주변을 캄캄하게 만들기 위해 커튼 아래로 기어들어 가지. 또 다른 사람들은 잠자리를 찾아 들어가는데 그게 다른 사람의 침대일 경우가 있단다.

66 잠들기 직전 깜짝 놀라 몸이 움직이는 것은 자연스러운 일이야

아마 한 번쯤은 겪어 본 적이 있을 거야. 침대 위에 편안하게 누워 있는데, 꿈나라로 빠져드는 순간 마치 깊은 구멍으로 들어가는 느낌이 드는 거야. 약간은 무서운 경험이지. 하지만 이건 거의 모든 사람들이 한 번쯤은 겪는 일반적인 현상이야.

- 잠들기 직전에 일어나는 경련에도 이름이 붙어 있어. 바로 **수면 근간대성 경련**이야. **근간대성 경련**이란 근육, 또는 근육 덩어리들이 갑자기 서로를 당기는 일이야. 횡격막이 급격히 움직여서 하게 되는 딸꾹질과 같은 거지. 수면 근간대성 경련이란 바로 우리 몸이 하는 딸꾹질이야.

- 사실 뇌가 범인이야. 잠들기 직전, 우리 몸은 긴장을 완벽하게 풀어내지. 뇌도 그걸 알고 있지만 순간 이걸 위험한 상황이라고 인식해. 그래서 우리 몸의 모든 근육에 조난 신호를 보내지. 그러면 뇌는 매우 크게 울부짖는단다. "도와줘! 지금 네가 움직이는 것을 막는 일이 벌어지고 있어." 하고 말이야. 그러면 근육이 반응해 갑자기 서로를 당겨. 그런 반응 때문에 우리는 어딘가로 갑자기 떨어지는 느낌을 받으며 잠에서 깨고 말지.

- 보통 등을 대고 똑바로 누워 자는 사람들이 옆으로 누워 자는 사람들보다 더 자주 경련을 일으켜. 옆으로 자면 근육이 조금 더 긴장해서 뇌가 경고 신호를 보내지 않거든.

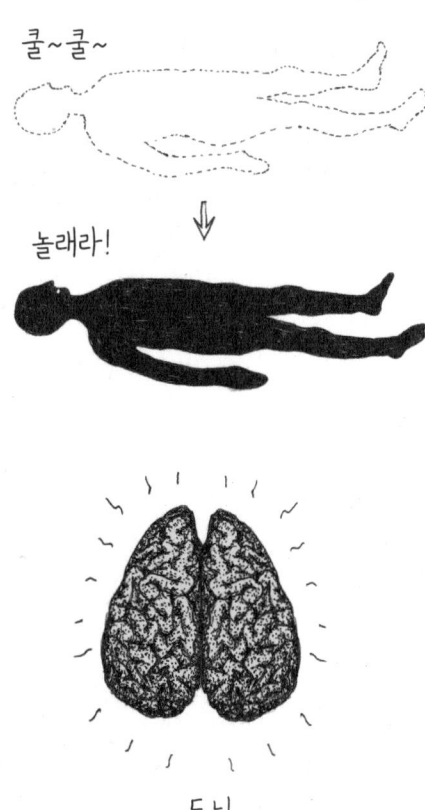

수면 근간대성 경련

쿨~쿨~

⇓

놀래라!

두뇌

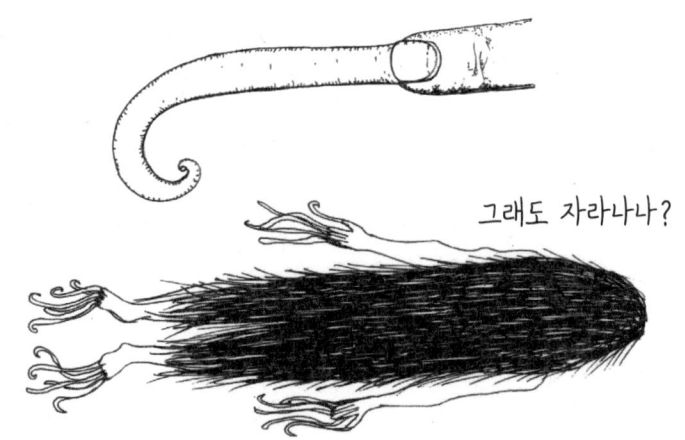

그래도 자라나나?

67 털과 손톱은 죽은 다음에는 자라지 않아

오랜 시간 동안 사람들은 죽은 사람의 털과 손톱이 계속 자라난다고 생각했지. 하지만 그건 진실이 아니야.

- 털과 손톱이 자라려면 포도당이 필요해. 포도당은 혈당이라고도 불리는데 심장이 뛸 때만 만들어지지.

- 살아 있는 사람은 하루에 약 0.1밀리미터의 손톱이 자라. 겉으로 보이는 손톱 아래에는 오래된 손톱을 밀어 올릴 수 있는 새로운 손톱 세포가 있지. 사실 위에 보이는 손톱은 이미 죽어 있는 세포야. 그래서 손톱을 잘라도 아프지 않아. 만약 새로운 손톱 세포가 만들어지지 않는다면 손톱도 더 이상 자라나지 않지.

- 몸에 자라는 털에도 같은 현상이 적용돼. 우리가 살아 있는 동안, 머리카락은 보통 한 달에 1센티미터씩 자라. 그리고 죽으면 성장을 멈추지.

- 그렇다면 죽은 사람의 머리카락과 손톱이 계속 자라는 것처럼 느껴지는 이유는 무엇일까? 그건 더 이상 몸에서 피가 순환하지 않으면서 몸이 수축되기 때문이야. 그래서 머리카락과 손톱이 자란 것처럼 보이는 거지. 더 이상 몸속에 피가 흐르지 않기 때문에 몸이 바짝 말라 버리거든. 실제로는 0.5밀리미터도 더 자라지 않아.

68 인간은 이미 수천 년 전부터 이를 닦았어

수천 년 전의 부모들도 자식들이 잠들기 전에 이 이야기를 하는 것을 잊지 않았지. "자기 전에 양치질 해라!"

- 아주 오래전부터 인간은 재, 잘게 간 달걀 껍데기, 또는 소금을 손가락에 묻혀 이를 문질렀어. 이런 양치질이 이를 깨끗하게 했는지 아닌지는 확실하지 않지만 말이야.

약나무 가지 칫솔

인류의 첫 번째 칫솔

- 기원전 3000년경에 바빌로니아와 이집트에 살던 사람들은 약나무의 가지로 양치 도구를 만들었어. 약나무의 가지를 자른 뒤 끄트머리를 씹었어. 끄트머리가 양치할 수 있을 솔이 될 때까지 말이야.

- 우리가 지금 쓰고 있는 칫솔은 중국에서 가장 처음 만들었어. 기다란 뼛조각이나 대나무 조각을 손잡이로 하고 그 위에 돼지털을 붙였지. 돼지털은 이를 닦기에 적합했거든.

3
스포츠의 세계

69 포뮬러 1 레이서들은 날쌘하다

자동차 경주 대회인 포뮬러 1은 마냥 쉬워 보여. 멋진 옷과 헬멧을 쓰고 레이싱 카에 앉아서 원형 경주 코스를 빠르게 돌 뿐이니 말이야. 차가 모든 걸 하는데, 굳이 운전자가 건강해야 할 이유가 없는 거 아니냐고?

하지만 그건 사실이 아니야! 포뮬러 1 레이서들은 엄청나게 훈련된 운동선수들이고 자동차 경주는 가장 힘든 신체적 도전에 속해.

- 경기 중인 카레이서의 심장 박동은 분당 200번까지 증가해. 분당 150~160번의 심장 박동을 하는 축구 선수나 달리기 선수보다도 빠르지. 이 높은 심장 박동 수는 주로 신체적 활동 때문이지만 카레이서의 박동 수가 높은 이유는 경기 내내 집중을 해야 하고 거의 문자 그대로 의자의 가장자리에 앉아 있기 때문이야. 갑자기 브레이크를 밟거나 방향을 바꾸는 운전 방법은 심장 박동 수를 높이지.

- 이 엄청난 압력을 견디기 위해 카레이서들은 하루에 적어도 4시간 이상을 훈련해. 체육관에 가고, 달리기를 하거나 자전거를 타지. 근력 운동도 빠뜨리면 안 돼.

- 카레이서의 목 근육은 경기 중 엄청난 압력을 받아. 코너를 돌 때는 평소 중력의 4~5배가 적용돼. 마치 카레이서의 머리가 4~5배 무거워진 느낌을 받지. 이때 머리를 똑바로 세우기 위해서는 매우 강한 등 근육과 목 근육이 필요해. 어떤 카레이서들은 이를 위해 훈련하는 동안 10킬로그램이나 나가는 헬멧을 쓰곤 해.

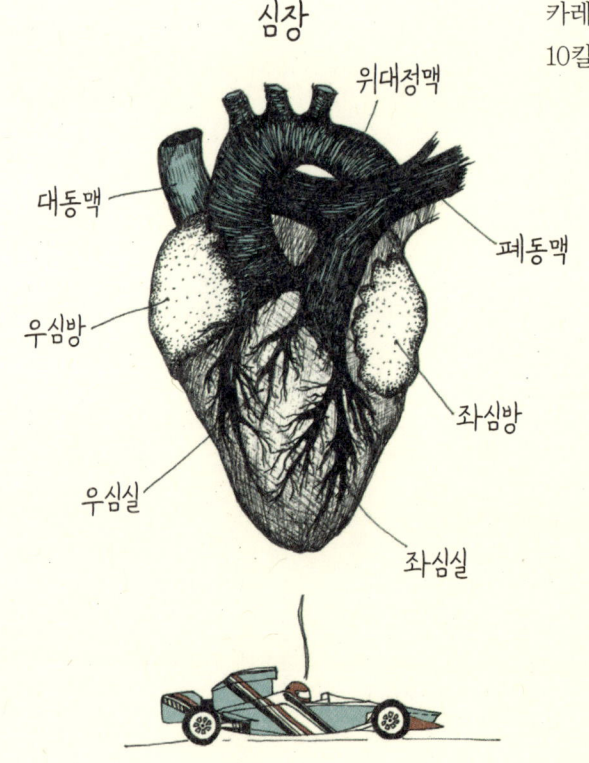

심장
위대정맥
대동맥
폐동맥
우심방
좌심방
우심실
좌심실

- 핸들을 꼭 붙잡기 위해서는 제대로 된 팔 근육이 필요하고 다리는 브레이크를 누를 충분한 힘을 가지고 있어야 해.

- 당연히 머리를 잘 지탱해야지. 경기를 이어가는 90분 중 1초라도 집중을 하지 않으면 목숨을 잃을 수도 있으니까. 카레이서의 정신력과 체력이 중요한 이유야.

> **카레이서에 대한 더 많은 이야기**
>
> 카레이서들은 경기 전에 비해 경기 후의 몸무게가 2~3킬로그램 줄어들어. 엄청난 양의 땀을 흘리기 때문이야.
>
> 카 레이싱을 하는 동안은 화장실을 가지 못하니 경기 전에 볼일을 봐야 해. 하지만 그럼에도 화장실에 가고 싶어진다면? 그냥 유니폼에 실례를 해 버린대.

70 코프볼은 남녀가 함께 하는 운동 경기야

또는 이렇게 말하는 게 맞겠지. 코프볼은 남자와 여자가 한 팀이 되어 함께 경기하는 경기 종목이라고 말이야.

- 코프볼 팀은 5명의 남자와 5명의 여자로 이루어져 있어. 그 이외의 선수들은 경기 중 선수 교체를 대비해 벤치에서 기다리지. 만약 팀당 남자 수가 적다면 여자가 남자 대신 경기할 수도 있어. 그 경우 여자 선수들은 특별한 유니폼을 입어야 해. 하지만 여자 선수의 수가 적은 경우에는 남자가 대체할 수 없어. 코프볼 경기 규칙에 따르면 남자 선수들이 여자 선수들보다 힘이 세기 때문이야.

- 코프볼은 네덜란드와 벨기에에서 가장 유명한 종목이야. 코프볼이 네덜란드의 교사였던 니코 브루크호이센이 1902년에 개발한 게임이라는 것을 알면 놀랄 일도 아니지. 스웨덴 사람들이 링볼이라는 경기를 하는 것을 본 니코는 그와 비슷한 경기를 개발해 냈어. 그게 바로 나중에 코프볼이 된 거지. 코프볼은 코프라고 불리는 상대방의 바구니에 공을 집어넣어야 해.

- 다른 구기 종목에서도 남녀가 함께 경기하기도 해. 바로 테니스, 탁구, 그리고 배드민턴의 복식 경기야. 그리고 승마 종목 중에서도 남자와 여자가 한 팀으로 이루어져 있고 스포츠댄스 역시 커플이 참여하는 종목이야.

71 하계와 동계 올림픽에서 모두 금메달을 딴 에디 이건

에디 이건은 1897년 미국의 덴버에서 태어났어. 에디의 가족은 매우 가난했지만 에디는 명문으로 손꼽히는 하버드와 옥스퍼드대학교에서 법을 공부했어.

에디는 1920년 벨기에 안트베르펜에서 열린 하계 올림픽에서 경량급 권투 올림픽 챔피언이 됐어. 그리고 1932년, 레이크플래시드에서 열린 동계 올림픽에도 참가했어. 그때 4명으로 이루어진 봅슬레이 팀의 한 명으로 참여해서 금메달을 땄지. 에디 이후에는 그 누구도 동계와 하계 올림픽에서 모두 금메달을 딴 사람은 없어.

에디 이건의 메달들

그렇지만 동계와 하계 올림픽 전부에 참여한 선수들은 있지.

- 노르웨이의 **야콥 툴린 탐스**는 스키 점프로 금메달을 따고 요트 경기에서 은메달을 딴 노르웨이 선수야.

- 독일의 **크리스타 루딩**은 500미터 스피드 스케이팅에서 금메달을 따고 사이클 종목에서 은메달을 땄어.

- 캐나다의 **클라라 휴즈**는 올림픽 사이클과 스케이트에서 메달을 땄어.

- 그리고 마지막으로 미국의 **로린 윌리엄스**는 육상과 봅슬레이에서 은메달을 땄어.

72 건축, 문학, 음악, 회화, 그리고 조각도 올림픽 종목이었어

- **피에르 드 쿠베르탱 남작**은 프랑스 사람이야. 바로 1896년 현대 올림픽 경기를 창시한 사람이지.

- 운동 경기 이외에도 남작은 '예술 경기'를 열었어. 예술가들은 운동 경기에서 영감을 받아야 했지. 그래서 1912~1948년 사이에 열린 올림픽에서는 건축, 문학, 음악, 회화, 그리고 조각에서도 메달을 딸 수 있었어.

- 아마도 이 방법은 남작이 올림픽에 참여하고 싶어서 만든 방법일 거야. 남작은 '스포츠에 보내는 시'라는 제목의 시로 1912년 금메달을 얻었어. 공정한 심사를 위해 남작은 시를 자신의 이름이 아닌 조지 호로드와 M. 에쉬바흐로 제출했어.

73 가장 뛰어난 장거리 육상 선수는 동아프리카 출신이야

요즘 맹활약 중인 마라톤 선수는 보통 동아프리카 출신이야. 엘리우드 킵초게, 데니스 키메토, 윌슨 킵상 키프로티치와 패트릭 마카우는 모두 케냐 출신이야. 하일레 게브르셀라시에는 에티오피아 출신이지. 과학자들은 그 이유가 궁금해졌어.

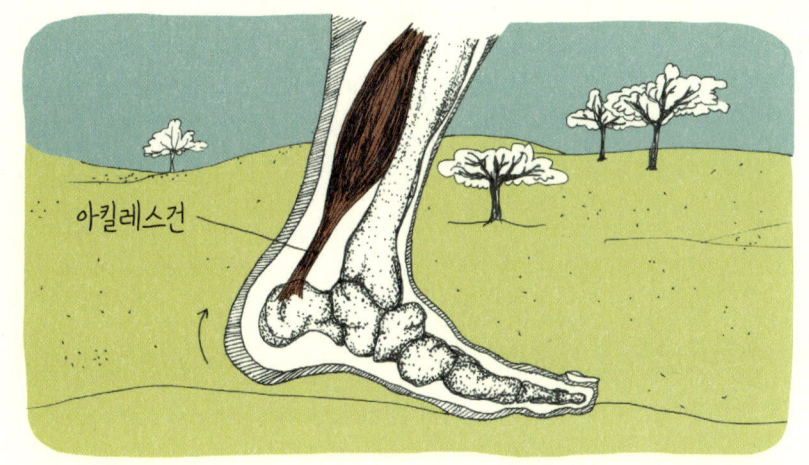

- 동아프리카 출신의 운동선수들은 달리기에 적합한 길고 가느다란 다리를 지닌 경우가 많아.

- 몇몇 연구자들은 동아프리카 출신 선수들의 긴 아킬레스건이 달릴 때 장점으로 작용한다고 생각해. 이 기다란 아킬레스건이 타고난 것인지, 또는 훈련으로 얻은 것인지 궁금해 하지.

그런데 대부분의 연구자들은 신체 조건뿐 아니라 다른 어떤 조건이 성공에 일정한 역할을 한 것은 아닐까 하고 생각했어.

- 많은 케냐와 에티오피아의 운동선수들은 해발 2,000~2,500미터 사이의 지역에서 태어나고 자라났어. 아이들은 학교에 가기 위해 매일 5~20킬로미터를 달려야 하는 경우가 있었지. 이렇게 높은 지대에서 평생을 훈련한 결과, 다른 선수들보다 잘 뛰게 됐지.

- 또한 비교적 부유하지 않은 지역에서 자라난 운동선수들은 경기에 이겨야만 한다는 동기 부여가 상당할 거야. 먹고살기 위해서 달리기를 해야 했을 테니 말이야.

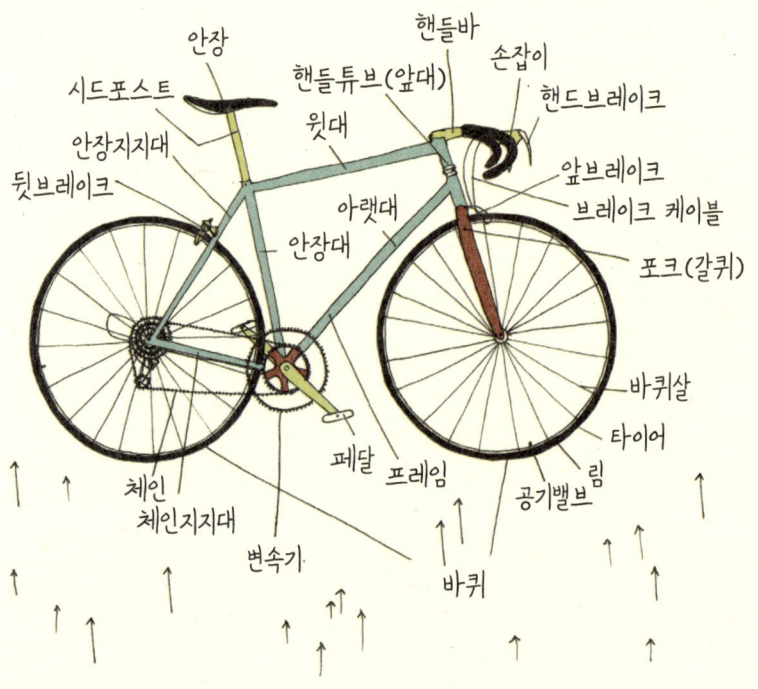

74 가장 가벼운 경주용 자전거는 갓난아기보다도 가벼워

- 가장 가벼운 경주용 자전거는 무게가 2.7킬로미터야. 갓 태어난 아기는 체중이 약 3.5킬로그램이니 갓난아기보다도 훨씬 가볍지.

- 독일의 **귄터 마이**는 약 642.5그램밖에 나가지 않는 골조를 사용해 경주용 자전거를 만들었어. 자전거의 앞바퀴가 자리하는 '포크'라는 부분은 오직 185.9그램밖에 나가지 않아. 귄터 마이는 자전거의 무게가 2.8킬로그램이 될 때까지만 연구를 진행한 뒤 미국의 자전거 상인에게 팔아 버렸어. 이 자전거 상인은 고작 583그램밖에 나가지 않는 특별한 자전거 바퀴를 개발했지. 그리고 자전거는 더욱 가벼워졌어. 이 자전거의 가격은 약 45,000달러야.

- 너무 가벼운 자전거를 경주에 사용하는 게 허락되지 않을 수도 있어. 국제 사이클리스트 연합에 따르면 경주용 자전거는 적어도 6.8킬로그램 이상의 무게가 나가야 하거든.

75 축구를 발명한 주인공은 중국인이야

세계에서 가장 유명한 구기 종목의 개발자는 바로 중국인이야. 축구가 유럽을 지배하기도 전인 약 2,000년 전, 중국의 군인들은 '추주' 또는 '춧추'라고 불리는 게임을 시작했어. 직역하면 '공차기'라는 뜻이지. 이때 가죽으로 만든 공은 깃털이나 동물의 털로 가득 차 있었어. 두 팀이 골대로 공을 차 넣어 점수를 얻는 게임이었지. 골대는 두 기둥 사이에 늘어뜨린 비단천에 구멍을 낸 것이었고, 경기 중 손을 사용하지 못하게 했지. 이 경기는 송나라 때 유명해졌는데, 바로 960~1279년 사이의 일이야.

추주 춧추 공차기 놀이

우리가 알고 있는 현대적인 축구는 1863년 영국에서 시작됐는데, 처음에는 매우 과격했지. 상대방에게 공이 있지 않더라도 얼굴에 주먹을 날릴 수 있었어. 만약 골키퍼가 공을 잡고 있다면 골키퍼를 밀어서라도 점수를 얻어 낼 수도 있었지.

76 세계 요요 챔피언십 대회

요요를 가지고 노는 것은 참 멋진 일이야. 누가 알아. 우리가 정말 잘할지. 만약 요요를 잘한다면, 세계 요요 챔피언십 대회에 나가 봐.

- 요요 월드 챔피언십은 두 부문으로 나뉘어 있어. 첫 번째 부문은 필수로 보여 주어야 하는 몇 가지 기술이지. 그리고 두 번째 부문은 프리스타일이라고 불리는데, 개인이 가진 모든 기술을 보여 주는 거야. 두 부문을 살핀 심판들이 점수를 매기지. 점수를 가장 많이 얻은 사람이 이기는 거야. 프리스타일 부문에서는 음악을 사용하거나 춤을 출 수도 있고 주변을 걸어 다닐 수도 있어.

- 월드 챔피언십에 참여하려면 국내 대회에서 좋은 성적을 얻어야 해. 일본인들이 특히 요요를 잘하는데, 신지 사이토라는 일본인은 13번 이상 월드 챔피언 자리에 머물렀어.

- 한국에서도 매년 요요 대회가 열리고 있으며, 여기에서 우승하면 아시아 태평양 요요 챔피언십 대회 등 국제 요요 챔피언십 대회에 나갈 수 있어.

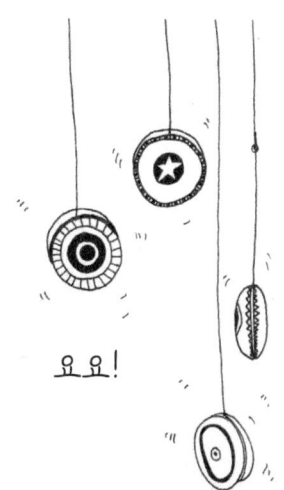

요요!

77 스모 선수들은 커다란 그릇에 담긴 밥을 하루에 여덟 그릇이나 먹어

스모 선수가 되기 위해서는 규칙을 잘 지켜야 해. 그리고 대식가가 되어야 하지. 왜냐하면 진정한 챔피언이 되기 위해 스모 선수들은 엄청난 양을 먹어야 하기 때문이야.

- 스모 선수들은 아침 식사를 하지 않아. 왜냐면 오전에 5시간 동안 엄청난 훈련을 하는데, 꽉 찬 위장으로는 상대방을 뻥 차 버릴 수 없기 때문이야. 점심 식사 시간에는 당연히 배가 많이 고파지겠지. 요리사는 선수들을 위해 제시간에 식사를 준비해.

- 고니시키라는 잘 알려진 스모 챔피언이 말하는데, 열 그릇의 찬코 나베, 여덟 그릇의 밥, 130개의 생선 초밥과 25인분의 고기를 먹는 건 일도 아니래. 그리고 디저트를 먹지.

- 찬코, 또는 찬코나베는 소고기, 생선, 닭고기, 또는 두부 등을 큼직하게 썰어 큰 냄비에 담아서 끓여 먹는 요리야. 많은 양의 채소도 넣지. 사실 굉장히 건강한 음식인데 스모 선수들은 엄청난 양을 먹어 치워. 선수들은 맥주를 마시는 것도 좋아해. 점심 식사를 마친 후 가능한 한 에너지를 적게 쓰려고 낮잠에 들지. 저녁에도 똑같은 메뉴로 식사를 해. 모두 합치면 4,000~5,000칼로리를 먹어 치우는데, 이 정도 열량이라면 보통 성인 남성이 필요로 하는 양의 두 배야.

- 스모 선수들은 150~270킬로그램까지 무게가 나가. 근육 양도 엄청나지만 엉덩이와 배 주변의 지방도 한몫하지. 이 때문에 선수들은 균형을 잡기 어려워 해. 하지만 이 지방들은 부드러운 착지를 위한 쿠션 역할도 해 줘.

- 이 경기에는 체급이 없기 때문에, 스모 선수들은 체중을 늘리기 위해서라면 어떤 일이든 마다하지 않아. 무게가 무거울수록 상대보다 유리할 수 있거든.

- 스모 선수의 삶은 정말 쉽지 않아. 체중을 늘리고 제대로 된 선수가 되기 위한 훈련을 하려면 10년 정도가 필요하거든. 스모 선수들은 굉장히 규칙적인 생활을 해. 스모 선수를 양성하는 전문학교를 살펴보면 알 수 있어. 선수들은 이 학교에서 식사, 수면, 그리고 훈련을 위해 따라야 하는 엄격한 규칙 속에 생활하지. 선수가 되기 위해서는 까다로운 여러 가지 규칙을 최대한 지켜야 하기 때문에, 일본인들은 스모 선수들을 매우 존경해. 선수들을 거의 영웅처럼 여기지.

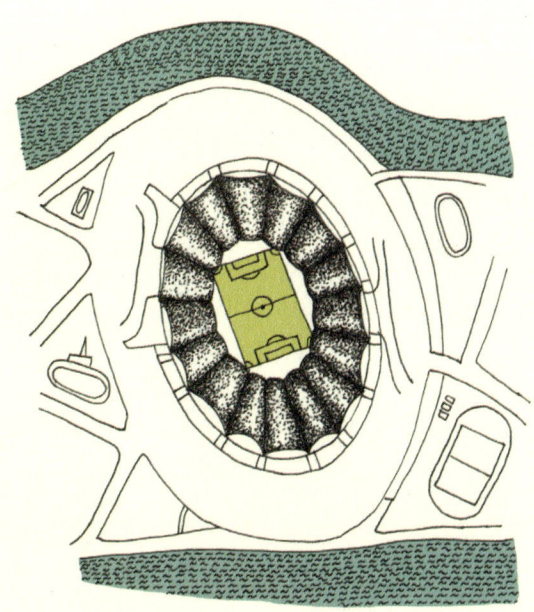

평양의 5·1 경기장

78 세계에서 가장 큰 축구 경기장이 북한에 있다고?

- 북한의 수도 평양에 위치한 **5·1 경기장**은 15만 석의 관중석을 갖추고 있어. 이곳에서는 간혹 축구나 다른 운동 경기들이 열리지만 보통은 북한 지도자를 찬미할 때 사용되지. 예컨대 10만 명이 참가하는 대형 군대 퍼레이드, 체조, 무용 등을 할 때 말이야.

- 유럽에서 가장 큰 축구 경기장은 에스파냐 바르셀로나에 위치한 **캄프누야**. 99,354명의 관중이 FC 바르셀로나의 경기를 즐길 수 있지. 캄프누는 의심할 여지없이 세계에서 가장 유명한 축구 경기장 중 하나야.

- 경기장이 크다고 항상 특별한건 아냐. 예를 들면, 북대서양의 섬인 페로 제도에 위치한 **에이디 경기장**은 정말 특별하거든. 이 경기장은 바다 바로 옆에 있지. 선수가 공을 바다로 찼을 때는 누가 가져오나 고민하게 될 거야.

- 싱가포르의 항구 바다 위에 위치한 **마리나베이 경기장**도 마찬가지야. 3만 명의 관중이 들어갈 수 있는 규모에 그 경관이 엄청난 미래 도시 같아 보여.

79 올림픽 금메달에는 금이 조금밖에 들어 있지 않아

정말 열심히 달려 1등으로 결승점에 도착해 금메달을 받게 됐지 뭐야. 하지만, 나중에 배가 고프다고 해서 빵을 사기 위해 메달을 팔 순 없어. 왜냐하면 메달에 들어 있는 금의 양은 엄청나게 적거든. 전체 메달 무게의 1~2퍼센트 정도만이 금이고 나머지는 전부 은으로 이루어져 있지. 가끔은 동이 들어가 있던 적도 있어. 하지만 당연히 메달의 성분이 아니라 그 자체가 영광이라는 것은 모두 아는 사실일 거야.

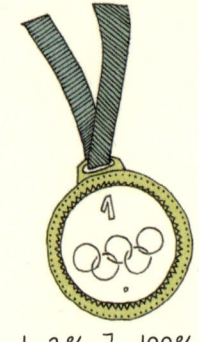

1-2% 금, 100% 은

- 수영 선수 **마이클 펠프스**는 세계에서 가장 많은 메달을 가지고 있어. 최소한 23개의 금메달을 갖고 있지.

> **메달에 대한 더 많은 이야기**
> 세상에서 금메달 수상자를 가장 많이 배출한 나라는 **미국**(1,118개)이야. 이 책을 읽고 있는 이 순간까지도 말이지! 한국은 1948년부터 2016년까지 총 17차례 하계 올림픽 대회에 출전해서 금메달 90개를 땄어. 동계 올림픽에서는 31개의 금메달을 땄지.

- 그 다음으로 메달이 많은 선수들은 '고작' 9개의 금메달밖에 가지지 못했어. 체조 선수 **라리사 라티니나**, 장거리 육상 선수 **파보 누르미**, 수영 선수 **마크 스피츠**, 육상 선수 **칼 루이스** 등이야.

- 한국에서 올림픽 금메달을 가장 많이 딴 선수로는 사격 선수 **진종오**, 양궁 선수 **김수녕**, 쇼트트랙 선수 **전이경** 등을 꼽을 수 있어. 모두 금메달 4개를 땄지.

- 그리고 한국에서 올림픽 금메달을 딴 선수 중에 가장 유명한 사람은 뭐니뭐니해도 1936 베를린 올림픽의 마라톤에서 금메달을 딴 고 **손기정 선수**일 거야. 안타깝게도 일본인 자격으로 출전했지만 말이야.

80 마이클 펠프스는 수영을 하기 위해 태어났어

마이클 펠프스는 미국의 수영 선수야. 2016년 브라질 올림픽에서 23번째 금메달을 땄지. 이로써 마이클 펠프스는 역사상 유례없는 세계 최고의 올림픽 선수로 알려졌어. 당연히 마이클 펠프스는 엄청난 훈련으로 대단한 선수가 됐어. 하지만 그 이외에도 펠프스의 신체적 조건이 성공의 큰 열쇠가 된 건 사실이야. 마이클 펠프스는 큼지막한 손과 발을 갖고 있거든. 펠프스의 신발 사이즈가 350밀리미터이니 분명 평균 이상이지.

어푸 어푸!

- 이외에도 펠프스는 매우 가느다란 허리와 기다란 팔을 가지고 있어. 양팔을 양편으로 쫙 펴면 이쪽 검지에서 저쪽 검지까지의 길이가 자신의 키보다 8센티미터 더 길지. 이런 사람은 흔하지 않아. 우리는 이를 원숭이형 특성이라고 불러. 이렇게 긴 팔을 사용해 마이클 펠프스는 물속에서 열심히 몸을 앞으로 나아가게 할 수 있어.

- 마이클 펠프스의 갈비뼈와 골반 사이의 거리 역시 평균보다 10센티미터 더 길어.

- 정강이를 남들보다 더 길게 뻗을 수 있기 때문에, 마이클 펠프스의 다리는 더 긴 발차기를 할 수 있어서 수영장에서 이점으로 작용해.

- 신체 조건 이외에도, 마이클 펠프스는 열량 소비에서 남들보다 더 나은 장점을 가지고 있어. 펠프스는 엄청난 양의 음식을 먹고 빠르게 소화해. 펠프스가 가장 좋아하는 음식점은 고향인 볼티모어에 위치한 '페테스 바 앤 그릴'이야. 펠프스는 그곳에서 아침으로 계란, 치즈, 양배추, 토마토, 마요네즈를 넣은 샌드위치 2~3개를 시작으로 달걀 5개와 치즈가 들어간 오믈렛, 구운 빵 3장, 소시지 2인분, 프렌치토스트 3장, 그리고 남은 공간은 3장의 초콜릿 팬케이크로 채워 넣어. 평균적으로 펠프스는 하루에도 1만~1.2만 칼로리를 소모하는데, 이는 '보통' 남성이 소모하는 열량의 5~6배이지. 하지만 펠프스의 몸에서는 지방을 찾아보기가 어려워. 펠프스의 몸무게와 키는 90킬로그램에 193센티미터로, 정상이야.

81 세계에서 가장 긴 테니스 경기는 11시간 동안 이어졌어

2010년 6월, 테니스 선수 존 이스너와 니콜라 마위의 윔블던 챔피언십 경기가 시작되었어. 6월 22일에 펼쳐진 경기는 장장 11시간 15분이나 이어졌지. 그 시간 동안 총 183회의 게임이 진행됐어.

테니스 경기에서 선수들만 피곤해하는 것은 아니야. 점수판 역시 과열됐지. 점수가 47-47을 기록한 순간, 점수판이 고장 나고 말았어. 프로그래머들에 따르면, 점수판이 47 이상의 점수를 입력할 수 없었기 때문에 일어난 일이었대. 결국 이스너가 70 대 68로 경기에서 이겼지.

1년 후 두 사람이 윔블던에서 다시 만났을 때는, 2시간 3분 후 우승자를 결정지을 수 있었어. 이때도 이스너가 이겼어. 이스너는 나중에 기자들에게 말하길 경기가 아주 짧은 시간 안에 끝나서 기뻤다고 해.

82 세계에서 가장 작은 농구 선수는 키가 160센티미터래

키가 그리 크지 않은데, 농구 선수가 되고 싶다고? 문제없어! 농구 선수 **먹시 보그스**를 봐. 키 160센티미터에 62킬로그램의 몸무게로 프로 농구 선수로 활동했어.

- **먹시 보그스**는 1965년 미국 볼티모어에서 태어났어. 이미 중학교 시절부터 농구를 시작했고 그 이후 대학에서도 계속해서 운동을 했어. 실력이 얼마나 좋았는지 1987년 워싱턴 뷸리츠에 입단했지.

- 우습게도 먹시는 가장 큰 농구 선수 중 한 명과 활동했어. **마누트 볼**은 키가 231센티미터였지. 먹시와 마누트는 NBA 기록상 가장 키가 작고 큰 선수로 기록돼 있는데, 차이가 무려 71센티미터나 돼.

- 먹시만 170센티미터가 되지 않았던 건 아니야. **얼 보이킨스**는 165센티미터였고, **멜 허시**는 168센티미터였어.

- 농구 경기장에서 엄청 커다란 선수들이 돌아다니는 것도 본 적이 있을 거야. 프로 농구 선수 중 가장 키가 큰 선수들은 루마니아 출신의 **게오르그 뮤레산**과 아까 이야기했던 수단 출신의 **마누트 볼**이야. 둘 다 231센티미터를 기록했지.

- 농구 선수들의 평균 키가 2미터임을 생각해 보면, 상당히 큰 편이지.

- 농구 팬들을 위한 서비스
  - **르브론 제임스** : 203cm
  - **마이클 조던** : 198cm
  - **매직 존슨** : 206cm

나 좀 봐!

먹시 보그스

이제 자유다!

83 올림픽 중에는 그 어떤 전쟁도 용납할 수 없어

고대 그리스에서 운동 경기가 벌어질 때는 모든 무기를 무기고로 돌려 놓는 시기가 선포됐고 그 누구도 전쟁을 선언할 수 없었어. 이를 가리켜 에케케이리아(ekecheiria)라고 했는데. 그리스어로 '무기를 내려놓다.'는 뜻이지. 그 당시, 그리스의 도시들은 계속해서 전쟁을 벌이고 있었어. 그래서 그리스에서는 전쟁을 멈추고 무리 없이 운동선수들이 운동을 할 수 있게 조치를 취했던 거야.

1993년, UN은 올림픽 경기 중에는 휴전을 하자고 제의해 왔어. 이 결의안에는 모든 국가들이 무기를 내려놓으라고 적혀 있었지. 올림픽 기간은 물론 올림픽 기간 앞뒤로 일주일 동안 휴전이야.

안타깝게도 이 결의안은 채택되지 못했지. 그래도 아직까지 전쟁 때문에 올림픽을 열지 못한 적은 없어.

84 지대가 낮은 나라에서 두 번 개최한 올림픽

안트베르펜에서

- 1920년은 벨기에가 하계 올림픽을 개최하는 해였어. 이 해의 올림픽은 안트베르펜에서 개최됐고 29개 국이 참가했지. 독일과 오스트리아는 초대받지 못했어. 이제 막 끝난 제1차 세계 대전 때문이었지. 러시아에서 내전이 일어났기 때문에 러시아의 운동선수들은 참여하지 않았어.

화염공

- 올림픽 선서는 바로 이 하계 올림픽에서 가장 처음 실시됐어. 벨기에의 펜싱 선수인 **빅토르 부앙**이 규정을 따르고 약물 사용 및 오남용을 하지 않겠다고 선서를 했지. 그 이후로, 수많은 운동선수들이 선서를 하고 있어.

암스테르담에서

- 8년 후, 네덜란드의 암스테르담에서 올림픽이 개최됐어. 이곳에서 성화를 처음 밝혔지. 당시 성화의 불을 붙인 건 운동선수들이 아닌 가스 회사의 직원들이었어. 이 올림픽에는 46개 국가가 참가했고 독일도 다시 참가했어.

- 재미있는 사실은 말이야. 스웨덴의 **오스카 스완**이 안트베르펜 올림픽에서 은메달을 땄어. 당시, 이 선수는 만 72세로, 가장 나이가 많은 메달리스트였지.

아이고!
오스카

- 팬들은 올림픽 수영 종목에서 금메달을 1개 이상 딴 것은 타잔뿐이라고 알고 있지. 바로 **조니 와이즈뮬러**야. 이 선수는 나중에 16년 동안 영화 속에서 타잔을 연기해.

85 에디 메르크스는 메달을 딴 적 없지만 에디의 아들과 손자는 메달을 땄어

에디 메르크스에 대해 들어 본 적이 있을 거야. 거의 모든 사이클 경기에서 메달을 딴 세계적인 선수이지.

- 투르 드 프랑스(Tour de France) 5회
- 밀라노-산 레모(Milano-San Remo) 7회
- 론더 판 플란데런(Ronde van Vlaanderen) 2회
- 파리-루베(Paris-Roubaix) 3회
- 암스텔 골드 레이스(Amstel Gold Race) 2회
- 리에주-바스토뉴-리에주(Liege-Bastogne-Liege) 5회
- 지로 디탈리아(Giro d'italia) 5회
- 부엘타 아 에스파냐(Vuelta a Espana) 1회
- 월드 챔피언십(World Championship) 3회

엄청난 수상 경력이야. 지금까지도 그만큼을 이룬 사람은 없어. 하지만 그런 에디에게도 우승하지 못한 경기가 있지. 바로 올림픽이야.

하지만 에디의 아들과 손자는 우승했어. **악셀 메르크스**는 2004년 올림픽 사이클 종목에서 동메달을 땄어. 올림픽 사이클 선수 중 3번째로 빨랐던 거야.

에디의 손자인 **루카**는 심지어 금메달을 땄지만 안타깝게도 사이클 종목도 아니었고 벨기에의 대표 선수도 아니었어. 에디의 딸 사비나는 아르헨티나 사람과 결혼을 했거든. 아들 루카는 아르헨티나의 하키 국가 대표로 활동했어.

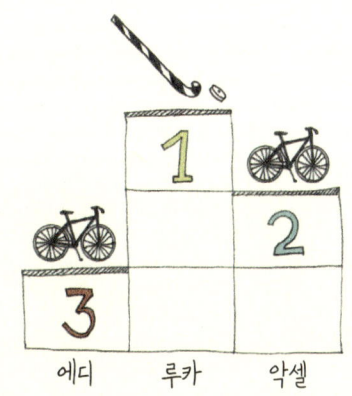

아르헨티나의 하키 국가 대표팀은 2016년 브라질 올림픽에서 금메달을 땄어. 벨기에를 이기고 딴 메달이었지. 과연 에디는 그날 밤 어느 팀을 응원했을까?

86 다리털을 미는 사이클 선수들

가끔 사이클 경기를 볼 때 사이클 선수들의 다리가 얼마나 부드러운지에 놀랐던 적이 있을 거야. 사이클 선수들이 그렇게 종아리를 부드럽게 하는 데에는 다 이유가 있어.

- 첫 번째 이유는 털 없는 다리를 마사지하는 게 더 쉽기 때문이야. 전문 사이클 선수는 근육을 유연하게 만들려고 자주 마사지를 해. 마사지사는 털 없이 부드러운 다리가 마사지하기 쉽고 선수는 털이 있으나 없으나 상관없지. 또한 마사지사는 오일을 적게 사용할 수 있을 거고 선수는 모낭염에 걸릴 위험도 적을 거야.

- 두 번째는 치료를 쉽게 하기 위해서야. 선수들은 경기 중 자전거에서 떨어지는 일이 많은데, 이때 찰과상이 생기면 바로 치료를 받아야 해. 다리에 털이 없으면 치료 받기가 쉽고, 상처에서 붕대를 뗄 때도 덜 아플 거야.

- 다리에 털이 없으면 속도가 더 빨라지리라는 것은 오해야. 사이클 선수들 사이에 다리 면도는 규칙일 뿐이지. 그저 모두가 면도를 하고 만약 면도를 하지 않으면 사이클 선수로 진지하게 받아들이지 않을 거야.

- 어쩌다 한 번씩 그 규정을 거부하는 세계적인 선수들이 있어. 예를 들면 피터 사간은 간혹 다리털 면도를 거부했지만 수많은 경기에서 우승했지. 심지어는 두 번씩이나 세계 챔피언이 됐어.

스포츠의 세계 89

87 모든 골프 선수들에게는 핸디캡이 있어

핸디캡, 그러니까 장애를 지닌 선수라면 팔 한쪽이나 다리 한쪽만 가진 골프 선수들을 말하는 것 같지 않니? 아니면 휠체어에 앉은 골프 선수라든가 말이야. 하지만 여기서 말하는 장애란 그게 아니야.

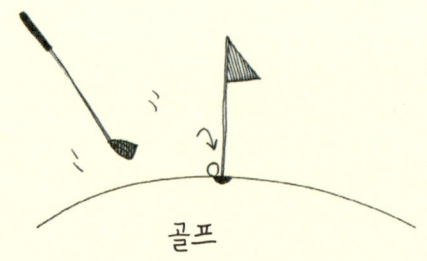
골프

골프의 핸디캡은 코스의 기준 타수 이상으로 18홀을 끝내기 위해 몇 번의 타수가 필요한지를 뜻해. 한 문장이지만 여러 개의 개념을 담고 있지? 홀이란 말 그대로 '구멍'이라는 뜻이야. 공을 넣어야 하는 곳이지. 골프 코스에는 이런 홀들이 여러 개 있어. 가능한 한 가장 적은 타수로 이 홀 안에 공을 넣어야 해. 골프공을 놓은 자리에서 이 구멍까지 한 번에 쳐 내면 '홀인원'이라고 불러.

홀의 '기준 타수(파, Par)'란 평균적으로 골프를 치며 홀에 공을 넣기 위해 필요한 타수를 의미해. 이 타수는 미리 결정돼 있고 각 홀은 기준 타수 3, 4, 5파를 가지고 있어. 모든 기준 타수가 골프장의 기준 타수를 결정해.

여기서의 핸디캡은 골프를 치는 사람이 얼마나 좋은 선수이냐를 의미해. 핸디캡이 낮을수록 그 사람은 더 실력 있는 선수야. 이렇게 핸디캡을 정하는 이유는 실력이 다른 골프 선수들이 같은 조건으로 경기할 수 있도록 실력 수준을 수치로 표시한 거야.

아싸! 홀인원!

88 마라톤의 공식 거리는 42.195킬로미터야

정말 이상한 거리라고 생각할지도 몰라. 왜 42킬로미터 또는 43킬로미터가 아닐까? 이를 알기 위해서는 마라톤의 역사를 들여다보아야 해.

- 마라톤은 기원전 490년 **페이딥피데스**라는 군인이 마라톤 평야에서 아테네까지 달려간 것에서 시작됐어. 아테네에 도착한 이 군인은 사람들에게 아테네가 페르시아를 이겼다고 알려 줬지. 불행히도, 이 이야기를 전달하고 군인은 죽어 버리고 말았어. 아마 열사병에 걸렸었을 거야.

- 올림픽에서 오늘날의 마라톤은 1896년 처음 시작됐어. 이때의 거리는 25마일, 또는 40킬로미터였지.

- 1908년 런던에서 올림픽이 열렸을 때, 영국 여왕은 윈저성 앞에서 개회 선언을 하고 싶어 했어. 그리고 폐회식은 웨스트런던에 위치한 화이트시티스테디움의 로얄트리뷴이라 불리는 연단 앞에서 이루어져야만 했지. 거리가 정확히 42.195킬로미터였어. 결국 그 거리가 모든 마라톤 경기의 공식 거리가 됐지.

- 남성 마라톤 경기에서 세계 최단 기록은 2시간 1분 39초였어. 2018년 베를린에서 열린 국제 마라톤 대회에서 **킵초게**가 세운 기록이지. 엘리우드 킵초게는 케냐 사람이야.

- 세상에서 가장 빠른 여성은 마라톤을 2시간 15분 25초 안에 뛰었어. 이 기록은 영국의 **폴라 래드클리프**가 세웠어.

하지만 기록은 언제든 깨질 수 있지.

스포츠의 세계 91

4
유명한 인물 이야기

89 세계에서 네 번째로 에베레스트를 오른 산악인 라인홀트 메스너

라인홀트 메스너는 1944년 9월 17일 이탈리아에서 태어났어. 이탈리아의 북쪽 남티롤 지역에 위치한 마을인 피노스가 바로 라인홀트의 고향이지. 라인홀트의 집에서는 산꼭대기가 보였어. 라인홀트는 그 산이 참 멋지다고 생각했지. 라인홀트가 배낭을 챙겨 들고 등산을 시작할 때까지는 그리 오랜 시간이 걸리지 않았어. 라인홀트의 아버지가 라인홀트를 데리고 처음 산꼭대기를 등반했을 때 라인홀트는 다섯 살이 되기도 전이었어.

그리고 열세 살이 됐을 무렵, 라인홀트는 조금 더 진지한 등반을 하기로 했어. 자기보다 두 살 어린 동생인 귄터와 함께 주변의 산을 등반하기 시작했어. 그들이 어른이 됐을 때는 이미 유럽 전체에서 가장 뛰어난 산악인이 돼 있었지.

1970년 라인홀트는 낭가파르바트라고 불리는 히말라야의 산을 처음으로 등반했어. 이번에도 귄터와 함께였지. 불행히도, 산을 내려오는 길에 사고가 일어났고 그 때문에 귄터가 사망했어. 라인홀트는 동상 때문에 7개의 발가락을 잃었지. 2010년에 개봉된 영화 〈낭가파르바트〉는 이 이야기를 바탕으로 만든 거야.

라인홀트는 1978년 전 세계에서 처음으로 산소통 없이 에베레스트산의 정상에 오른 첫 번째 산악인이야. 산꼭대기에 가면 산소가 부족하기 때문에 호흡이 어려워져. 그 때문에 대부분의 산악인들은 여분의 산소통을 가지고 다니지.

1986년 라인홀트는 해발 8,000미터 이상의 높이를 가진 모든 산을 오른 첫 산악인이 되었어.

그 뒤 여러 산을 오른 경험을 수많은 책에 담아 냈지.

지금 라인홀트는 자신이 만든 박물관인 메스너 산악 박물관의 관리에 바쁜 시간을 보내고 있어.

90 목욕탕에서 일어난 아르키메데스의 위대한 발견

아르키메데스는 기원전 287~기원전 212년에 살던 사람이야. 아주 오랜 옛날임에도 우리는 모두 아르키메데스를 알고 있지. 어떻게 된 걸까? 아르키메데스는 인류 역사상 가장 중요한 과학자 중 한 명이기 때문이야. 수학과 자연 과학 분야에서 아직까지 통용되고 있는 몇몇 법칙을 발견했지.

- 아르키메데스의 원리는 자연 과학의 기본이야. 왕의 명령으로 아르키메데스는 왕관이 금으로만 만들어졌는지 혹은 은이 섞였는지를 알아내야만 했어. 당시로서는 왕관을 분해해 볼 수 없었기 때문에 어려운 일이었지.

- 그러던 어느 날, 아르키메데스는 목욕을 하다가 물이 욕조 위로 넘쳐흐르는 것을 목격했어. 그러다 욕조 끝에 넘쳐흐르는 물의 양을 가늠해 자신의 몸의 부피를 측정할 수 있다는 것을 깨달았지. '유레카!' 아르키메데스는 이렇게 소리치며 벌거벗은 채 집 밖으로 뛰쳐나갔어. '유레카'란 '알아냈다!'라는 뜻이야.

- 아르키메데스는 금의 무게 및 다른 금속의 무게까지 알아낼 수 있었어. 이 발견을 통해 왕관이 순금인지 아닌지를 알아낼 수 있었지.*

- 아르키메데스는 이외에도 여러 가지 발명을 했어. 별을 관찰할 수 있는 천문대와 무거운 물건을 움직일 수 있는 이중 도르래가 바로 그것이야. 그중 이중 도르래에 쓰인 도르래의 법칙은 아직까지도 인정되고 있어.

- 아르키메데스는 로마인이 쳐들어왔을 때 막기 위한 무기도 만들어 냈어. 새총이 그중의 하나지.

- 기원전 212년, 아르키메데스가 살고 있던 도시인 시라쿠사가 로마인들에게 점령당했어. 어느 날, 아르키메데스는 모래 위에 그린 세 개의 원에 대해 연구하고 있었어. 그런데 어떤 로마 군인이 아무 생각 없이 그 위를 지나가 원을 망쳐 버렸지. 아르키메데스는 매우 화를 냈어. 그러자 로마 군인은 아르키메데스를 죽여 버리고 말았어. 로마의 장군이 아르키메데스를 죽이지 말라고 했는데도 말이야.

*왕관은 순금이 아니었어.

아르키메데스에 대한 더 많은 이야기

우리는 수학 시간에 아르키메데스가 발견하거나 정리한 것들을 많이 사용해. 바로 적분, 또는 아르키메데스 원리가 그것이야. 자, 이쯤 되면 늙은 아르키메데스가 우리에게 두통을 준 것이 확실하지.

유명한 인물 이야기 95

91 우주에 도착한 첫 여성은 러시아인

발렌티나 테레시코바는 러시아의 우주 비행사야. 보스토크 7호를 타고 1963년 6월 16일에 우주로 향했어.

- 발렌티나는 1937년 3월 6일에 태어났어. 그리고 학교를 졸업한 후 직물 공장에 취업했지. 하지만 더 멋진 일을 하고 싶었던 발렌티나는 기술을 공부하기 시작했어. 그리고 쉬는 시간에는 낙하산 점프를 연습했지.

- 정부에서 우주 비행사를 찾고 있다는 공고를 본 발렌티나는 바로 지원했어. 그리고 우주로 떠나기 위해 선발한 후보자들 400명 중의 한 명이 됐어.

- 발렌티나의 꿈은 이루어졌어. 마침내 1963년 5월, 보스토크 6호에 탑승했거든. 발렌티나는 지구를 48번이나 돌았고 지구로 돌아오기 전에 3일을 우주에 머물렀어. 사람들이 발렌티나를 얼마나 자랑스러워했는지 발렌티나의 모습을 담은 우표도 발행했어.

- 발렌티나는 그 이후로 19년 동안 우주에 다녀온 단 1명의 여성으로 기록되었어.

그리고 러시아인이었던 **스베틀라나 사비츠카야**가 1982년 발렌티나의 뒤를 이었지.

- 발렌티나는 우주에서 돌아온 뒤, 항공 학교에서 공부했어. 그리고 우주 항공 기술자가 됐지.

- 발렌티나는 지금도 쉬지 않고 있어. 돌아오지 못할 것을 알면서도 2013년 화성에 가는 후보자로 자신을 추천하기도 했지. 그리고 2014년 러시아에서 열린 동계 올림픽에서 올림픽 깃발을 휘날렸어.

발렌티나 테레시코바

92 헬리콥터가 개발되기도 전에 헬리콥터를 그려 낸 레오나르도 다빈치

모나리자에 대해 들어 본 적이 있을 거야. 웃을 듯 말 듯 미소를 지은 여성을 그린 그림이지. 아마 세상에서 가장 잘 알려진 그림일 거야. 바로 **레오나르도 다빈치**의 작품이지.

- 다빈치는 1452년 4월 15일에 이탈리아의 빈치 근처에서 태어났어. 다빈치는 공증인의 아들이었는데, 다빈치의 아버지는 다빈치가 태어나자 다빈치의 엄마가 아닌 다른 여성과 결혼을 했지. 다빈치는 태어난 뒤 5년 동안 엄마와 함께 살았고 그 이후에는 아버지의 곁으로 갔어. 거기서 교육을 받으며 자랐지.

- 그리고 다빈치는 플로렌스에 살고 있던 화가이자 조각가인 **안드레아 델 베로키오** 밑에서 견습생으로 일했어.

- 만 26세가 됐을 때, 다빈치는 처음으로 전문가로서 첫 업무를 맡게 됐고 30세가 돼서는 밀라노로 이사를 가 부유한 귀족들을 위한 화가, 기술자, 조각가, 그리고 건축가로 일했어. 다빈치는 많은 초상화를 그렸지만 남아 있는 것은 모나리자뿐이야. 다빈치는 수많은 작품을 만들었지만 상당 부분 마무리를 하지 않았고 작품이 맘에 들지 않으면 전부 버렸어. 그래서 지금까지 보존된 작품은 고작 17점밖에 되지 않아.

- 다빈치는 자신의 아이디어를 수많은 공책에 적었어. 인체 해부학, 지리적 문제, 날 수 있는 방법과 중력에 대해 정리했지. 이렇게 공책에 적어 간 주제들은 빠르게 바뀌었어. 심지어는 한 페이지에 다른 내용을 적었을 때도 있었지.

- 다빈치는 또한 수많은 사물들을 아름답게 표현한 그림을 그렸어. 그중에서도 자전거, 헬리콥터, 낙하산, 그리고 비행기를 그렸지. 이것들이 현실에서 '정말로' 발명되기도 전에 말이야. 인간의 몸을 더 정확하게 그려 내기 위하여 다빈치는 인간의 몸속도 공부했고 결국에는 해부학의 대가가 됐어.

- 세상에서 가장 똑똑한 사람이었음이 틀림없는 다빈치는 1519년 사망했어.

93 자신의 닮은 꼴 찾기 대회에서 떨어진 찰리 채플린

찰리 채플린에 대해 들어 본 적이 있니? 중절모를 쓰고 지팡이를 들고 나오던 미국의 배우야. 지난 20세기에 채플린의 영화는 매우 인기 있었어. 심지어는 찰리 채플린을 가장 잘 흉내 내는 사람을 찾는 경연 대회까지 열렸어. 참가자들은 겉모습뿐만이 아니라 채플린의 걸음걸이, 몸짓, 그리고 다양한 표정까지 흉내 냈지.

어느 날, 채플린은 자신이 대회에 나가면 재미있을 거라 생각했어. 그래서 샌프란시스코에서 열리는 대회에 등록했지. 하지만 심사 위원들은 찰리 채플린에게 감명 받지 못했고 7등을 하고야 말았어. 채플린의 형제도 대회에 참여했는데, 다행히 형제는 3등을 차지할 수 있었다고 해. 물론 믿거나 말거나지만.

94 남극에서 겨울을 지낸 첫 번째 사람, 아드리앙 드 제를라슈

아드리앙 드 제를라슈는 1866년 8월 2일 벨기에의 하셀트 지방에서 태어났어. 그리고 브뤼셀에 위치한 학교를 다녔지. 항해 학교를 다니던 아드리앙은 우루과이의 몬테비데오에서 미국의 뉴욕까지 가는 커다란 배에 승선해 일을 했어. 그리고 그곳에서 남극 대륙에 대한 이야기를 처음 들었지. 남극 위에 위치한 청정 지역에 대해서 말이야.

졸업 후, 벨기에의 오스텐트와 도버 사이를 오가는 페리에서 일하게 됐어. 그러면서도 남극 대륙으로 항해하고자 하는 꿈은 버리지 않았어. 하지만 자신의 탐험을 지원해 줄 재력가를 찾지 못했지. 급기야 아드리앙은 스스로 남극 탐험대를 모집하고 남극까지 타고 갈 벨지카호를 준비했어.

아드리앙의 항해는 남극 대륙으로 가는 인류 역사상 첫 과학 탐험이었어. 벨지카는 얼음을 헤치며 두 달 동안 항해했지만 어느 순간 얼음 사이에 갇혀 버리고 말았어. 어쩔 수 없이 배 안의 모든 사람들이 남극에서 겨울을 나야 했지. 이곳에서 아드리앙은 수많은 연구를 진행했어.

그리고 이 탐험 이후에도 그린란드와 스피츠베르겐을 포함해 수많은 탐험을 계획했어.

남극에 대한 더 많은 이야기

아드리앙의 탐험 덕에 남극 대륙의 많은 구역들은 벨기에식 이름을 가지게 됐어. 남극에 가면 안트베르펜섬, 브라반트섬, 솔베이산, 그리고 제를라슈 해협을 볼 수 있어. 모두 벨기에식 이름이 붙은 지명이지.

1. 안트베르펜섬
2. 솔베이산
3. 제를라슈 해협
4. 브라반트섬

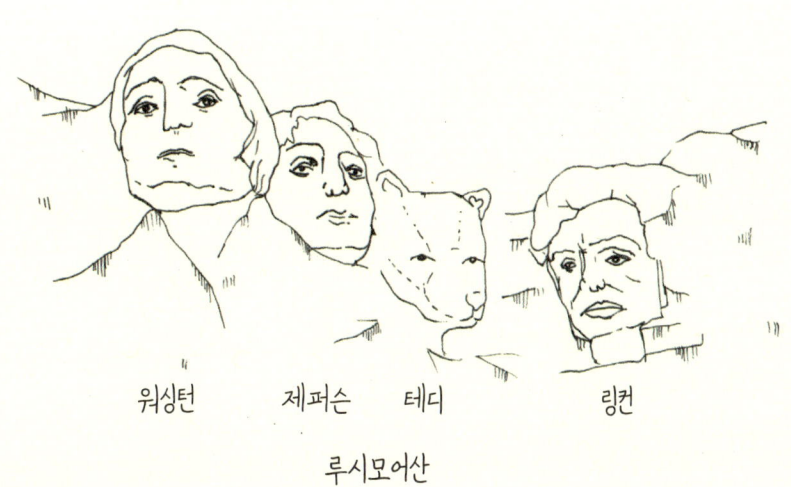

워싱턴　　제퍼슨　　테디　　　링컨

루시모어산

95 미국 대통령의 이름을 가진 테디 베어

시어도어 루스벨트는 1901~1909년 사이에 집권한 미국 대통령이야. 미국인들이 아직까지도 잊지 않고 있는 유명한 대통령이지. 미국 사람들은 루스벨트에게 애칭을 붙여 '테디' 루스벨트라고 불렀어.

루스벨트는 사냥을 좋아했어. 그러던 어느 날, 여러 명의 사람들과 사냥을 나갔어. 다른 사람들은 모두 곰을 잡았지만 대통령은 아직 잡지 못했어. 그런데 대통령을 인도하던 사냥 가이드들은 그 사실이 기쁘지만은 않았어. 어떤 숲속 오솔길에서 한 가이드는 늙고 아픈 곰을 발견했어. 그러고는 그 불쌍한 동물을 나무에 매달아 묶고는 대통령에게 총을 쏠 수 있게 했어.

하지만 시어도어 루스벨트는 이를 거부했어. 묶인 동물을 쏘다니, 겁쟁이 같은 짓이라 생각했거든. 그리고 이 소문은 빠르게 퍼져 나갔어. 미국인들은 루스벨트의 행동이 매우 아름답다고 칭송했지.

그즈음, 세상에 처음으로 장난감 곰 인형이 등장했어. 미국인들은 대통령의 이름을 따서 이 곰에게 '테디'라는 이름을 붙여 주었지. 그리고 그 이름이 아직까지 전해 내려오고 있는 거야.

96 제임스 쿡의 비밀 임무

1768년 8월, **제임스 쿡**은 HMS 인데버호와 함께 신대륙을 발견하기 위한 모험을 떠났어. 약 100명의 선원과 과학자가 타고 있었지. 제임스의 첫 임무는 '금성'에 대한 더 많은 정보를 얻는 것이었어. 과학자들은 금성이 태양을 지나 움직이는지 알고 싶었지. 이를 위해 제임스 쿡은 금성을 가장 잘 연구할 수 있는 곳인 타히티섬으로 가야 했어.

제임스 쿡은 주머니 안에 봉투를 가지고 있었어. 금성을 관찰하는 임무가 끝난 후 오직 제임스만 열어 볼 수 있는 봉투였지. 임무가 끝난 후 열어 본 편지에는 또 다른 비밀 임무가 담겨 있었어. 바로 신대륙을 찾는 일이었어. 당시의 지도자들은 세계의 남쪽으로 가면 아직 발견하지 못한 대륙이 있을 거라 믿었거든.

제임스 쿡은 이 비밀 임무를 수행하기 위해 타히티섬에서 다시 남쪽으로 항해했어. 1769년 10월 6일, 그렇게 HMS 인데버호는 지금의 뉴질랜드에 도착했지. 그게 바로 모두가 찾던 신대륙이었을까? 제임스 쿡은 그렇게 믿지 않았지만 뉴질랜드를 담은 지도를 본국으로 가져갔지. 쿡은 계속해서 오스트레일리아까지 나아갔어. 그리고 선원들은 수많은 식물을 채집했지.

3년 후, HMS 인데버는 다시 영국에 도착했어. 쿡은 신대륙을 발견하지 못했다고 보고해야만 했어. 물론 우리는 쿡이 신대륙 근처를 지났다는 것을 알고 있지. 하지만 당시 사람들에게 신대륙은 여전히 존재하지 않았어.

97 크리스토퍼 콜럼버스의 운명적 실수

탐험가 **콜럼버스**는 1492년, 중국과 일본으로 가는 새 항로를 개척하라는 에스파냐 여왕의 명령을 받아. 그러고는 바로 세 척의 배를 이끌고 서쪽으로 향했지.

그렇게 떠나서 아메리카 대륙에 닿자 콜럼버스는 자신이 아시아로 가는 서쪽 항로를 개척했다고 믿고 그곳에 살던 사람들을 '인디언'이라고 불렀어.

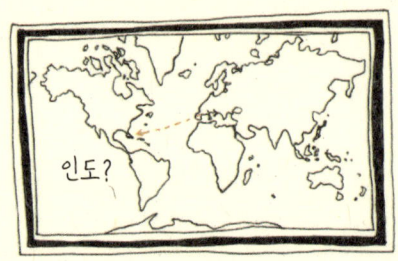

콜럼버스가 생각했던 인도의 위치

말 그대로 '인도에 사는 사람들'이라는 뜻이었어. 사람들이 콜럼버스의 실수를 바로잡기 전까지, 인디언들은 계속해서 그 이름을 유지했어.

아메리고 베스푸치는 콜럼버스와 같은 탐험가였어. 역시 콜럼버스와 마찬가지로 1500년경에 에스파냐 여왕의 명령으로 항해를 시작했지. 그리고 베스푸치는 아시아가 아닌, 이름 없는 대륙에 도착했다는 것을 알게 됐어. 그러고는 그곳에 새 이름을 붙여 주었지. 바로 '아메리카 대륙' 말이야.

그 대륙은 콜럼버스가 첫 발을 내딛고 발견한 새로운 대륙이었지만, 베스푸치가 모든 공로를 가져갔어.

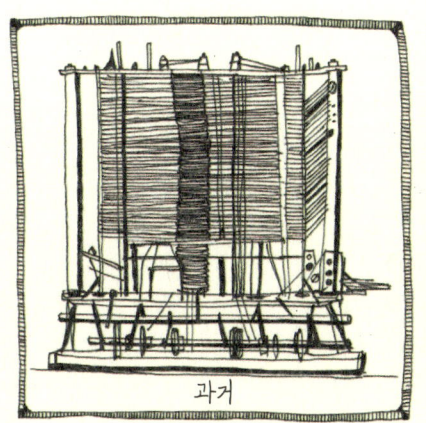
과거

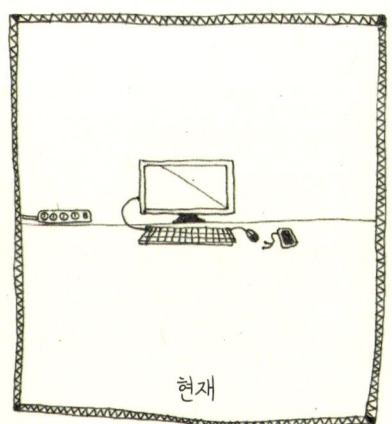
현재

98 첫 프로그래밍 언어를 발견한 사람은 여성이야

에이다 러브레이스가 태어난 지 한 달도 채 되지 않았을 때 에이다의 부모는 이혼을 했어. 에이다의 아버지는 영국의 유명한 시인인 **조지 고든 바이런**이고 어머니는 영국 귀족이었지.

에이다의 어머니는 자신의 딸에게 매우 엄격했어. 에이다가 전 남편처럼 시인이 될까 무서웠거든. 그래서 에이다는 수학과 과학을 공부해야만 했어. 다행히 에이다는 매우 똑똑했어.

그렇게 에이다가 19세가 됐을 무렵, **찰스 배비지**라는 수학자를 만났어. '해석 기관'이라 불리는 기계를 연구하던 사람이었지. 이 기계를 보자마자 에이다는 찰스가 여태껏 생각지도 못한 가능성을 찾아냈어. 에이다는 이 기계를 사용해 음악을 만들고 그림을 그리며 모든 과학적 문제를 풀어낼 수 있다고 생각했지. 게다가 이 기계는 알고리즘을 사용해 베르누이의 숫자*를 풀어낼 수도 있었어.

에이다는 기계가 이 작업들을 수행할 수 있는 언어를 만들 계획을 세웠어. 그리고 이 계획은 첫 컴퓨터 프로그래밍 언어로 알려졌지. 모두 컴퓨터를 개발하려고 노력하고 있던 시절에 세운 계획이야. 그러니까 에이다는 컴퓨터가 개발되기도 전에 그 기계가 어떻게 쓰이는지를 알고 있었던 거야.

1979년, 미국의 국방부에서는 자신들의 프로그래밍 언어에 이를 개발한 수학자의 이름을 붙여 '에이다'라고 부르기 시작했어.

```
숫자 8개 = 1바이트
숫자 1개 = 1비트
1바이트 = 8비트
```

*베르누이의 숫자란 숫자 이론에서 중요한 역할을 하는 유리수를 의미해. 담임 선생님이나 수학 선생님에게 가면 설명해 주실 거야.

99 하나로도 모자라 두 개의 노벨상을 탄 마리 퀴리

마리 스쿼도프스는 다섯 아이 중 막내로 폴란드에서 태어났어. 마리의 어머니는 마리가 어릴 때 세상을 떠났고 아버지는 돈을 잘 벌지 못했어.

마리는 매우 뛰어난 학생이었고 좋은 성적을 얻었어. 하지만 대학에 갈 학비가 없었지. 마리는 가정 교사로 일하며 몰래 이곳저곳에서 수업을 들었어.

그리고 자매인 브로니아와 약속을 했지. 브로니아가 파리에서 약학을 공부하는 동안 마리가 학비를 대주고, 나중에는 브로니아가 마리의 학비를 대주기로 말이야.

마침내 1891년, 마리는 24살이 됐고 프랑스 파리의 소르본대학으로 수학, 물리, 화학을 공부하러 떠났어. 소르본대학은 프랑스에서 손꼽히는 대학이었어. 마리는 모든 과목에서 훌륭한 성적을 얻었지.

그 뒤 마리는 **피에르 퀴리**와 결혼을 해. 자기(자석이 갖는 작용이나 성질)를 연구하던 과학자였지. 마리는 실험실에서 모든 종류의 파장에 대한 연구를 진행했어. 그리고 뼈를 볼 수 있는 엑스레이를 발견한 **뢴트겐**의 아이디어에 푹 빠지기도 했어.

남편과 함께, 마리는 파장을 뿜어내는 두 가지 물질을 발견했어. 이 두 물질은 마리의 고향 이름을 따 '폴로늄'과 '라듐'이라고 이름 붙였어. 그리고 이 둘을 묶어 '방사능'이라고 불렀지.

피에르 퀴리와 **마리 퀴리** 부부는 방사능에 대한 연구로 1903년 노벨 물리학상을 받았어. 마리는 이 유명한 상을 받은 첫 번째 여성이었지. 그리고 1911년, 노벨 화학상으로 두 번째 노벨상을 받았어.

노벨상에 대한 더 많은 이야기

세상에 두 개의 노벨상을 받은 사람은 오직 4명뿐이야. **라이너스 파울링**은 노벨 화학상과 노벨 평화상을, **존 바딘**은 노벨 물리학상을 두 번, 그리고 **프레더릭 생어**는 노벨 화학상을 두 번 받았어. 마리 퀴리의 딸인 **이레이네 퀴리**는 자신의 남편인 **프레데리크 졸리오**와 함께 노벨 화학상을 수상하기도 했어.

100 우주에 발을 디딘 첫 번째 사람, 유리 가가린

유리 가가린은 전투기 조종사였지만, 로켓을 타고 우주를 항해하고 싶은 커다란 꿈을 갖고 있었어. 1961년 4월 12일 그 꿈은 현실이 됐지. 보스토크 1호에 탈 수 있는 기회를 얻은 거야. 그 누구도 해 본 적이 없던 일이고 지구로 돌아올 수 없을지도 모르는 상황이었어.

유리는 로켓 안에서 혼자였으며 의자에 꼭 매여 있었어. 그리고 열흘 동안 먹을 수 있는 비상식량을 가지고 있었지. 보통 우주인은 108분 동안 우주에 머무르거든. 그런데 지구로 돌아오는 과정에서 뭔가가 고장이 나서 착륙 캡슐이 우주선에서 너무 빨리 풀려 버렸어. 그래서 유리는 지상에서 7킬로미터 정도 위에서 비상 탈출 의자와 함께 튀어나오게 됐지. 그리고 낙하산을 펼치고 지구로 떨어졌어.

그날 이후, 유리 가가린은 세계적인 스타가 됐어. 자신의 우주여행에 대한 이야기를 모두에게 들려주려 전 세계를 돌아다녔어. 하지만 안타깝게도, 비행기 사고로 34세에 세상을 떠나고 말았어.

우주에 대한 더 많은 이야기

- 유리 가가린의 우주여행 8년 후, 미국 역시 두 명을 실은 로켓을 달로 보내는 데 성공했어. **닐 암스트롱**과 **버즈 올드린**이야.

- 달의 첫 번째 착륙은 1969년 7월 16일에 이뤄졌어.
- 미국 우주 비행사는 astronaut라고 부르지만 러시아 우주 비행사는 cosmonaut라고 불러.
- 닐과 버즈가 달로 갈 때 탔던 우주선의 이름은 **아폴로 11호**야.
- 달로 가는 여행은 4일이 걸려. 닐과 버즈는 총 8일에 걸쳐 달 여행을 마쳤어.
- 아폴로 11호에는 세 번째 탑승자가 있었어. **마이클 콜린스**야. 마이클은 우주선 안에 타고 있었어. 버즈와 닐은 달 탐사를 위해 캡슐을 사용해 나갔지.
- 첫 우주인의 발자국은 영원히 달의 바닥에 남아 있을 거야. 달에는 발자국을 쓸어 갈 바람이나 비가 없거든.

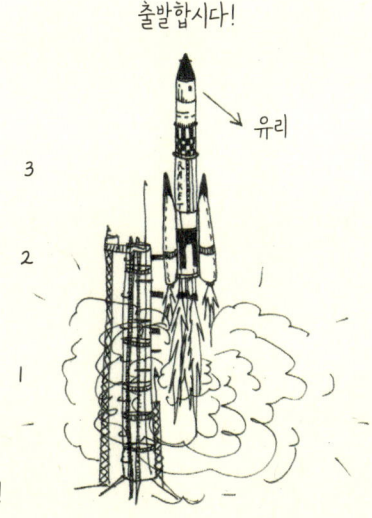

유명한 인물 이야기

101 61개의 문신을 지닌 아이스맨, 외치

1991년 9월 19일, 에리카와 헬멋 시몬은 오스트리아의 외츠탈러 알프스산맥의 산길을 걸어가고 있었어. 그러다 얼음 속에서 한 남자를 찾았을 때 정말 놀라지 않을 수 없었지. 이 남자를 바닥에서 끌어냈을 때, 오랜 시간 동안 얼어 있었음을 알게 됐어. 무려 5,000년 이상이나 말이야! 이 남자는 유럽에서 발견된 가장 오래된 미라야. 알프스의 빙하가 냉동실 역할을 하고 있었기 때문에 이 남자의 몸은 굉장히 잘 보존됐어. **아이스맨 외치**라고 불린 이 남자는 과학자들에게 많은 정보를 주었어.

- 외치가 살아 있었다면 키가 160센티미터 정도 됐고, 몸무게는 50킬로그램이 나갔어. 과학자들은 외치가 사망 당시 45세쯤이었을 것으로 보고 있는데, 그 당시로 감안해 보면 무척 장수한 거지.

- 외치가 살았던 때는 분명 치과 의사가 없었을 거야. 왜냐면 외치의 치아가 건강하지 않았거든.

- 외치의 몸에는 적어도 61개의 문신이 있었어. 커다란 배나 좋아하는 축구팀의 로고는 아니었어. 그 당시에 그것들은 존재하지 않았을 테니까. 이 아이스맨의 문신은 직선이나 십자가와 같은 것이었는데 등, 발목, 무릎, 발 등에 있었지. 외치에게 이렇게 많은 문신이 있던 이유는 아직 밝혀지지 않았어.

- 외치는 동물 가죽과 털로 만든 옷을 입고 있었어. 갈색 털 모자, 사슴 가죽 화살통, 염소 가죽과 양가죽으로 만든 겉옷 등이었어.

- 연구자들은 외치가 어떻게 죽었는지를 알아내고 싶었어. 어깨에는 화살이 박혀 있었고 눈 위에는 커다란 칼자국이 나 있었지. 어느 날 갑자기 공격을 당한 외치는 수천 년 후에 우리에게 발견되기 위해 산 위로 도망갔을지도 몰라.

예티 아니면 외치?

102 하이든의 무덤에서 발견한 두 개의 해골

요제프 하이든은 오스트리아의 작곡가였어. 1732년에 태어나 1809년에 사망했지. 볼프강 아마데우스 모차르트와 루트비히 판 베토벤과 함께 가장 중요한 음악가들 중 한 명이야. 교향곡의 아버지로 불리기도 했지.

하이든은 1809년 5월 31일에 사망했어. 아주 오랜 시간 동안 병을 앓은 뒤였지. 오스트리아에서 벌어지던 전쟁 때문에 성대한 장례식을 치르기는 힘들었어. 하이든은 무덤에 묻힐 수는 있었지만 가난했기에 그 이외의 무엇도 가질 수가 없었어. 그런데 한 남자는 하이든의 천재적인 능력이 어디에서 나왔는지 궁금해서 무덤에서 하이든의 두개골을 훔쳤어. 두개골의 모양과 크기에 그 이유가 있을 것 같았거든.

나중에 이 두개골은 결국 하이든의 친구인 요제프 카를 로젠바움에게 돌아갔어. 친구는 하이든의 두개골을 한참이나 가지고 있었지. 하지만 이야기는 여기서 끝나지 않아. 니콜라우스 에스테하지 공작은 전쟁이 끝난 후, 위대한 작곡가를 위한 성대한 장례식을 준비하고 싶어 했어. 그래서 땅에서 하이든의 시신을 파냈는데, 두개골이 사라지고 없었지. 수소문 끝에 공작은 로젠바움을 찾아갔지만, 로젠바움은 부인의 침대 아래에 하이든의 두개골을 숨기고 내놓지 않았어. 공작이 로젠바움에게 돈을 주고 두개골을 내달라고 하자 로젠바움은 다른 사람의 두개골을 찾아서 공작에게 전달했지. 그렇게 다른 사람의 두개골이 무덤 아래 묻혔어.

나중에 하이든의 진짜 두개골은 빈 음악 협회에 전달됐어. 그리고 가끔 파티가 있을 때는 두개골을 위에 올려놓곤 했지. 알고 보니 요하네스 브람스가 하이든의 두개골을 보며 곡 쓰는 것을 좋아했던 모양이야.

1954년 드디어 하이든의 진짜 두개골은 자신을 위해 만든 새로운 대리석 무덤 안에 묻히게 됐어. 그리고 이전에 묻혀 있던 두개골도 계속 그 곳에 머무를 수 있었지. 그래서 지금 하이든의 무덤 안에는 두 개의 두개골이 누워 있어.

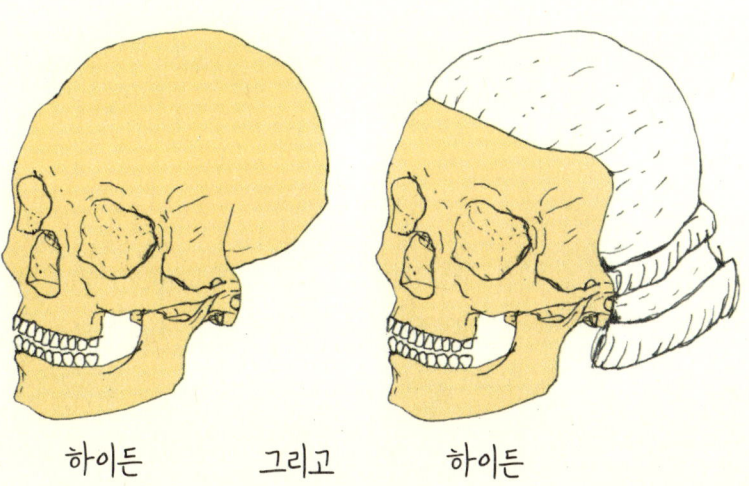

하이든   그리고   하이든

103 《찰리와 초콜릿 공장》의 작가 로알드 달은 스파이

《찰리와 초콜릿 공장》, 《마틸다》, 그리고 수많은 책을 쓴 **로알드 달**에 대해 알고 있을 거야. 로알드는 그 책들로 유명해졌고 앞으로도 기억될 거야. 하지만 로알드 달이 처음부터 작가였던 것은 아니야.

그렘린

갸르릉

- 로알드 달은 제2차 세계 대전 동안 스파이로 활동했어. 영국의 정보기관 소속으로 미국에 대한 정보를 캐내는 스파이였지. 영국의 정보기관은 로알드를 워싱턴에 있는 영국 대사관으로 보냈어. 그곳에서 미국이 전쟁을 방해할지 아닐지를 알아내야 했지. 워싱턴에서 로알드는 역시 스파이이자 작가인 **이안 플레밍**의 친구가 됐어. 플레밍은 **제임스 본드**의 이야기를 쓴 작가야.

- 로알드는 유리 가가린처럼 영국 공군의 전투기 조종사였어. 하지만 로알드가 탄 전투기가 추락하면서 심각한 부상을 입었지. 그 일로 한동안은 눈이 보이지 않았다고 해.

- 1943년 로알드는 첫 어린이 책을 썼어. 《그렘린》이라는 작품이야. 자신이 파일럿으로 일하던 시절에 영감을 받아 쓴 작품이지. 공군에서 '그렘린'이란 비행 중 말썽을 부려 항공기에 문제를 만드는 작은 괴물을 말해.

로알드 달에 대한 더 많은 이야기
- 로알드 달은 수염을 싫어해. 《멍청씨 부부 이야기》를 보면 알 수 있지.
- 로알드 달은 자신의 소중한 물건들과 함께 묻혔어. 바로 맛있는 와인 한 병, 연필, 초콜릿, 전기톱, 그리고 당구 큐대 등이지.
- 로알드 달은 자신의 집 정원에 위치한 작은 오두막에서 글을 썼어.

104 천재 아기였던 모차르트

1756년 오스트리아에서 태어난 **볼프강 아마데우스 모차르트**는 세상에서 가장 잘 알려진 작곡가야. 작곡가란 음악을 지어내고 그 음악이 연주될 수 있도록 공책에 음표를 써 내려가는 사람들을 말하지.

- 모차르트의 아버지는 모차르트를 기적의 아기라고 불렀어. 그리고 황제 앞에서 연주할 수 있는 자리를 주선했지.

- 나중에 모차르트는 프랑스 왕과 영국 왕 앞에서도 연주할 기회를 얻었어. 모두 모차르트의 음악을 좋아했지.

- 그리고 14세가 됐을 무렵, 모차르트는 자신의 첫 번째 오페라를 써내려 갔어. 〈미트리다트〉라고 불리는 이 작품은 이탈리아 밀라노에 위치한 극장에서 연주됐지. 볼프강 아마데우스는 수많은 음악을 만들었고 오랜 시간 동안 이름을 널리 알렸지.

- 하지만 그런 모차르트 역시 죽기 전엔 빚이 있었어. 죽기 몇 년 전 엄청난 돈을 벌었지만 매우 사치스러운 생활을 했거든. 모차르트는 하인도 많았고 값비싼 물건들도 가지고 있었어. 또한 카드놀이와 당구에 엄청난 돈을 걸었지. 결국 모차르트는 어린 나이에 사망했는데, 부인에게 한푼도 남겨 주지 않았어.

모차르트

> **모차르트에 대한 더 많은 이야기**
>
> 모차르트는 레퀴엠을 작곡했어. 레퀴엠은 장례식 동안 연주되는 음악인데, 역사상 가장 아름다운 음악으로 손꼽히지. 이 곡을 쓸 때, 모차르트는 이 곡이 자신의 장례식에서 연주될 음악이라고 생각했어. 그리고 예상은 얼마 지나지 않아 현실이 됐지.

105 팬들에게 머리카락 대신 개털을 보낸 프란츠 리스트

프란츠 리스트는 아름다운 음악을 작곡했을 뿐만 아니라 피아노 연주 실력 또한 매우 뛰어났어. 리스트는 1811년 헝가리에서 태어났지만 오스트리아 빈과 프랑스 파리에서 주로 머물렀어. 1859년에는 오스트리아의 황제 프란츠 요제프로부터 기사 작위를 받아 프란츠 리스트 경이라고 불리게 됐어.

리스트는 엄청나게 고운 머릿결을 갖고 있어서 팬들이 주기적으로 머리카락을 잘라 달라고 했다고 해. 그럴 때마다 리스트는 자른 머리카락을 보냈는데, 어느 순간 머리카락을 전부 밀어 버리지 않고서는 팬들의 부탁을 들어줄 수 없을 만큼 요청이 많아졌어. 그러자 리스트는 털이 긴 개를 키워 개의 털을 팬들에게 보냈지.

프란츠 리스트

하하!
호호!
허허!

플로렌스 포스터 젱킨스

106 우리가 돈이 많다면 아무도 우리에게 노래를 부르지 못한다는 말을 하지 않을 거야

어쩌면 우리가 고양이보다 노래를 잘 부르지 못할지도 몰라. 다행히 샤워하는 동안만 노래를 부르면 남들에게 들키지 않겠지.

플로렌스 포스터 젱킨스는 정말로 노래를 잘하지 못했어. 음정이 맞지도 않았을 뿐만 아니라 목소리는 끔찍했지. 그런데 플로렌스는 자신의 목소리를 들을 수 없었어. 하지만 오페라 가수가 되겠다는 꿈을 갖고 있었지. 플로렌스의 노래를 들어 본 부모는 플로렌스의 꿈을 좋아하지 않았어. 그래서 딸이 노래 수업 받는 것을 막았지. 플로렌스는 너무나 실망한 나머지 집을 나오고 말았어.

얼마 뒤, 플로렌스의 부모는 세상을 떠났고, 플로렌스는 엄청난 돈을 물려받았어. 그러자 플로렌스는 '베르디 클럽'를 세웠어. 이 모임에서는 가수들과 예술가들을 재정적으로 지원해 공연을 도왔어. 플로렌스 역시 그곳에서 가수로 공연을 시작했어. 플로렌스는 항상 오래 활동한 작곡가들의 어려운 노래를 불렀어. 때로는 자신을 위해 직접 만든 노래를 부르기도 했지. 자신의 목소리는 아름다울 것이라고 굳게 믿었어. 공연할 때에는 엄청난 반짝이와 깃털이 달린 특이한 의상을 입었어. 노래가 끝날 때마다 열심히 의상도 갈아입었지.

플로렌스는 오직 자신의 친구와 팬들만 불렀어. 다른 사람들은 문 앞에서 쫓겨나야만 했지. 친구와 팬들은 누구도 플로렌스에게 노래를 부르지 못한다고 말하지 않았어. 플로렌스의 노래가 너무 끔찍할 때면 다들 크게 박수를 치고 휘파람을 불었지.

실상을 알지 못하고 공연에 대한 소문만 들은 많은 사람들은 플로렌스에게 모두가 표를 살 수 있는 콘서트를 열어 달라고 요청했어. 플로렌스는 요청을 들어주기로 했어. 마침내 1944년, 플로렌스는 미국 뉴욕의 유명한 공연장에서 공연을 하기로 했어. 바로 카네기 홀이야. 표가 가장 빨리 팔린 공연 중 하나였지.

하지만 공연 다음 날, 모든 신문들이 공연에 대한 악평을 쏟아 냈어. 기사들을 읽은 플로렌스는 매우 큰 충격을 받고 몹시 슬퍼했어. 5일 뒤에는 플로렌스에게 심장마비가 일어났어. 그리고 한 달 후, 플로렌스는 결국 세상을 떠났어. 심장이 정말 부서졌나 봐.
2016년, 플로렌스의 삶을 그린 영화가 개봉됐어. 영화의 제목은 〈플로렌스〉이고 할리우드의 유명한 배우인 메릴 스트립과 휴 그랜트가 주연을 맡았어.

107 동물들의 보호색을 찾아낸 헨리 월터 베이츠

헨리 월터 베이츠는 영국 출신의 동식물 연구가였어. 1848년 헨리는 아마존 열대 우림으로 가 나비에 대해 연구했어.

- 수많은 나비들은 눈에 띄는 색깔을 지니고 있어. 이는 예쁜 나비 간식을 원하는 새와 다른 동물들에게는 경고 표시와 같아. 나비는 아름다운 색깔로 경고하고 있는 거야. "위험해. 내게는 독이 있다고."라고 말이야.

- 베이츠는 그런 나비 중에 거짓말쟁이 나비가 있는 것도 알아챘어. 독이 있을 것처럼 생겼지만 사실은 먹어도 괜찮은 나비들 말이야. 어려운 말로 해 보면 우리는 이들을 '의태'한다고 불러. 동물들이 다른 동물처럼 보이게 행동해 자신을 보호하는 거지.

- 꼭 색깔로만 자신을 보호하는 행동을 하는 것은 아니야. 몇몇 나방들은 소리 신호를 보내 "나는 독을 가지고 있으니 잡아먹으면 큰일이 난다."고 말하기도 해. 나방을 좋아하는 박쥐는 이 소리를 듣고 이 나방들을 피해 다니지. 그런데 독이 없는 나방이 이 소리를 듣고서 똑같은 소리를 내보내서 박쥐가 자신을 먹지 못하게 하기도 하지.

위장   나 찾아봐라~!

의태
푸하하!

그리고 또 다른 이야기

그 반대도 있어. 이렇게도 저렇게도 변장하는 동물들이 있거든. 그런 식으로 녀석들은 자신이 세지 않다고 말하지. 그러다가 경계하지 않고 자신의 근처로 오면, 그대로 공격하는 거야.

예를 들어, 개미인 척하는 거미가 있어. 거미는 개미보다 다리 두 개가 더 많아. 그리고 개미처럼 더듬이가 아래로 나 있지도 않아. 그래서 이 거미들은 다리 두 개를 머리 옆에 숨겨서 마치 자신이 더듬이를 가지고 있는 것처럼 흉내 내. 그리고 큰 어려움 없이 개미집 앞을 지키는 개미들을 지나쳐 자신에게 맛있는 먹이가 될 개미들을 잡아먹곤 해.

108 대서양을 건넌 첫 여성 비행자, 아멜리아 에어하트

- **아멜리아 에어하트**는 1897년 7월 24일, 미국에서 태어났어. 나무 타는 것을 좋아하고 딱총으로 쥐를 맞추는 엄청난 말괄량이였지.

- 1920년, 아멜리아는 누군가의 옆에서 비행을 할 기회가 생겼어. 그리고 그때부터 아멜리아의 목표는 단 한 가지가 됐어. 바로 단독 비행이야. 아멜리아는 비행 수업을 듣고 재산을 털어 비행기도 구매했어.

- 1932년 5월, 아멜리아는 캐나다의 뉴펀들랜드주에 위치한 한 비행장에서 바다를 가로지르는 비행을 시작해. 아멜리아는 이 비행이 위험하다는 것을 알고 있었지. 날씨 때문에 거의 15시간을 멈추지 않고 비행해야 했어. 그런데 그 사이에 연료 탱크가 새기 시작했지. 비행기 엔진에 불이 붙기 시작하고 날개는 얼음으로 뒤덮였어. 하지만 아멜리아는 포기하지 않았어. 그렇게 대서양을 가르고 아일랜드의 한 목초지에 착륙했어.

아멜리아 에어하트

- 아멜리아는 위험 앞에 망설이지 않았어. 1937년, 프레드 누난을 태우고 비행기로 세계 일주를 하고 싶었지. 그리고 태평양의 한 섬에 착륙하려 했을 때, 문제가 생겼어. 비행장과 통신이 끊겨서 착륙을 할 수가 없었지. 그러다 비행기가 갑자기 사라졌어. 누구도 대체 무슨 일이 있었는지 알 수 없었지. 그들은 바다에 비상 착륙을 했을까? 아니면 멀리 떨어진 섬에 불시착했던 걸까? 지금까지도 미스터리로 남아 있어. 하지만 한 가지는 분명해. 아멜리아 에어하트는 매우 용감한 여성이었다는 사실이야.

109 살바도르 달리는 유명해지기 위해 뭐든지 했어

- **살바도르 달리**의 사진을 본 적 있니? 그렇다면 왜 다들 달리를 특별한 사람이라고 부르는지 알 수 있을 거야. 위로 뻗쳐 올라간 특이한 모양의 콧수염을 길렀거든. 달리는 특별한 코트나 커다란 망토를 입는 것을 좋아했지. 눈에 띄고 싶었거든. 많은 사람들은 달리가 미쳤다고 생각했어. 심지어는 달리도 이렇게 말했지.
"미친 사람과 나의 한 가지 차이점은 나는 미치지 않았다는 점이야."
사람들이 달리를 이상하게 생각했던 게 다 이유가 있었던 거지.

- 달리는 매우 특별한 그림을 그렸어. 처음 볼 때는 그냥 평범하지만 더 자세히 들여다보면 꼭 꿈을 꾸는 듯한 느낌을 받을 수 있지. 이 기법을 '초현실주의'라고 불러.

- 달리는 쓸모없지만 보기에는 재미있는 이상한 작품들을 많이 개발해 냈어. 랍스터 모양을 한 전화기나 커다란 입술 모양의 소파가 바로 그것들이야.

- 달리의 작품 중 가장 잘 알려진 것은 녹아내리는 시계가 그려진 〈기억의 지속〉이라는 작품이야. 달리는 가끔 자신의 작품에 우스운 이름을 지어 주었지. '접시 없이 접시 위에 놓인 달걀 프라이'라는 작품과 같이 말이야.

- 달리가 만든 영화 역시 매우 특이했어. 우리가 생각도 할 수 없고 우리의 기분을 이상하게 하는 많은 일들이 벌어졌거든. 가끔 관객들은 이를 좋아하지 않았어. 그럴 때는 영화관에다 물건을 집어던졌지.

- 달리는 1989년에 사망했어. 그리고 에스파냐 피게레스의 박물관 지하에 묻혔지. 달리의 작품들은 전 세계 박물관에서 찾아볼 수 있어.

미친 사람과 나의 한 가지 차이점은 나는 미치지 않았다는 점이야!

110 살아 있는 소녀의 이름을 딴 바비 인형

미국에 살던 핸들러 부부는 장난감 공장을 가지고 있었어. 이 공장은 '마텔'이라고 불렸지. 어느 날 핸들러 부인은 자신의 딸 바바라가 종이 인형을 가지고 놀기를 좋아한다는 것을 알게 됐어. 바바라는 드레스, 모자, 바지를 만들어 몇 시간이고 인형을 가지고 놀았지. 1959년, 핸들러 부부는 성인 여성처럼 보이는 플라스틱 인형을 만들기로 결정했어. 그리고 이 인형에게 입힐 엄청나게 비싼 옷들도 만들어 주었지. 이 인형의 이름은 **바비**였어. 딸인 바바라의 애칭이었지.

바비는 매우 특별했어. 바비 이전까지는 가게에서 커다란 아기 인형만 팔았거든. 처음에는 다른 인형 디자이너들이 이 바비 인형에 대해 좋지 않은 시선을 가지고 있었지만, 곧 바비 인형은 엄청난 성공을 거두었어.

2년 뒤, 바비에게는 친구가 생겼어. 이 친구는 핸들러 부부의 아들인 '케네스'의 애칭을 따 **켄**이라고 불렸지.

바비와 켄에 관련된 것들은 전 세계에서 가장 많이 팔린 장난감이 됐어.

난 살아 있다고!

> **바비에 대한 더 많은 이야기**
>
> 바비의 공식 생일은 1959년 3월 9일이야.
>
> 가장 첫 번째 바비는 하얀색과 검은색 줄무늬의 수영복을 입고 말총머리를 하고 있었지.

111 다윈의 진화론을 이끌어 낸 흉내지빠귀와 되새

찰스 다윈(1809~1882)은 아주 잘 알려진 과학자야. 진화 이론의 아버지라고 할 수 있지. 진화 이론에서는 동물뿐 아니라 인간도 환경에 적응하며 살았다고 말해. 그중 가장 적응을 잘한 인간이 살아남은 것이지. 그게 바로 인간과 동물이 몇 세기 동안이나 진화해 지금의 모습으로 살아가는 증거야.

1831년부터 1836년 사이, 찰스 다윈은 비글호를 타고 탐험을 떠나. 비글호는 남아메리카, 아프리카, 오스트레일리아, 그리고 태평양과 인도양의 수많은 섬을 지나갔지. 이 항해 동안 다윈은 동물, 식물, 화석, 그리고 지구의 층을 가까이서 조사했어.

다윈은 어떤 섬에서 흉내지빠귀를 발견했어. 멀리 떨어진 다른 섬에서도 본 적이 있는 새였지. 녀석들은 모두 흉내지빠귀였지만 양쪽 섬의 종은 서로 달랐어. 이 섬에서 발견된 종은 다른 섬에서는 발견되지 않았지. 다윈은 이 점이 아주 신기하다고 생각했어. 다윈은 부리가 짧은 되새를 계속해서 연구했고, 같은 종의 조류도 서로 다르게 생겼다는 것을 알게 됐어. 바로 살아가는 환경에 따라 모습을 바꾼 거야.

바로 이 관찰을 통해 다윈은 진화론을 발전시켜 나가기 시작했어. 오늘날까지도 적용되는 이론이지. 그리고 다윈은 이런 내용을 책에 담았어. 제목은 바로 《종의 기원》이야. 그리고 이 책은 바로 베스트셀러가 됐어.

그때나 지금이나 다윈의 이론에 모두가 동의하는 것은 아니야. 다윈이 살아 있던 시절에는 수많은 반대파들이 존재했지. 특히 종교인들은 성경의 창조론에 반대가 된다고 생각해서 진화론을 믿지 않았어.

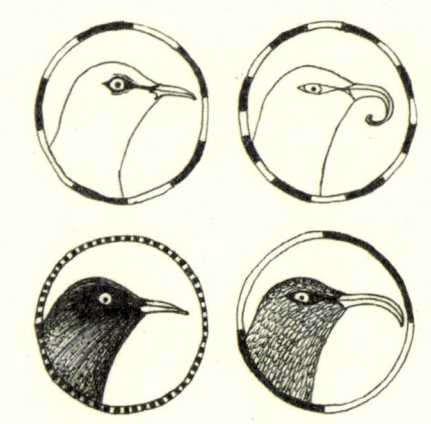

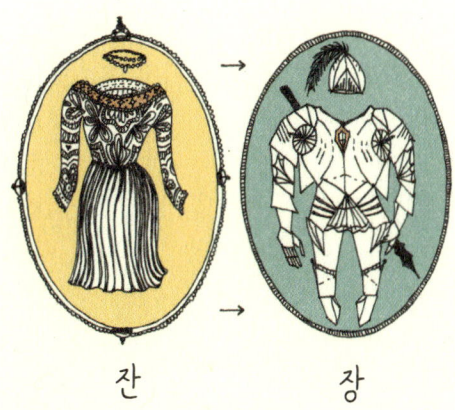

잔   장

112 너무나 소년 같아 화형당한 소녀, 잔 다르크

백 년 전쟁 당시, 영국은 프랑스를 정복하려 했어. 그러던 어느 날, 한 프랑스 농가의 소녀인 **잔 다르크**는 미래의 프랑스 국왕의 문을 두드렸지. 잔은 찰스 7세에게 찾아가 자신이 영국군을 물리칠 거라는 신의 계시를 받았다고 전했어. 그리고 찰스가 왕이 될 것이라 계시했다고 말했지.

잔은 자신의 긴 머리를 자르고 하얀 갑옷을 입었어. 그리고 프랑스의 오를레앙에서 영국군을 물리치고 몇 번의 승리를 거두었지. 찰스 7세도 정말로 왕이 됐어.

하지만 안타깝게도 잔은 부르고뉴의 군인들에게 붙잡혀 영국군에게 팔려 가고야 말았어. 쇠사슬에 몸이 묶인 채 말이야. 판사는 잔에게 공개 처형을 판결했고 잔은 19세의 나이에 루앙에서 화형을 당했어. 그리고 사람들이 잔의 유해를 묻어 기리지 못하도록 센강에 던져 버렸어.

그 뒤 마침내 찰스 7세는 영국군을 프랑스에서 쫓아냈고 백 년 전쟁을 끝냈어. 그리고 잔에 대한 재심이 이루어져 잔의 결백이 증명됐지.

그리고 또 다른 이야기

백 년 전쟁은 1337년부터 1453년까지 총 116년 동안 벌어졌어. 이 세월 동안 평화가 찾아와 전쟁이 멈춘 적도 있었어. 전쟁은 대부분 프랑스에서 일어났지.

113 폴 고갱과 반 고흐의 그림, 작가가 죽은 뒤에 빛을 보다

한 예술가가 있다고 생각해 보자. 그 예술가가 살아 있는 동안 사람들은 예술가의 그림을 좋아하지 않았지. 그리고 예술가는 사실 먹고살기 어려울 만큼 돈도 못 벌었어. 하지만 수백 년이 지난 뒤, 예술가의 작품이 비싼 값에 팔리게 됐어. 그게 누구냐고? 바로 **폴 고갱**이야. 고갱의 작품 〈나페아 파 이포이포(언제 결혼할 거야)〉는 2015년 30억 달러에 팔렸어. 고갱은 이 그림을 프랑스에서의 힘든 삶을 마치고 이주한 열대의 섬 타히티에서 그렸지. 2명의 이국적인 여성이 그려진 다채로운 그림이야.

네덜란드 화가 **빈센트 반 고흐** 역시 살아 있는 동안은 그렇게 운이 좋지 않았어. 많은 질병과 우울증을 앓았지. 결국에는 자살을 하고 말아. 고갱이 그랬던 것처럼 고흐의 그림도 고흐가 죽은 이후에 사랑을 받게 됐어. 고흐가 그렸던 900점이 넘는 작품 중 고흐가 살아 있는 동안 팔린 그림은 고작 2점뿐이지. 심지어 그중 하나는 친구의 누이에게 팔렸어. 다른 한 점은 고흐가 자신이 죽기 몇 년 동안 돌봐 준 의사를 그린 그림이야. 이 그림은 전 세계에서 가장 비싼 그림 20점에 속해. 〈가셰 박사의 초상〉이라는 제목의 이 그림은 일본의 한 사업가에게 1990년 8,250만 달러에 팔렸어.

폴 고갱의 그림

폴 고갱과 빈센트 반 고흐는 서로 아는 사이였어. 폴 고갱은 고흐가 프랑스 아를의 노란 집에 살 때 방문했던 적이 있지. 이 둘은 동네 노천카페의 주인에게 동시에 사랑의 감정을 느껴서 싸우게 됐어. 그래서 고갱은 자신의 수많은 작품을 그린 곳인 섬으로 떠났지. 고흐는 계속해서 건강이 나빠졌지만 후에 자신을 유명하게 만들어 줄 그림들을 그렸어.

114 도리는 파블로 피카소를 따서 지은 이름이야

영화 〈니모를 찾아서〉에 나오는 도리에 대해 알고 있니? 도리는 피카소가 키우던 '양쥐돔'이라는 물고기야. 밝은 색깔 덕에 '도리'라는 이름을 얻게 됐지.

- **파블로 피카소**는 1881년 에스파냐에서 태어났어. 그렇지만 대부분의 시간을 프랑스에서 보냈지. 피카소는 화가이자 조각가, 그리고 도자기를 만드는 공예가이기도 했어. 간혹 피카소를 20세기의 가장 위대한 화가라고 부르는 사람들도 있지.

- 피카소는 어린 시절에 가장 환상적인 그림들을 완성했어. 그리고 19살이 된 뒤부터는 그림을 그리기 위해 자주 파리로 가곤 했지.

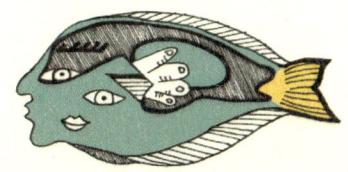

피카소 양쥐돔

- 그리고 친구가 죽었을 때, 피카소는 너무 슬퍼서 그림에 슬픈 사람들을 그리고, 푸른색을 썼어. 그래서 이 시기를 피카소의 '청색시대'라고 불러. 오래지 않아 피카소는 아름다운 여인을 만나 사랑에 빠져. 그리고 피카소의 그림은 장미색으로 변해 가. 이 시기를 '장미시대'라고 이름 붙였어. 장미시대에 피카소는 특히 서커스 곡예사들을 많이 그렸어.

- 피카소는 계속 실험적인 작품을 만들어 냈어. 그중 하나는 수많은 사각형으로 물체의 형태를 그려 내는 작품이었어. 이런 기법을 '큐비즘'이라고 부르는데, 추상 예술이라 어떤 대상을 보고 그린 건지 알기 어려운 경우가 많아.

- 이외에도 피카소는 조각을 사랑했어. 길에서 찾은 것들로 작품을 만들었지. 자전거 안장과 핸들로 만든 소머리의 형상이 바로 그것이야.

- 그중 가장 유명한 작품은 '게르니카'였어. 8미터나 되는 높이의 캔버스에 피카소가 생각하는 전쟁에 대한 내용을 담은 그림이지.

- 피카소는 91세에 사망했어. 죽는 그 순간까지도 손에서 예술을 놓지 않았다고 해.

115 월계관으로 위장한 율리우스 카이사르

후대 사람들은 **율리우스 카이사르**를 월계관을 쓴 모습으로 묘사하곤 해. 사실 월계관은 올림픽의 승자에게 씌워 주는 것이지. 월계관은 아폴로 신을 기리기 위한 경기가 열렸던 기원전 6세기에 처음 사용됐어. 아폴로는 항상 월계관을 쓴 모습으로 묘사됐거든. 이름과 같이 월계관은 월계수 잎으로 만들어. 당시 의사들에 따르면 월계수 잎은 치료 효과가 있다고 믿었어.

율리우스 카이사르는 월계관 쓰기를 좋아했어. 자신이 거의 대머리라는 걸 좋아하지 않았거든. 카이사르는 뒷머리가 대머리라는 것을 감추려고 남아 있는 머리라도 잘 빗질하여 둥지처럼 만들어 냈어. 우리는 이 머리를 둥지머리라고 부르지.

율리우스 카이사르와 사귀었던 **클레오파트라**는 그런 카이사르를 위해 직접 크림을 만들었어. 그러고는 카이사르의 머리를 마사지해 주었지. 이 크림은 태운 쥐, 돼지기름, 말의 이빨, 사슴의 척수로 만든 것이었어. 어쩌면 클레오파트라가 농담으로 말했는지도 모르지. 하지만 율리우스 카이사르의 머리를 보아 하니, 크림이 제 기능을 하지 못한 것은 분명해 보여.

클레오파트라! 크림은 어디 있소?

유명한 인물 이야기

116 매듭을 단칼에 잘라 버린 알렉산더 대왕

- 알렉산더 왕자는 기원전 356년 마케도니아에서 태어났어. 알렉산더의 아버지가 죽고 뒤를 이어 왕이 되어야 했을 때는 스무 살이 채 되지 않았지.

- **알렉산더 대왕**은 바로 전쟁에 뛰어들었어. 첫 번째 전쟁은 페르시아 왕국을 상대로 했고 그 후에 이집트와 아시아로 넘어갔지. 알렉산더의 군대는 인도까지도 갔지만 모든 군인들이 향수병에 걸려 정복을 멈추기로 결정했어.

- 알렉산더는 적을 죽이지 않았어. 자신에게 복종을 맹세하면 목숨만은 살려 주었지. 알렉산더의 꿈은 그리스와 페르시아를 한 나라로 만드는 것이었어. 그래서 세 명의 페르시아 여인과 결혼했지.

- 알렉산더는 수십 개의 도시를 건설했어. 그리고 자신의 이름을 붙였어. 바로 이집트의 알렉산드리아가 가장 유명한 도시야.

- 알렉산더는 결정을 빨리 하기로 유명했어. 어느 날, 고디움이라는 도시를 정복하기로 맘먹었지. 그곳 사람들은 알렉산더에게 고디아 왕의 특별한 매듭으로 묶인 전차에 대한 이야기를 해 주었어. 이 매듭을 풀면 누구든지 아시아를 정복할 수 있을 거라는 전설이었지. 알렉산더는 칼을 들어 이 매듭을 싹둑 잘라 버렸어. 결정을 빨리 내리는 사람들에게 '단칼에 결정을 내린다.'라고 말하곤 하는데, 바로 여기에서 유래했지.

- 알렉산더는 32세가 되던 해에 숨을 거두었어. 어떻게 죽었는지는 아직까지 알려지지 않았지. 질병이나 부상 때문이었을 수도 있을 거야. 그 시절에는 젊은 나이에 숨을 거두는 게 이상한 일은 아니었거든. 짧은 삶이었어도 알렉산더는 많은 일을 이루고 떠났어.

오버핸드매듭

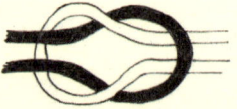
평면매듭

8자매듭

알렉산더 대왕은 수많은 매듭들을 그냥 잘라 버렸어.

117 영국에 묻힌 북아메리카 원주민, 포카혼타스

포카혼타스의 무덤은 영국의 세인트조지 교회에 있어. 1617년 22세의 나이로 사망했지.

포카혼타스는 미국에서 태어났어. 중요한 부족인 '체나코마카' 부족의 족장인 포우하탄의 딸이었지. 이 부족은 1607년 영국의 식민주의자들이 도착했던 곳인 버지니아 지역에 살고 있었어. 체나코마카 부족과 식민주의자들이 계속 잘 지내진 못했어. 가끔은 전쟁을 하기도 했지. 전투 중, 포카혼타스는 이 이주민들에게 끌려가게 되었어. 그리고 포카혼타스에게 반한 **존 롤프**라는 영국 남자와 결혼했지. 포카혼타스도 존에게 반했는지는 우리도 알지 못해. 하지만 이 결혼을 통해 부족과 이주민들이 전쟁을 멈춘 것은 분명해.

포카혼타스는 1616년 남편과 자식과 함께 영국으로 건너가. 그리고 브랜트포드라는 곳에 정착하지. 그리고 건강이 나빠져 결국 그곳에서 사망했어.

118 79개 언어로 번역된 《해리 포터》

해리 포터 시리즈를 모두 합치면 45억 부 이상이 팔려 나갔다지. 모두 79개 언어로 번역됐어. 이 말은 작가인 **조앤 롤링**은 엄청나게 부자가 됐다는 말이야. 조앤은 책으로 엄청나게 많은 돈을 번 첫 번째 작가야. 해리의 호그와트 삶에 대한 이 이야기는 롤링을 영국뿐만 아니라 전 세계에서 가장 부자인 여성으로 만들어 주었지.

책뿐만 아니라 영화 역시 엄청난 수익을 냈어. 영화 제작은 10년이나 이어졌거든. 그리고 중요한 역할의 경우 같은 배우들이 10년 동안 연기했어.

해리 포터의 주연인 **대니얼 래드클리프**가 처음 연기를 시작했을 때는 고작 열한 살이었어. 당시 영화의 제목은 〈해리 포터와 마법사의 돌〉이었지. 해리 포터의 마지막 영화가 개봉한 2011년, 대니얼의 나이는 스물한 살이 되었어.

헤드위그

하늘을 나는 빗자루

해리를 유명하게 만들어 준 것들

유명한 인물 이야기

119 2년 동안 햇빛을 보지 못한 안네 프랑크

안네 프랑크에 대해 들어본 적 있을 거야. 독일군을 피해 숨어 살던 시절에 일기를 쓴 소녀 말이야.

- 1933년 히틀러와 국가사회주의독일노동당에게 권력이 돌아왔어. 히틀러는 유대인을 싫어했지. 그들을 세상에서 제거해야 한다고 믿었어.

- 프랑크 가족은 더 이상 독일이 안전하다고 느끼지 않았어. 아빠 오토 프랑크는 1933년 아내인 에디트와 네덜란드로 이주해 사업을 시작했어. 하지만 1940년 히틀러가 전쟁을 시작했을 때, 암스테르담도 더 이상 안전하지 않았지. 프랑크 가족은 미국이나 다른 먼 국가로 도망가려 했지만 그것도 여의치 않았어.

- 1942년부터 프랑크 가족은 숨어서 지내야 했어. 암스테르담 프린센흐라흐트의 263번지에 위치한 운하가 내려다보이는 집 뒤에 살았지. 프랑크 가족이 살았던 이 집은 오토 프랑크의 회사 뒤에 있었어. 두 가족이 살기에 충분한 공간이었지. 집으로 통하는 출입문은 회전 책꽂이로 가려 독일군이 찾을 수 없게 했어. 오토 프랑크 회사의 직원들인 미프 히스, 요하네스 클레이만, 빅토르 쿠흘러르와 베프 보스카일 총 네 명의 도움으로 음식, 옷, 책 및 다른 물건들을 제공받았어. 바깥세상에서 일어나는 소식도 전달받을 수 있었지.

- 프랑크 가족은 그렇게 2년 이상을 바깥으로 단 한 번도 나오지 못한 채 숨어 지냈어. 그러다 배신을 당하고 말지.

- 1944년 8월 4일 안네 프랑크와 그 가족들은 아우슈비츠의 집단 수용소로 끌려가. 그리고 그곳에서 오토 프랑크만 살아남았지. 이 가족을 배신한 게 누구인지는 아직도 밝혀지지 않았어.

- 미프 히스와 베프 보스카일은 안네의 다이어리를 찾아냈어. 그리고 오토 프랑크가 돌아왔을 때 오토에게 건넸지. 안네는 전쟁이 끝난 후 자신의 일기가 책이 됐으면 좋겠다고 적어 놓았어. 오토 프랑크는 그 꿈을 이루어 주기로 결심했지. 그리고 수많은 학교에서 안네의 일기는 필독서로 선정되었어.

- 안네 프랑크의 삶에 대한 영화도 만들어졌어.

- 암스테르담에 간다면, 이 숨겨진 집을 방문해 봐. 프랑크 가족이 숨었던 곳 말이야. 지금 이 집은 인상 깊은 안네 프랑크 박물관으로 탈바꿈했어.

그리고 늑대는 오래오래 행복하게 살았답니다.

120 어른들을 위한 그림 동화

우리가 보통 알고 있는 신데렐라와 백설공주 이야기는 디즈니에서 만든 것들이 많아. 그런데 이 이야기들의 작가가 아주 옛날 독일에 살던 **야콥 그림**과 **빌헬름 그림** 형제라는 것을 알고 있니? 야콥과 빌헬름은 언어학자들이었어. 사람들에게서 옛날이야기와 전설을 수집하기 위해 여행을 다녔지. 그리고 1802년 이 이야기들을 담은 두꺼운 책을 출판했어. 이 책의 제목은 《그림 동화》였지. 201개의 옛날이야기와 10개의 어린이들의 전설을 담았어. 이 중에 〈빨간 모자〉, 〈잠자는 숲속의 공주〉, 〈백설공주〉, 〈피리 부는 사나이〉, 〈룸펠슈틸츠헨〉, 〈개구리 왕자〉, 〈홀레 아주머니〉가 유명하지.

하지만 그림 동화는 사실 어른들을 위한 이야기였어. 아이들이 읽기에는 너무 잔인하고 폭력적이었지. 그림 형제는 단지 오랜 전래 동화에 대한 기록을 남길 생각으로 책을 출판했었거든.

사실 원작에서는 빨간 모자가 늑대에게 잡아먹혀서 더 이상 집에 돌아오지 않았지. 백설공주의 마녀는 사라진 게 아니라 뜨겁게 달궈진 쇠구두를 신고 죽을 때까지 춤을 추어야만 했어. 헨젤과 그레텔 역시 마녀가 가둔 것이 아니라 남매를 죽이려고 했던 악마가 가뒀던 거였어.

아이들이 읽을 만한 이야기는 아니지. 그 때문에 그림 형제는 조금씩 이야기를 손보기 시작했어. 그리고 세월이 지날수록 손 본 구석이 많아졌지.

그림 동화는 적어도 160개 언어로 번역됐을 거야. 두 형제는 독일 베를린의 교회 묘지에 묻혔어. 그림 형제 말고도 다른 유명인들도 묻혀 있는 곳이야.

121 해적 현상금 사냥꾼이 해적이 된 이유

윌리엄 키드라는 이름을 들었을 때는 아무것도 떠오르지 않을 거야. 하지만 이 사람은 매우 유명하고 재미있는 사연과 얽혀 있어.

윌리엄 키드는 1645년 스코틀랜드에서 태어났어. 그리고 미국으로 이주해 사라 브래들리 콕스 오트라는 여성과 결혼하지. 사라는 정말 좋은 사람이었어. 윌리엄은 무역가가 되어 사라와 함께 부유한 생활을 하게 되지.

윌리엄 키드는 정기적으로 영국으로 항해했고 영국에서 무역 사업을 했어. 그곳에서 만난 영국의 한 귀족은 프랑스 해적을 잡아 현상금을 서로 나누자는 제안을 했지. 모험을 좋아했던 윌리엄은 이 제안을 받아들였어. 그리고 해적을 잡기 위해 새 배를 주문하기까지 했지. 새로운 배인 '어드벤처 갤리'에는 30대의 대포를 실을 수 있었지만 윌리엄은 해적을 잡지 못했어. 그리고 갚지 못할 빚더미에 앉아 버렸지. 이를 갚기 위해 윌리엄은 영국 선박을 제외하고는 바다에서 만난 모든 선박을 공격할 수밖에 없었어. 얼마 지나지 않아 윌리엄은 해적 현상금 사냥꾼이 아닌 해적이 되고야 말았어.

상황은 점점 나빠졌어. 승선 중인 선원들과 말싸움을 하다가 대다수가 윌리엄에게서 등을 돌려 버렸거든. 윌리엄은 미국으로 돌아가 체포되고 말았어. 그리고 영국으로 다시 보내져 그곳에서 재판을 받게 되지.

1701년 5월 23일, 윌리엄 키드는 교수형에 처해졌어. 그리고 해적들을 겁주기 위해 윌리엄의 목은 템스강에 걸리는 신세가 됐지.

그런데 사람들은 아직도 윌리엄 키드가 어디엔가 보물을 묻어 놨다고 생각해. 아직도 그곳이 어딘지 찾는 사람들이 있다고 해.

122 동물들 중에도 유명한 녀석들이 있어

이 장은 유명한 사람들을 다루고 있는데 말이야. 혹시 유명한 동물들에 관해 알고 있니?

- **라이카**는 러시아의 떠돌이 개였어. 러시아인들이 1957년 우주복을 입히고 **스푸트니크 2호**에 태워 보냈지. 불행히도 라이카는 우주여행에서 돌아오지 못했어. 스푸트니크는 대기권으로 들어올 때 몸체를 다 태워 버리도록 설계돼 있었거든. 과학자들에 따르면 라이카는 발사되고 몇 시간 후에 이미 죽었을 거래. 캡슐 안은 너무 더웠거든.

- **래시**라는 개는 그보다는 행복한 삶을 살았어. 엄청나게 유명한 텔레비전 프로그램에 나오는 역할을 맡았거든. 래시는 위험에 빠진 사람들을 구하는 역할이었어. 사실 이 래시라는 역은 몇몇 개들이 번갈아 연기했는데, 서로 다 친척 관계라 얼굴이 많이 비슷했다고 해. 래시가 얼마나 유명해졌는지 할리우드 명예의 거리에 이름을 남기기도 했어.

왈!
왈!

- 비둘기는 항상 집으로 돌아오는 길을 알고 있어. 그 때문에 전쟁 중에 편지를 날리는 새로 이용했지. **셰르 아미**는 경주용 비둘기였지만 제1차 세계 대전 중에는 중요한 메시지를 전달했어. 독일군의 총에 맞았으면서도 계속해서 메시지를 전달하기 위해 빠르게 날았거든. 그렇게 셰르 아미는 덫에 빠질 뻔한 194명의 군인을 살렸어.

- 그렇게 똑똑하지 않으면서 못생긴 문어 역시 세계적으로 유명하기도 해. 아마 문어 **폴**에 대해 알고 있을지도 몰라. 2010년 월드컵 당시 독일 팀의 우승을 예측한 문어지. 그 예측을 위해 두 통의 먹이가 수족관 안으로 들어갔어. 그리고 양쪽 통에 두 국가의 깃발이 달려 있었지. 폴이 가장 처음 연 통의 깃발을 가지고 있는 국가가 이기는 거야. 폴은 7번 예측해서 7번 전부 맞혔다고 해.

5

뜻밖의 세계사 상식

123 7,500만 명의 목숨을 앗아 간 '검은 죽음'

1346년에서 1352년 사이, **흑사병** 또는 '**검은 죽음**'으로 불리는 질병이 유럽을 강타했어. 흑사병은 아시아에서 발생했는데, 무역선을 타고 넘어온 쥐들이 유럽 전역으로 퍼트렸어. 유럽 인구의 약 60퍼센트가 이 병에 걸려 사망했지.

페스트균이 발병의 주요 원인이었어. 페스트균은 검은 쥐에 살던 벼룩에 의해 퍼져 나갔어. 몸에 벼룩이 사는 검은 쥐는 그 당시 길에서 쉽게 목격할 수 있었지.

흑사병에 걸린 사람들의 겨드랑이와 사타구니에는 달걀만 한 크기의 검은 혹이 자라기 시작했어. 그리고 이 혹에서 고름과 피가 났지. 얼마 지나지 않아 몸에 검은 반점이 나타나. 이 점들은 피부가 죽어서 생기는 것들이었어. 결국 사람들은 몸 전체가 검게 변하며 죽어 갔기 때문에 이 병을 검은 죽음이라고 부르게 된 거야.

당시에는 그 누구도 흑사병의 원인을 알지 못했어. 그래서 유대인, 거리의 부랑자, 그리고 한센병 환자들이 의심 받았지. 유대인들은 다른 사람들에 비해 병에 걸릴 확률이 낮았기 때문이었어. 중세의 사학자들은 유대인들이 물에 독을 타 모든 기독교인을 죽인 것이라고 믿었어. 하지만 그건 사실이 아니었지. 당시 유대인들은 '게토'라고 불리는 지역이나 도시의 변두리에 살고 있었어. 유대인들의 특별한 관습 때문에 그들은 다른 유럽인들보다 청결함을 유지했고 그 덕에 이들이 사는 게토는 위생적인 '섬'으로 남아 있었어.

안타깝게도 당시에는 위생과 건강 사이의 연결고리가 알려지지 않았었지. 사람들은 유대인에 대한 끔찍한 소문을 믿었기 때문에 유대인들을 공격했고, '포그롬'이라고 하는 집단 학살까지도 계획했어. 유대인들을 산 채로 불태워 버리거나 집의 모든 물건을 빼앗는 일이 벌어지곤 했어. 엄청나게 많은 숫자의 유대인들이 이때 몰살당했다고 해.

흑사병은 유럽에 심각한 영향을 미쳤어. 14세기에 흑사병으로 잃은 인구수는 1600년이 돼서야 회복할 수 있었어.

여왕
엘리자베스 2세

124 영국 외에도 16개 국가를 통치하고 사랑하는 엘리자베스 여왕

- **엘리자베스 알렉산드라 메리**, 또는 짧게 줄여 **엘리자베스 2세**라고 불리는 영국의 여왕은 영국만을 다스리는 게 아니야. 1952년부터 캐나다, 오스트레일리아, 뉴질랜드의 여왕이기도 했지. 이뿐만이 아니야. 엘리자베스 여왕은 자메이카, 바베이도스, 바하마, 그레나다, 파푸아뉴기니, 솔로몬 제도, 투발루, 네비스, 세인트키츠, 벨리즈, 앤티가바부다, 세인트루시아, 세인트 빈센트 그레나딘 등 16개 회원국 공화군령의 의장이기도 해. 이 국가들은 엘리자베스 2세가 여왕이 된 후 영국에서 독립한 국가들이야. 영연방 내에서 독립을 한 국가들이지. 이 국가들은 영국과 대부분의 과거 식민지를 포함하고 있어.

- 엘리자베스 2세는 영국 역사상 가장 오래 통치하고 있는 여왕이야. 2019년에 만 93세가 된 엘리자베스 2세는 세상에서 가장 나이가 많은 통치자이기도 하지. 하지만 지금도 엘리자베스 2세는 왕좌에서 물러날 계획이 없는 것 같아. 영국에서는 왕이나 여왕이 죽을 때까지 왕좌에 머무르는 것이 관례야.

- 엘리자베스 2세는 4명의 아이를 낳았어. 찰스가 가장 나이가 많지. 찰스는 웨일스의 왕자라고 불리며 엘리자베스의 후계자이기도 해. 그 밑으로 딸 앤, 그리고 아들인 앤드루와 에드워드가 있어.

125 지구의 5분의 1을 채운 중국인

약 14억 명이 중국에 살고 있어. 중국이 차지하고 있는 땅은 미국보다 크진 않지만 미국의 약 4배나 되는 인구가 살고 있지. 중국 대도시의 거리가 얼마나 많은 사람으로 꽉 차 있는지 알 수 있을 거야.

지구의 총인구는 75억 명이야. 그 말은 중국의 인구가 지구 총인구의 5분의 1이라는 말이지. 이 뒤를 이어 인도는 13억 5천만 명의 사람이 살고 있고, 유럽 연합은 5억 1천만 명, 미국은 3억 2,500만 명, 그리고 인도네시아에는 2억 6,500만 명이 살고 있지.

국제 연합(UN)에 따르면 2050년이 되면 100억 명의 사람이 지구상에 살아갈 거래. 그중 50억 명이 넘는 인구가 아시아에 살고 그중 중국에 가장 많이 살 거래.

그러니 중국어가 전 세계에서 가장 많이 쓰이는 말임을 인정해야 할 거야. 그다음으로는 에스파냐어, 영어, 힌두어, 그리고 아랍어 순으로 많이 쓰여.

중국
1,400,000,000명의 사람들

126 이탈리아 시에나에 있는, 세계에서 가장 오래된 은행

- 방카 몬테 파스키는 역사가 500년도 넘은 은행이야. 1472년에 처음 문을 열었고 그때부터 지금까지 계속 같은 곳에 있지. 바로 이탈리아의 도시 시에나야.

- 옛날의 은행은 전당포에서 시작한 경우가 많았어. 예를 들어 할아버지가 남겨 준 귀중한 시계를 그곳에 가져가면 일정 금액의 돈을 받는 거야. 이렇게 가져간 물건은 '담보'라고 불리지. 만약 제시간에 돈을 갚는다면 물건은 돌려받을 수 있어. 하지만 그렇지 못한다면 전당포는 그 물건을 팔아 버리고 그 돈을 가지지.

- 이탈리아 북부에서는 '환어음'이라는 제도에서 은행이 생겨났어. 이 제도를 통해 먼 거리에 있는 사람과 무역을 하며 돈이 가득 찬 가방을 들고 갈 필요가 없어졌지. 물건을 사는 사람은 환전가에게 돈을 전달했어. 환전가는 금액, 날짜, 장소, 그리고 자신의 이름을 적은 어음을 만들지. 그리고 이 환어음을 물건을 판 상인에게 전달하는 거야.

그리고 물건을 판 사람은 환전가에게 자신이 받은 환어음을 주고 돈을 받아 와. 환전가들은 자신들이 제공한 업무에 대한 수수료를 받고 말이야. 환어음 회사들은 큰 도시에 사무실을 열어 어느 곳에서나 환어음을 교환할 수 있도록 했어.

- 시에나의 방카 몬테 파스키가 바로 그런 환어음 회사였어. 그리고 아직까지도 시에나의 아름다운 살림베니 광장에 있지.

방카 몬테 파스키

127 매끈한 얼굴의 로마 황제들

로마 황제들의 동상을 보면 그들이 매끈하게 예쁜 턱을 지녔다는 사실을 알아챌 거야. 대체 어떻게 된 일일까? 당시에는 날카로운 삼중 면도기도, 쓰기 쉬운 현대식 전기면도기도 없었을 텐데 말이야.

로마 사람들은 뛰어난 발명가였어. 그러니 날카로운 쇠로 된 면도칼을 발명해서 매일매일 면도를 했다고 해도 놀랄 만한 일이 아니다. 이 면도칼은 나무나 가죽으로 덮인 접이식 칼처럼 생겼어. 그렇게 옷감을 상하게 하지 않고 주머니에 넣어 다닐 수 있었지. 비누는 이미 발명됐기에 지금의 현대식 면도와 크게 다르지 않았을 거야.

우리는 아직도 로마 황제가 면도를 했던 정확한 이유를 알지 못해. 더 편안하거나 깨끗해서였을까? 또는 그리스 사람들이 그랬던 것처럼 그리스어나 라틴어를 하지 못하는 '야만인'들과 구분되고 싶었을 수도 있지. 하지만 수염이 그저 유행하지 않았던 것일 수도 있어. 요즘 그렇듯 진한 콧수염과 덥수룩한 턱수염은 그냥 한동안만 유행했을 수 있잖아. 그렇게 몇 년이 지난 후에는 마치 언제 그랬냐는

것처럼 수염을 없애고 살아갈 수도 있고, 황제들이 선택한 머리 모양이 유행하기도 했던 시절이었어. 얼마나 편리할까? 역사학자들도 수염이 없는 조각상이나 꽃병에 그려진 수염 없는 남자를 보면 그 연대를 측정할 수 있어.

그렇다면 로마 사람들이 역사상 처음으로 면도를 하기 시작했을까? 그렇지는 않아. 유럽, 아프리카 및 오스트레일리아의 동굴 벽화들을 보면 이미 면도를 한 사람의 그림을 볼 수 있으니까. 당시에는 아주 날카로운 부싯돌을 사용했음이 틀림없어. 아마도 얼굴을 베일 일이 많았겠지만, 그다지 큰 문제는 아니었을 거야.

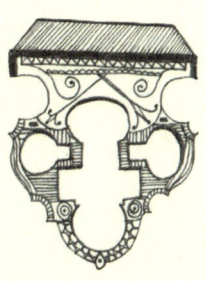

128 고고학자들의 보물, 오물통

오물통에 대해 들어본 적 있니? 요즘에는 오물을 따로 받지 않고 모두 화장실에서 해결하지. 화장실 오폐수는 처리장으로 보내고 말이야. 하지만 유럽의 중세 시대에는 그리 위생적이지 않았어. 사람들은 자신들의 오물들뿐 아니라 오래된 신발, 옷, 주방 도구들, 망가진 접시, 그리고 다른 모든 것들을 오물통에 집어넣었어. 그리고 그 모든 쓰레기를 '오물'이라고 불렀지.

이런 오물통은 고고학자들에게는 보물 상자와도 같아. 고고학자는 과거의 물건들을 살피고 일정 시기에 살았던 사람들의 생활 방식을 연구하니까 말이야.

오물통에 들어 있던 모든 대소변을 거르고 나면 수많은 물건들이 남아. 바로 그 나머지들이 고고학자들의 보물이지. 이 보물들로 사람들이 부유했는지 가난했는지, 어떤 옷차림을 했는지, 집과 정원에서 어떤 물건들을 사용했는지 등을 알 수 있지. 예를 들면, 의사나 약사의 오물통에서는 의료 도구나 알약이나 연고를 담는 유리병들을 찾을 수 있었어. 뼈나 씨앗, 그리고 조개껍데기를 통해서는 당시 사람들의 식생활에 대해 알 수 있었지.

그래서 고고학자들은 오물통을 발견해도 코를 틀어막고 도망가지는 않는다고 해.

고고학자들이 좋아할 만하군!

129 로마의 마지막 황제는 아름다운 소년

로물루스 아우구스툴루스. 바로 로마의 마지막 황제야. 461년경에 태어났고 475년 10월 30일 군부에 의해 황제의 자리에 올랐지. 당시 황제의 나이는 14세가 채 되지 않았고 사람들은 사랑을 가득 담아 아우구스툴루스라고 불렀어. '작은 황제'라는 뜻이지.

476년, 서로마 제국의 게르만 용병이 반란을 일으켰고 고작 15세였던 아우구스툴루스를 황제 자리에서 밀어냈지. 소년 황제는 용병의 장군 오도아케르에게 대항하지 않고 도망치려 했어. 그렇지만 결국 감옥에 갇히게 됐고 장군은 황제의 목숨만은 살려 주었지. 여러 자료들에 따르면 아우구스툴루스는 매우 아름다운 소년이었어.

이 작은 황제는 오도아케르에게 지원금까지 받아 이탈리아의 나폴리에 있는 궁전에서 여생을 보낼 수 있었대.

조금 더 작은 사이즈의 투구는 없는가?

로물루스 아우구스툴루스

130 공룡들은 굶어 죽었을까?

고생물학자란 수천만 년 전에 살았던 동물과 식물에 대한 모든 것을 연구하는 과학자야. 그러니까 주로 그 시절에 지구 전역에 살고 있었던 공룡에 대해 연구하는 거야. 고생물학자들은 공룡이 멸종한 이유에 대한 이론도 연구해. 그 이론 중 하나는 바로 배고픔이야.

알다시피 많은 공룡이 꽤나 커다란 몸집을 지니고 있었고 힘이 셌어. 예를 들면 디플로도쿠스라는 공룡은 키가 25미터나 되고 몸무게는 12톤이나 됐어. 이런 커다란 덩치라면 당연히 많은 양의 먹이가 필요했겠지.

바로 그게 문제였어. 갑자기 먹이를 찾을 수 없는 환경이 온다면, 공룡들은 매우 빨리 죽어 버리고 말 거야. 더구나 몸집이 커다랗기까지 하잖아.

6,500만 년 전, 커다란 운석이 지구에 떨어졌어. 운석이란 우주에서 떨어진 잔해를 말해. 미행성이나 유성의 일부였을 수 있지. 이렇게 커다란 운석의 영향으로 엄청난 크기의 먼지구름이 생겼고 더 이상 햇빛이 지구에 닿지 않았어. 그러자 식물들은 더 이상 자라지 않고 죽어 버렸지. 그렇게 초식 공룡들의 먹이가 사라진 거야. 육식 공룡들은 초식 공룡들을 잡아먹었지만 그것도 오래지 않았어. 결국 얼마 안 가 모든 커다란 공룡들이 지구에서 사라졌지.

그보다 작은 동물들은 계속해서 살아남을 수 있었어. 곤충이나 구더기 등을 먹으며 살아갔거든. 아마 배는 계속 고팠을 테지만 이 동물들은 생존할 수 있었어.

날 수 있는 작은 공룡들은 살아남을 가능성이 컸을 거야. 아마 작은 동물들의 다리가 천천히 날개로 변했을 테고 여러 장소에서 쉽게 먹이를 찾을 수 있었겠지. 바로 이런 작은 공룡들이 오늘날 조류의 조상이야.

131 돈을 위해 싸우던 고대의 검투사들

때는 바야흐로 기원전 264년, 로마! 많은 노예들은 한 명이 남을 때까지 전투를 해야만 했어. 이런 싸움은 죽은 의회 의원에게 바치는 의미로 장례식장에서 열렸지.

대체 누가 노예들을 싸우게 할 생각을 가장 먼저 했는지는 아직도 알려지지 않았어. 그렇지만 첫 150년 동안은 검투사들이 장례식이나 다른 종교 의식을 기념할 때만 싸웠다는 것은 분명하지. 이 피투성이 전투가 얼마나 유명해졌는지 얼마 지나지 않아 로마 제국 전역에 퍼지기 시작했어. 그리고 404년이 돼서야 황제가 이 전투를 금지했지.

이러한 검투사를 소재로 만든 영화를 보면 멋진 근육이 가득한 건장한 남성을 볼 수 있을 거야. 하지만 이는 사실과는 좀 달라. 검투사들은 온몸이 흉터투성이였지. 지금 우리의 기준에는 매력적이지 않겠지만 당시 로마의 여성들은 흉터가 많은 검투사들의 신체를 좋아했어. 로마의 검투사들은 진짜 스포츠 영웅이었어. 로마의 원형 경기장에 가면 발코니에 작은 모형이 서 있는데, 바로 그 사람처럼 말이야.

검투사들이 야생 동물들과 싸우라는 명령을 받고 경기장에 나가기도 했어. 사자, 곰, 심지어는 하마까지 나왔지. 카르포포로스라는 검투사는 하루에 20마리의 야생 동물을 죽인 적도 있다고 해.

간혹 로마 제국 역사의 유명한 전투들이 재연된 적도 있었어. 어느 날은 해상 전투를 재연하기 위해 로마의 콜로세움에 물을 가득 채웠던 적도 있었어.

스파르타쿠스라는 검투사는 매우 유명하지. 스파르타쿠스는 군인이었지만 로마 군사들에게 포로로 잡혔어. 이 군사들이 스파르타쿠스를 카푸아에 위치한 검투사 학교에 노예로 팔아넘겼지. 하지만 똑똑한 스파르타쿠스는 계략을 꾸며 몇몇 다른 검투사들과 함께 학교를 빠져나올 수 있었어. 그리고 베수비오산의 언덕에 숨어 다른 수많은 노예들을 풀어 주었지. 얼마나 많은 노예들이 빠져나왔는지 스파르타쿠스는 로마의 군대를 공격할 수 있을 정도였어. 그렇게 스파르타쿠스는 오랜 시간 동안 로마의 손아귀에서 벗어날 수 있었어. 하지만 기원전 71년, 마르쿠스 리키니우스 크라수스의 5만 군대에게 패배하고 말았어.

132 중세 시대의 여성 기사

중세의 기사 하면 남자가 생각나니? 틀렸어! 성인 여성, 그리고 소녀들까지 기사가 될 수 있었어. 기사가 죽으면 기사의 임무는 모든 가족이 물려받게 돼 있어. 만약 이 기사에게 아들이 없다면 기사의 부인과 딸이 기사의 영광스러운 임무를 물려받게 되지.

전쟁이 없는 평화로운 시기라면 괜찮은 일이야. 기사는 왕을 위해 세금을 걷고, 여기저기의 다리를 고치며 자신의 영지를 다스렸거든.

하지만 전쟁 중에는 영지를 방어하고 나라를 지켜 왕에게 충성해야만 했어. 여성 기사가 하기에는 힘든 일이었겠지. 아마 다른 사람들에게 임무를 넘겼을지도 몰라.

하지만 중세 시대의 여성들은 매우 활동적이었어. 심지어 엄청 많은 권리를 누렸지. 예를 들면 여성들은 회사를 운영할 수도 있었어. 여성 기사들을 부르는 특별한 칭호도 있었다고 해. 그 칭호는 14세기부터 변경돼서 기사의 부인에게는 슈발레레스(chevaleresse), 그리고 여성 기사에게는 슈발리에르(chevalière)라는 이름이 주어졌다고 해.

손도끼 기사단

여성 기사단이 생겼던 적도 있었어. 바로 에스파냐 카탈루냐의 '손도끼 기사단'이었지. 이 도시의 여성들은 무어인*들을 상대로 어찌나 용맹하게 싸웠는지 이 기사단으로 임명될 수 있었다고 해. 또한 종교와 관련된 '신성한 성모 마리아의 기사단'도 있었는데, 여기 속한 여성 기사들은 전투를 하지 않아도 되었다지.

전쟁에 싸우러 나간 유명한 여성 기사단을 소개할게.

- 플랑드르의 요안나는 300명이 넘는 인원으로 이루어진 기마단을 이끌었어. 요안나는 '날카로운 칼을 손에 쥐고 용맹하게 싸우는' 여성으로 알려졌지.

- 카스티야의 이자벨라는 남편과 함께 무어인들을 남부 에스파냐에서 몰아냈어.

* 무어인 : 8세기경 이베리아반도를 정복한 이슬람교도를 부르던 말.

여성 기사

133 대나무로 만들어진 첫 번째 책

중국인들은 수천 년 전에 이미 문자를 만들었어. 그런데 그때의 문자는 신과 이야기하기 위한 수단이었을 뿐이야. 제사장들은 뼈나 거북이 등딱지 위에 그림이나 상징의 형태를 새겨 질문을 했지. 그리고 이 뼈와 등딱지에 열을 주었어. 이 열 때문에 틈이 생기고 그림도 갈라졌지. 갈라진 흔적에서 제사장들은 신의 흔적을 해석해 냈어. 이런 예지*들은 뼈와 등딱지의 흠집 옆에 기록됐고 과학자들은 아직도 이 기록을 연구하는 중이야.

* **예지** : 미래의 일을 아는 초감각적 지각 또는 능력.

물론 이런 뼈나 등딱지가 책은 아니야. 인류 최초의 책은 대나무를 끈으로 묶어 그림을 그린 형태였지. 이렇게 만든 책은 돌돌 말아 보관했어. 이런 책에 남겨진 이야기들은 중국인들이 기억하고 싶어 하는 이야기들이었어. 그리고 이 책들은 사원에 보관됐지.

이 중 몇몇은 아직도 남아 있어. 여태까지도 쓰이는 세상에서 가장 오래된 문자들을 담고 있지. 아마 그 숫자가 8만 개도 넘을 거야.

105년, 중국 환관이었던 채륜은 나무껍질, 마, 그리고 비단을 사용해 글을 적을 수 있는 물질을 만들어 황제에게 바쳤어. 황제가 그 물질을 얼마나 좋아했는지 채륜에게 상금을 주고 높은 관직까지 주었어. 그 물질은 바로 종이였어. 그때부터 중국인들은 대나무 가지가 아닌 종이에 글을 쓰기 시작한 거야.

책을 인쇄하는 기술 역시 중국에서 710년경에 발명됐어. 글씨를 거울에 비춘 모양을 나무 조각에 파낸 다음 그 위에 잉크를 묻힌 뒤 종이에 찍어 내는 방법이었지. 이 방법으로 하루에 1,000장까지도 찍어 낼 수 있었어.

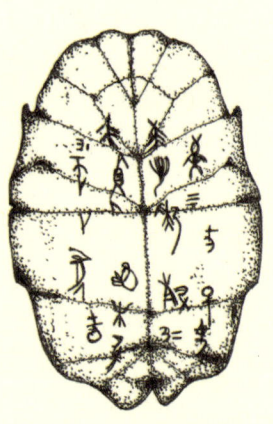

갑골 글자

술타나호 출항

134 미국 남북 전쟁 포로의 너무나 짧았던 자유

- 1861년부터 1865년 사이, 미국의 남부 연합과 북부 연방 사이에 전쟁이 벌어졌어. 미국의 남북전쟁이었어. 문자 그대로 북부 연방은 미국 북쪽에 위치한 주로 이루어졌고, 남부 연합은 남쪽에 위치한 주로 이루어졌지. 전쟁 동안에는 수많은 군인들이 전쟁 포로로 잡혔어.

- 마침내 남북전쟁이 끝난 1865년 4월, 북부 연방 출신의 수많은 포로들이 석방됐어. 그들은 술타나호를 타고 집에 돌아가기로 되어 있었어. 술타나호에는 고작 376명을 태울 수 있는 배였지만 2,000명이 넘는 포로들이 올라탔어.

- 출항 후 며칠 지나지 않아 큰 일이 벌어졌어. 술타나호의 보일러가 터져서 배가 화염에 휩싸인 거야. 대부분의 군인들은 불을 피하려 물속으로 뛰어들었지. 하지만 바닷물이 얼음처럼 차가워서 수많은 군인들이 익사하고 말았어.

- 그날 밤, 1,196명이 불에 타거나 물에 빠져 죽었지. 알고 봤더니, 술타나호의 보일러는 이미 출항 전부터 고장이 나 있었다고 해. 선장이 돈을 빨리 벌고 싶은 마음에 보일러를 고치지 않은 채 출발했던 거지. 결국 선장 역시 살아남지 못했지만 말이야.

135 전쟁이 아닌 독감에 목숨을 잃은 사람들

1914년부터 1918년 사이, 1,700만 명의 목숨을 앗아 간 제1차 세계 대전이 일어났어. 그런데 이 전쟁의 마지막 해에 피해를 더 크게 만든 일이 벌어졌어. 바로 독감이 유행한 거야. 2,500만~5,000만 명의 사람들이 에스파냐에서 온 이 독감으로 목숨을 잃었지. 폭탄이나 총알에 전사한 군인의 숫자보다 독감 때문에 죽은 군인의 숫자가 더 많았다고 해.

1918년 봄, 많은 사람들이 독감에 걸렸지만 그때의 상황은 그렇게 나쁘지 않았다고 해. 대부분의 사람들이 휴식을 취한 후, 얼마 지나지 않아 건강을 회복할 수 있었지. 그리고 가을이 왔어. 사람들은 독감에 더 많이 걸리고 독감은 점점 더 많이 퍼지기 시작했어. 그리고 심지어는 사람이 죽을 정도로 증상이 심각해졌지. 처음에는 열, 기침, 그리고 목이 아픈 정도의 증세만 보였어. 하지만 그 증세가 치료할 수 없는 폐렴으로 발전했지. 숨을 쉬기도 어려울 정도의 폐렴이었어. 숨을 쉬기가 어려우니 몸속으로 산소가 제대로 전달되지 않았고 말 그대로 사람들의 얼굴이 파랗게 질려 갔어. 그리고 얼마 지나지 않아 사망했지.

보통 독감에 걸려 사망하는 사람들은 노인 또는 어린아이들이었지만 에스파냐 독감의 경우는 달랐어. 대부분 20대에서 40대 사이의 사람들이 사망했지. 그 이유는 바로 이 독감이 군인들 사이에 유행했기 때문이야. 전쟁의 막바지에 집으로 돌아오는 군인들이 발 디딜 틈 없이 타고 있던 배 안에서 독감이 돌았지. 그리고 엄청나게 빠른 속도로 희생자가 늘어났어.

이 독감은 전 세계적으로 사람들을 괴롭혔어. 때문에 이 독감을 단순한 유행병을 의미하는 '에피데믹'이 아닌 전염병의 세계적인 대유행을 의미하는 '판데믹'이라고 부르곤 해.

독감에 대한 더 많은 이야기

보통 독감 바이러스의 이름은 처음 발견된 장소의 이름을 붙이곤 해. 하지만 에스파냐 독감의 고향은 에스파냐가 아니었어. 과학자들은 발생지가 중국이라고 생각했어. 중국의 철도 노동자들에게서 전달됐다고 추측하고 있어.

에스파냐는 바로 이 무서운 질병에 대해 가장 처음 신문 기사를 낸 나라였어. 그래서 아직까지도 에스파냐 독감이라고 부르고 있지.

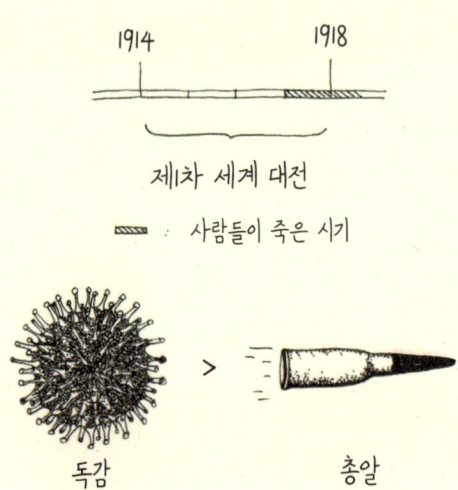

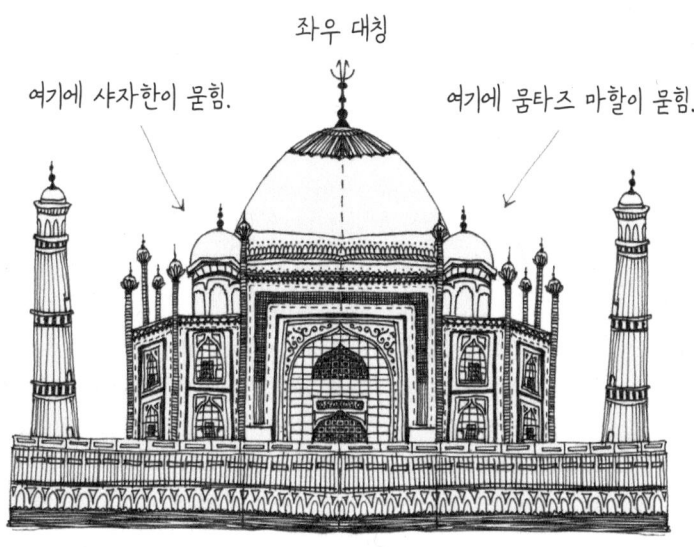

타지마할

136 사랑하는 부인을 위한 무덤, 타지마할

- 인도의 가장 아름다운 건물이 무엇이냐고 물으면 가장 먼저 떠오르는 곳이 아마 **타지마할**일 거야. 완벽하게 대칭을 이루는 하얀 대리석 건물이야. 건물 양쪽이 완벽한 균형을 이루고 있지. 만약 타지마할을 반으로 접으면 완전히 겹쳐질 거야. 이런 이유로 세계 제7대 불가사의로 알려져 있기도 해.

- 타지마할의 원래 이름은 마우솔레움이야. 죽은 사람을 기리기 위해 지은 묘소를 의미하지. 타지마할은 모굴 제국의 황제였던 **샤자한**이 자신의 죽은 아내를 위해 1632년부터 1653년 사이에 지은 건물이야.

- **뭄타즈 마할**이 열네 번째 아이를 낳다가 사망했을 때, 샤자한이 얼마나 슬퍼했는지 몰라. 그래서 뭄타즈 마할을 위한 환상적인 궁전을 지었지.

- **타지마할**은 뒤쪽에서 보면 오직 하늘만 보여. 타지마할을 제외한 그 어떤 건물에도 시선이 가지 않도록 의도적으로 그렇게 건축했지. 타지마할을 세우는 데 2만 명의 사람이 참여했고, 샤자한도 죽은 후 이곳에 묻혔어.

- 매년 전 세계에서 수백만 명의 여행객이 이 특별한 무덤을 보러 찾아온다고 해.

137 폼페이를 멸망시킨 화산

- 로마가 이탈리아의 남부까지 지배했을 1세기경, 폼페이는 만 명이 넘는 사람들이 살 정도로 커다란 도시로 성장했지.

- 그렇게 성장한 폼페이에 바로 재앙이 일어났어. 62년에 지진이 폼페이를 덮쳤지. 하지만 사람들은 지진 후에도 도시를 다시 일으켜 세우고 그곳에서 살아갔어. 더 큰 재앙이 올 줄은 생각지도 못했지.

- 폼페이 근처에는 베수비오산이 있었어. 폼페이 사람들은 이 산에서 농작을 했지. 이때까지는 그 누구도 베수비오산이 언제 터질지 모르는 활화산이라는 점을 알지 못했어. 그리고 79년 8월 24일, 갑자기 베수비오산이 커다란 소리를 내더니 뜨거운 용암을 뱉어 내기 시작했어. 폼페이는 두꺼운 용암층, 화산재, 그리고 돌덩이로 뒤덮였어. 대부분의 주민들은 대피할 수 있었지만 2,000명의 주민들은 차마 피하지 못하고 화산재와 그 잔해 속에 갇히고 말았지. 지구의 큰 한숨에 폼페이가 사라진 거야.

- 그 후로 누구도 이 도시를 기억하지 못했어. 16세기가 돼서야 도시를 다시 발견했고, 18세기가 돼서야 발굴을 시작했지. 그러자 거의 손상되지 않은 로마의 한 도시가 잔해 속에서 발견됐어. 수많은 예술품이 그대로 남아 있었지. 아직까지도 폼페이의 발굴은 진행되고 있지만 지난 몇 년간은 지금까지 발굴한 흔적의 보호와 재건에 관심이 모이고 있어.

- 그런데 폼페이는 어떻게 그대로 남아 있는 걸까? 바로 엄청난 화산재 때문이야. 폼페이 사람들은 독성이 있는 뜨거운 연기와 용암 때문에 죽었거든. 시간이 흐르며 사람들의 몸은 사라졌지만, 화산재에 파묻힌 사람들의 몸 형태는 그대로 틀이 되어 남아 있게 됐지.

- 고고학자들은 이 틀에 석고를 부어 메웠어. 그렇게 폼페이 사람들의 모습을 오늘날 볼 수 있게 된 거야. 정말 아름답지만 슬픈 광경이지. 아이를 보호하는 엄마의 모습이나 앞으로 일어날 일에 대한 공포에 서로를 안고 있는 사람들을 볼 수 있거든.

- 그러는 동안 약 60퍼센트의 도시가 발굴됐어.

- 수많은 사람들이 이 흔적을 구경하려 매년 폼페이를 방문해.

79년 8월 24일 전의 폼페이

로마 송수로

138 훌륭한 배관공이 가득했던 로마

로마 제국은 부유했어. 하지만 로마 사람들이 훌륭한 배관공이 아니었다면 도시가 그렇게 크고 유명한 곳으로 남아 있을 수가 없었지. 로마 사람들은 도시의 가장자리로 물을 끌어올 송수로를 만들었어. 나무, 도자기, 또는 납으로 만들어진 송수로는 화려한 집, 욕실, 화장실, 그리고 분수로 물을 끌어들였어. 엄청난 규모의 하수도도 설치했지.

- 로마에는 총 11개의 송수로가 있었어. 총 36명의 황제가 500년 동안 진두지휘한 결과야.

- 이 송수로는 로마 제국 전체에 퍼져 있었어. 죽은 동물이나 사람의 시체가 물을 더럽히는 일을 피하기 위해 지하에 묻어 설치했지. 지하에 묻힌 송수로에는 적들이 물길을 끊거나 물을 훔쳐 가는 일을 방지하기 위한 장치도 마련했어.

- 그중 가장 긴 송수로의 길이는 240킬로미터가 넘었어.

- 쿠라토르 아쿠아룸이라고 불리는 직책을 가진 사람이 모든 송수로를 관리했어. 송수로가 고장 나지 않고 물을 제대로 끌어 주는지 관리해야 했지. 바로 배관공인 거야. 이 물 관리인은 가장 높은 관직이었고 황제가 직접 임명했어. 그리고 함께 송수로를 관리하기 위해 수많은 노예도 부릴 수 있었어.

139 말에게 직책을 준 로마의 황제, 칼리굴라

칼리굴라 황제를 좋은 사람이라고 보기는 어려워. 37년에서 41년까지 로마를 지배한 황제이지만 그다지 유명하지는 않아. 당시의 역사가들은 칼리굴라를 '미친 독재자'라고 평했어.

칼리굴라가 처음부터 독재자였던 것은 아니야. 처음에는 부유한 로마를 잘 이끌어 나갔지. 세금도 줄어서 사람들이 얼마나 기뻐했는지 몰라. 칼리굴라는 전차 경주나 검투사 게임의 팬이기도 했어. 칼리굴라가 다스린 기간 동안 전차 경주는 더욱 더 화려했고 검투사들의 전투는 그 어느 때보다 잔인했어. 로마 사람들도 이를 좋아했지.

하지만 황제가 병을 얻은 후, 모든 것이 달라졌어. 병에 걸렸다 회복한 칼리굴라는 모든 사람들이 자신을 배반할 거라 생각하는 잔인한 독재자로 변했거든. 그리고 큰 힘을 들이지 않고 친구와 적들의 숫자를 줄였지. 어느 날은 마우레타니아의 왕인 프톨레마이오스를 로마로 초대해서는 그를 죽이고, 마우레타니아를 손아귀에 넣었어.

칼리굴라는 사람을 죽이고 약탈을 했어. 사치스러운 생활을 하려면 돈이 필요했거든. 칼리굴라가 실제로 벌인 사형 방법 또한 얼마나 끔찍했는지 몰라.

칼리굴라는 사람이 죽을 때까지 고문하는 것을 좋아했어. 역사학자들에 따르면 칼리굴라는 사람들이 자신을 겁낸다는 사실을 좋아했대.

칼리굴라 황제   인키타투스 집정관

예술을 사랑하는 황제이기도 했던 칼리굴라는 수많은 중요한 예술품을 로마로 들여왔어. 그런데 예술품을 구매하는 대신, 그리스와 이집트에서 약탈해 왔지.

또한 자신이 지배하는 사람들을 괴롭히려고 이상한 결정을 내린 경우도 많았어.

자신이 좋아하던 말인 인키타투스에게 집정관이라는 직책을 주기도 했어. 그저 관료들을 괴롭히려 한 짓이었지.

그러니 칼리굴라가 다스린 기간이 길지 않았다는 것도 놀랄 만한 일은 아니야. 황제의 자리에 오른 후 고작 4년 만에 자신의 근위병에게 암살당했지.

140 1시간을 60분으로 결정한 바빌로니아 사람들

1시간은 왜 60분으로 정해졌을까? 1분은 왜 60초일까?

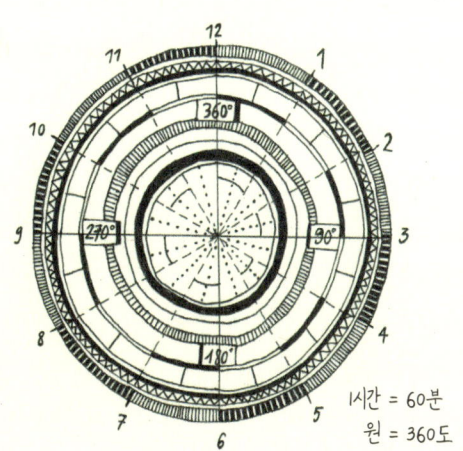

1시간 = 60분
원 = 360도

모두 바빌로니아 사람들이 정해 놓은 탓이야. 18세기 중반까지 **함무라비왕**이 바빌로니아를 지배했어. 당시의 바빌로니아에는 배경과 문화가 다른 사람들이 섞여 살고 있었지. 그리고 함무라비왕은 모든 이들에게 똑같이 적용되는 법을 만들고자 했어. 또한 바빌로니아를 과학의 중심지로 만들고 싶어 했어. 당시 바빌로니아에서는 60진법을 사용하고 있었어. '60분수'라고 부르기도 하지. 그래서 1시간을 60분으로 정하고 원을 360도로 정해 놓은 거야. 이후, 그리스와 로마 사람들이 60진법을 사용하기 시작했지.

반면, 하루를 24시간으로 정한 것은 바빌로니아 사람들이 아니라 이집트 사람들이야. 하루를 절반으로 나누어 낮 12시간, 밤 12시간으로 결정한 거야. 일출과 일몰 사이를 12로 나누고 하나의 길이를 한 시간이라고 정했지. 그렇기 때문에 계절에 따라 시간이 조금씩 길어지기도 하고 짧아지기도 했어. 밤과 낮이 딱 절반으로 나누어지는 3월 20일에서 21일 사이, 그리고 9월 22일에서 23일 사이에는 1시간의 길이가 오늘날의 1시간 길이와 똑같았지. 이날이 지나면 시간의 길이는 달라졌어.

141 돈 대신 초콜릿을 쓰던 아즈텍과 마야 사람들

- 네덜란드에서는 세인트 니콜라스가 찾아오는 12월 초에 초콜릿으로 된 동전을 선물로 주고는 해. 하지만 이 동전을 돈 대신 쓸 수는 없지. 그런데 우리가 초콜릿을 알기도 전에 이미 그 맛을 알고 있었던 마야와 아즈텍에서는 상황이 조금 달랐어.

- 이 두 종족은 카카오 씨앗을 매우 소중하게 여겼어. 그래서 씨앗을 갈아서 가루를 만든 후 돈 대신 쓰게 됐지. 황제들은 이 씨앗을 공물로 받았고 신에게 제물로 바치기도 했어.

- **마야 문명**의 사람은 카카오 파우더에 물을 섞어 음료를 만들었어. 부자들은 이 음료를 커다란 컵에 담아 마셨지. 하지만 당시의 코코아는 지금과 달리 쓴맛이 났어.

- **아즈텍 문명**은 이 음료를 맛있게 만들었어. 바닐라, 옥수수, 그리고 칠리 파우더를 섞었지. 당시 사람들은 코코아 한 잔만 마시면 하루 종일 음식을 섭취하지 않아도 일을 할 수 있다고 믿었어. 그 당시 코코아 파우더는 사람들을 치료하는 목적으로 쓰였지.

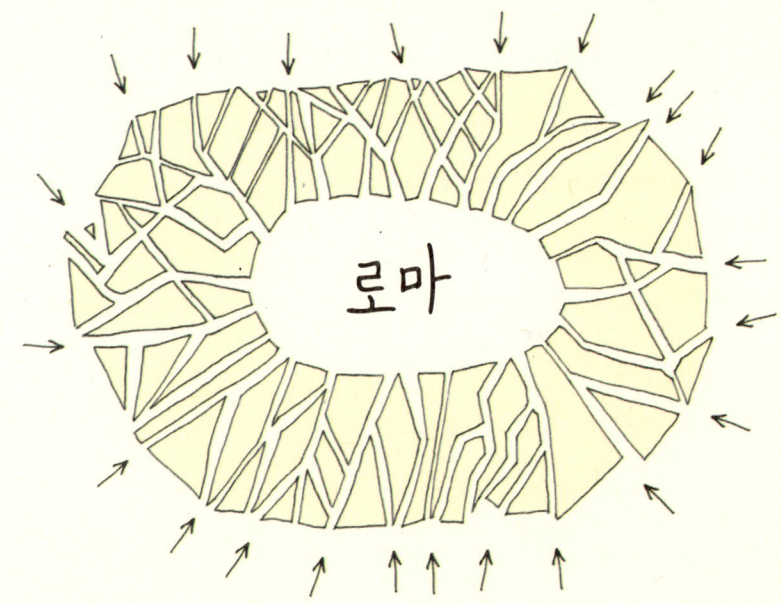

142 모든 길은 정말 로마로 통한다

로마 제국이 엄청나게 큰 영토를 가졌던 시절이 있었어. 영토의 크기가 약 500만 제곱킬로미터였고, 8,500만 명의 인구가 살았지. 그리고 로마는 그 영토의 중심지였어.

로마 사람들에게는 자신들이 다스리는 땅에 쉽게 이동하는 것이 매우 중요했어. 하지만 복잡한 길은 빨리 이동하는 데 도움이 되지 않았지. 그래서 로마 사람들은 아프리카, 유럽, 그리고 아시아를 연결하는 넓고 직선으로 이어지는 길을 만들었던 거야.

로마 사람들은 로마 중심에서 모든 주요 도시로 이동할 수 있는 길을 만들었어. 보통 군인들이 이 도로를 사용했지. 만약 이 거대한 로마 제국 어딘가에서 반란이 일어나면, 대규모 군대가 빠르게 그 길을 통해 이동했어. 전차를 사용해 움직이기 제격이었지.

역사학자들 말에 따르면 10만 킬로미터 정도가 로마만의 특색을 가진 도로였고 만 킬로미터 정도가 모래로 뒤덮인 길이었다고 해. 아직까지도 자동차로 운전해서 지나갈 수 있는 길들이 남아 있지.

> **그리고 또 다른 이야기**
>
> '모든 길은 로마로 통한다.'라는 말은 목적을 달성할 수 있는 여러 가지 방법이 있다는 뜻이야. 그러니 그 방법은 중요하지 않다는 것이지. 결과는 똑같을 테니 말이야.

143 '인류세'가 사용될 수 있을까?

인류세(Anthropocene)라는 말이 있는데, 이 말은 몇몇 과학자들이 사용하는 것으로, 새 시대를 뜻해. 이 단어의 anthropos는 그리스어로 인류를 의미하지. 이 말을 사용하는 과학자들에 따르면 지금 우리가 사는 시대는 인간이 흔적을 남긴 시대라는 거야.

과학자들은 지질층과 빙하층을 연구했어. 그리고 인류가 얼마나 커다란 영향을 미쳤는지 발견했지. 핵무기 실험, 농약의 사용, 그리고 화석 연료에서 나온 재가 지구를 변화시켰어. 또한 인간은 지구의 생태계에 커다란 영향을 미치는 플라스틱이나 콘크리트 같은 신물질을 발명해 냈지. 바닷속에 얼마나 많은 플라스틱이 가라앉아 있는지 수많은 동물들의 몸속에서 플라스틱을 찾아볼 수 있대.

'인류세'라는 개념을 처음 발견했던 것은 파울 크뤼첸이라는 네덜란드 사람이야. 노벨 화학상을 탄 과학자이지만 그 이름이 널리 알려지진 않았지. 이유는 바로 모든 과학자들이 인간이 한 시대의 이름을 붙일 만큼 커다란 영향을 주었는지를 확신하지 않기 때문이야. 예컨대 지질학자들은 수천만 년의 시대를 보거든. 그 기준으로 보면 오십만 년 내에 일어난 일들은 그저 '커다란 사건'일 뿐이지 한 시대라고 볼 수 없대.

'인류세'라는 이름은 국제층서위원회의 안건으로 올라가 있어. 지금이 정말 인류세인지 아닌지를 결정하기 위해서 말이야.

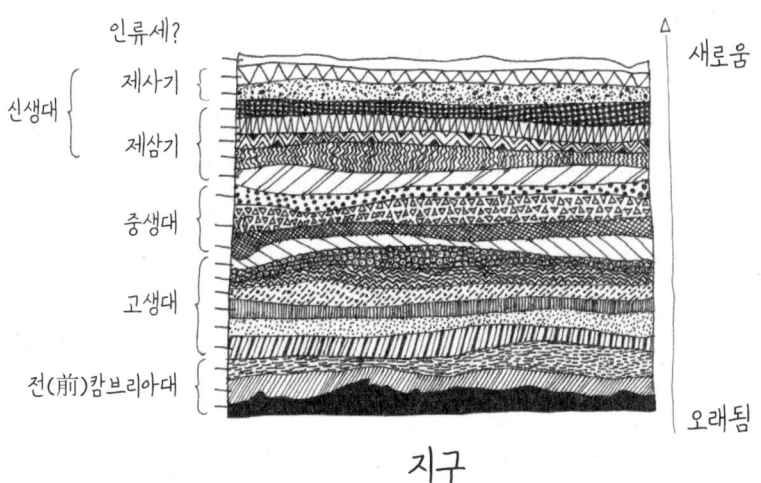

지구

144 인간 제물을 바친 마야와 아즈텍 문명

현재 중앙아메리카 지역이 바로 과거 **마야 문명**이 발달했던 곳이야. 마야 사람들은 매우 똑똑했지. 다른 어느 것보다도 마야 문자와 천문학에 대한 해박한 지식, 그리고 아직까지도 우리가 방문하고 있는 커다란 도시의 유적으로 알 수 있지.

마야 사람들은 싸우기를 좋아해서 도시 간에 끊임없이 전쟁을 벌였어. 전쟁에서 중요하게 여겼던 것은 포로를 생포하는 거였어. 그리고 고향으로 데려와 노예로 만들었지. 하지만 대장은 노예가 되지 않았어. 대신에 제물로 바쳐졌어. 보통 수많은 군중 앞에서 목이 잘렸고, 누구든 그 모습을 구경할 수 있었지. 그리고 그 모습은 점점 더 끔찍해졌어. 살아 있는 상태에서 심장을 꺼내기도 했거든.

남자뿐 아니라 여자나 어린이가 희생되는 경우도 있었어. 예를 들면 왕의 즉위식에 아이를 제물로 바치는 형태였지. 과학자들은 한두 살 정도 아이들의 유골로 가득 찬 무덤을 통해 이 사실을 밝혀낼 수 있었어. 이런 모습은 마야의 예술 작품에도 묘사됐어.

아즈텍 사람들은 마야 사람보다 수천 년 후에 살았지만 역시 인간 제물을 바쳤어. 마야 사람들과 마찬가지로 제물로 바쳐지는 사람들은 보통 포로들이어. 아즈텍 왕국의 수도인 테노치티틀란의 신전이 새로 세워졌을 무렵, 2만 명이 넘는 포로들이 희생되었어. 당시 온갖 종류의 질병 때문에 수확에 실패해 아즈텍에는 엄청난 기근이 찾아왔거든. 또한 유럽 사람들이 들어오며 퍼트린 박테리아와 바이러스로 많은 사람들이 죽어 갔지.

틀라로크(아즈텍의 우신)

아즈텍 사람들은 이 모든 재앙이 신이 노여워서 일어났다고 생각했어. 비가 내리지 않았고 농작물도 자라지 않았거든. 아즈텍의 사제들은 비의 신인 틀라로크가 어린아이들의 눈물을 원한다고 생각했어. 그런 다음에야 지구를 위해 자신의 눈물을 흘릴 거라 생각했지. 아즈텍 사제들은 일단 아이를 울린 뒤에 틀라로크에게 바쳤어. 물론 아이들을 울리기 위해 사제들이 그리 많은 노력이 필요하지는 않았지.

145 세계에서 가장 오래된 신전이 있는 터키

- 1963년 터키의 한 농부가 특별한 돌을 찾아냈어. 엄청나게 오래된 이 돌은 사람이 직접 조각한 것이었지. 고고학자들이 이 돌을 열심히 연구한 결과 이 돌은 **괴베클리 테페**라고 불리는 터키 아나톨리아의 신전에 있던 것임을 밝혀냈지.

이곳은 약 11,600년 전에 지어진 커다란 성역이었어.

- 이 신전은 땅속 3~5미터 깊은 곳에 숨어 있었어.

- 신전의 건축물들은 타원이나 원형 모양이었어. 그리고 중간중간 위치한 기둥의 무게는 약 50톤에 달했지. 이 기둥에는 여우, 멧돼지, 소, 또는 가젤과 같은 야생 동물들이 조각돼 있었어.

- 연구자들은 약 100킬로미터 떨어진 곳에 사는 사람들도 이 신전에 왔다고 생각했어. 아마도 사냥에 성공하고 식용 식물을 잘 채취할 수 있도록 조상에게 빌기 위해 찾아왔을 거야.

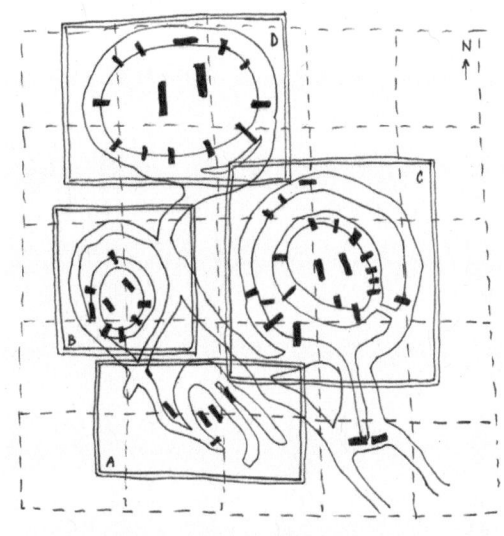

괴베클리 테페 지도

146 신발 크기를 발명한 샤를마뉴

유럽의 신발 크기는 밀리미터 단위가 아니야. 32, 33, 34 ……. 이런 단위로 쓰이는데, 그 단위를 정한 건 바로 **샤를마뉴**야. 샤를마뉴는 768년부터 814년 사이에 유럽의 넓은 지역을 지배한 서로마 제국의 황제야.

샤를마뉴의 발은 325밀리미터였어. 그리고 이 크기를 기준으로 신발 크기 차트가 만들어졌지. 그 차트에 따른 황제의 신발 크기는 50이었어. 밀리미터로 환산하면 330밀리미터였지. 330을 50으로 나눈 6.6밀리미터가 각 크기 사이의 기준점이 됐어. 예를 들어 37사이즈인 사람의 신발 길이는 37×6.6밀리미터, 즉 244밀리미터가 돼.

하지만 신발 장인들은 정확한 크기에 집착하지 않았어. 그래서 신발을 사기 전에 꼭 신어 봐야 하지.

세상에서 가장 키가 큰 남자 로버트 웨이드로의 신발 크기가 74였다는데, 믿을 수 있니? 단위를 환산하면 자그마치 488밀리미터야.

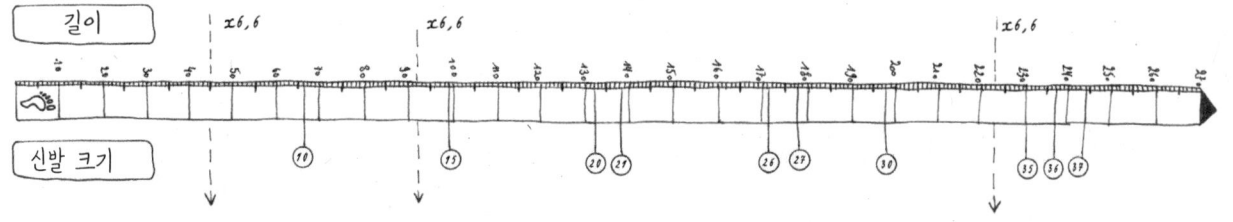

147 중세 시대의 오줌 감별사

중세 때에는 검사지에 오줌을 적셔서 감별하는 임신 진단 시트가 개발되지 않았어. 그래서 그때에는 임신을 확인하기 위해 다른 여러 가지 방법을 활용했지. 재미있는 사실은 모든 방법에 오줌이 사용되었다는 거야. '오줌 확인사'들이 오줌을 확인했지. 오줌 확인사라고 불리던 이 사람들은 여성의 오줌을 확인하면 임신 여부를 판단할 수 있다고 믿었어. 더 나은 결과를 알아내기 위해 오줌에 다른 물질을 섞기도 했지.

오줌 확인사들이 하는 일은 임신을 확인하는 데서 끝나지 않았어. 오줌을 통해 부족한 영양소를 확인하기도 했어.

그리고 또 다른 이야기

가장 처음 발명된 임신 진단기는 고대 이집트에서 발견됐어. 곡식을 통한 검진 방법이었지. 이 방법에도 소변이 사용되었어. 여성들은 밀과 보리에 소변을 보아야 했어. 보리에서 싹이 트면 태어날 아이는 남자였고, 반대로 밀에서 싹이 튼다면 태어날 아이가 여자라고 판단했어. 어떤 곡식도 자라나지 않는다면 임신하지 않은 것으로 판단했지.

고대 이집트인이 썼다는 이 방법이 완전히 터무니없는 것은 아니었어. 1960년대에 이 방식을 검토할 기회가 있었거든. 약 70퍼센트의 확률로, 임신한 여성이 소변을 본 곡식이 자라기 시작했어. 임신하지 않은 여성이나 남성이 소변을 본 곡식은 자라나지 않았지. 이유는 임신한 여성의 소변에는 싹을 틔울 수 있는 물질이 들어 있기 때문이었어.

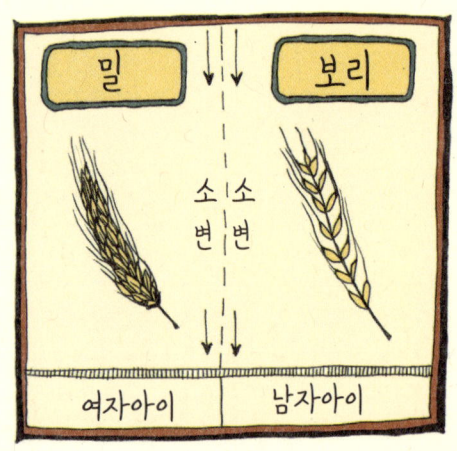

소변 검사

	월요일	화요일	수요일	목요일	금요일	토요일	일요일
게르만어		티바츠 (Tiwaz)	보단 (Wodan)	도나르 (Donar)	프리아 (Frija)		
라틴어	dies Lunae	dies Martis	dies Mercurii	dies Jovis	dies Veneris	dies Saturni	dies Solis
행성	달 (maan)	화성 (Mars)	수성 (Mercurius)	목성 (Jupiter)	금성 (Venus)	토성 (Saturnus)	태양 (zon)

148 신의 이름을 딴 일주일

요일에 이름을 붙인 사람은 누구일까? 바로 로마와 그리스 사람이야. 우리가 지금까지도 사용하고 있는 연, 달, 주, 그리고 일의 개념을 정해서 세운 사람들이지.

요일의 이름을 정하기 위해 로마 사람들은 행성과 신의 이름을 사용했어. 로마 사람들은 이 세상에 7개의 행성이 있다고 믿었어. 바로 해, 달, 화성, 수성, 목성, 금성, 그리고 토성이야. 행성의 개수를 따 일주일이 7일로 결정됐지. 여기에 사용했던 이름 또한 7개야. 이것들 중 해는 항성이고 달은 위성이지만, 그때 로마 사람들은 이런 천문학 지식을 알지 못했어.

- **월요일**은 라틴어로 디에스 루나이(dies Lunae)라고 불러. '달의 여신 루나의 날'이라는 뜻이야.

- **화요일**은 라틴어로 디에스 마르티스(dies Martis)라고 불러. 바로 화성의 날이지. 화성은 행성의 이름이기도 하고, 영어로 번역한 마스(Mars)라는 단어는 로마 신화에서 전쟁의 신 이름이기도 하지. 독일의 하늘의 신 티바츠(Tiwaz)에서 유래했고, 고대 노르웨이어로는 티르(Tyr)야. 이 이름들을 보면 영어로 화요일을 부르는 튜스데이(Tuesday)와 발음이 비슷함을 알 수 있을 거야. 또 다른 추측은, 튜스데이(Tuesday)가 게르만족의 언어에서 유래됐을 수도 있다는 거야.

- **수요일**은 디에스 메르쿠리(dies Mercurii)로, 물의 신 머큐리의 날이야. 이 신은 게르만어로는 보단(Wodan)이라고 불렸지. 게르만 사람들은 이 신의 이름을 사용해 수요일에 이름 붙였어.

- **목요일**도 마찬가지야. 라틴어 디에스 조비스(dies Jovis)로, 즉 우리가 잘 알고 있는 주피터는 로마의 신이자 목성을 가리켜. 게르만어로는 도나르(Donar)라고 불리기도 하지. 천둥과 번개의 신이기도 해.

- **금요일**은 금성의 이름을 따서 지었어. 영어 이름은 여신 비너스의 이름을 따서 지었지. 바로 아름다움과 사랑의 신이야. 게르만어로는 프리아(Frija)로 불렸고, 바로 그 이유로 금요일의 영어 이름은 프라이데이(Friday)가 된 거야.

- **토요일**에는 토성의 이름이 붙여졌지. 행성이기도 하고, 그 영어 이름인 새턴(Saturn)은 자연의 신이기도 해. 게르만족 역시 이 이름이 좋다고 생각하고 더 이상 이름을 바꾸지 않았다고 해.

- 그리고 태양이 남아 있지. 바로 **일요일**이야. 일요일은 디에스 솔리스(dies Solis)로, 해의 날이라는 뜻이야.

149 10달로 이루어졌던 1년

고대 로마와 그리스 사람들이 1년의 개념을 발명해 냈어. 하지만 당시 달력에는 10달밖에 나오지 않았어. 그때에는 3월이 1년의 첫 달이었어. 그리고 12월이 마지막 달이었지. 그리고 이름이 없던 1월부터 2월까지는 간단하게 '겨울 시간'이라고 불렀어. 이 시기에 이름이 없다는 점에 불편해 하던 로마와 그리스 사람들은 결국 이름을 붙여 주기로 결정했지. 그렇게 1월과 2월이 생겨났어.

사실 당시에 2월은 한 해의 마지막 달이었어. 그래서 남은 날짜들을 모아 간단하게 이름을 붙였던 거지.

그런 이유로 2월은 일수가 적은 거야. 그렇게 하지 않으면 1년의 365일이 더 이상 정확하지 않기 때문이야. 2월의 일수는 항성과 행성의 위치를 통해 계산되는데 그냥 쉽게 바꿀 수는 없었어.

2월의 라틴어 이름인 페브루아레(Februare)는 청소를 의미해. 즉, 새해를 준비하기 위해 정리를 해야 하는 달이지.

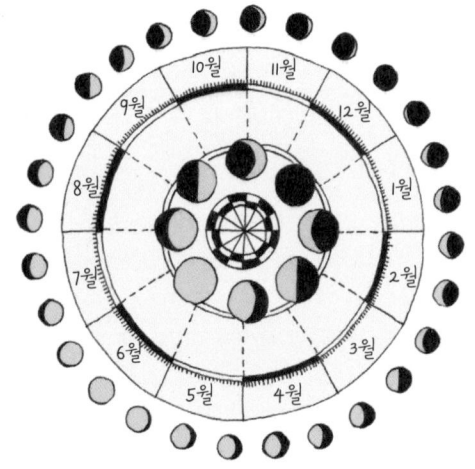

150 제2차 세계 대전에 희생당한 러시아와 중국의 국민들

- 독일과 러시아의 전쟁은 1,000만 명의 러시아 군인과 1,400만 명의 러시아 국민을 희생시켰어.

- 당시 러시아 군인들은 붉은 군인을 의미하는 '적군'으로 불렸어. 훈련도 잘 받지 않고 무기도 형편없었어. 독일의 히틀러는 300만 명의 독일군을 러시아로 보냈어. 이 군인들은 러시아를 엉망진창으로 만들어 버렸어. 집과 농장들은 모두 불타 버렸고 공장들은 모두 파괴됐지. 러시아의 일반 국민들은 집이 없어졌고 식량이 모두 떨어져 버렸어. 그리고 독일군들 또한 이들을 죽이는 데 망설임이 없었지.

- 그뿐이 아니야. 중국인들의 경우는 제2차 세계 대전으로 2,000만 명의 군인과 국민들이 희생당했대.

- 1937년, 일본군이 중국을 침략했어. 중국군 역시 좋은 무기가 없었고 싸우는 방법 또한 잘 알지 못했어. 몇몇은 여전히 칼을 이용해 싸움을 했는데, 이런 구식 무기가 탱크 같은 신식 무기에 당해낼 수가 없었어. 일본의 군대는 훈련을 잘 받았고 자비롭지도 않았어. 그리고 군인과 국민을 가리지 않고 닥치는 대로 죽였어.

- 그러던 중, 미국이 일본의 **히로시마**와 **나가사키**에 핵폭탄을 떨어트렸고 그제야 일본인들은 학살을 멈췄어. 그리고 제2차 세계 대전이 끝났지.

151 말에서 내리지 않았던 훈족

한때 유럽의 로마 제국과 게르만족을 두렵게 한 유목민이 있었어. 바로 훈족인데, 훈족은 4세기경에 유럽에까지 세력을 뻗쳤어. 우랄산맥에서 라인강으로, 그리고 다뉴브강에서 발트해까지 영역을 넓혔지. 로마 사람들 말에 따르면 훈족은 말 등에서 많은 시간을 보냈다고 해. 작고 빠른 말 위에 앉아서 먹고, 싸우고, 자고, 의논을 했지. 말 위에서 얼마나 오랜 시간을 보냈는지 땅 위에 서면 어지러움을 느낄 정도였다지.

훈족은 434년부터 453년까지의 지배자였던 **아틸라**의 지휘 아래 엄청난 군대를 조직했어. 아틸라는 서로마와 북로마 제국을 동시에 공격했어. 지금의 프랑스가 위치해 있는 갈리아 지역을 정복하려 했고 이탈리아를 침략하기도 했지. 하지만 로마를 지배하는 데에는 실패했어.

아틸라에게는 '신의 징벌'이라는 별명이 붙었어. 사람들은 아틸라를 무서워했지. '아틸라가 밟고 간 자리에는 풀도 자라나지 않는다.'라는 말이 퍼질 정도였어.

아틸라가 어떻게 죽었는지는 정확하게 알려져 있지 않아. 엄청난 양의 술을 마시다가 사망했다는 설도 있고, 질투로 가득 찬 부인 중 한 명에게 죽임을 당했다는 설도 있지.

아틸라가 사망한 뒤, 수많은 훈족들은 아시아로 돌아갔어. 돌아가지 않은 몇몇은 그대로 유럽에 머물러 살았지.

훈족의 일생

152 나폴레옹의 키가 작았다는 소문은 거짓말이야

나폴레옹이 키가 작다는 이야기를 들어본 적이 있을 거야. 하지만 그건 사실이 아니야. 나폴레옹의 키는 168센티미터였고 당시의 기준으로는 보통이었어. 그렇다면 모든 회화 작품에서 나폴레옹의 키를 작게 그렸던 이유가 무엇일까? 그만한 이유가 있지.

- 나폴레옹은 키가 큰 호위병만 고용했어. 자신을 지켜 줄 만큼 큰 키의 호위병을 원했지. 그런 이유로 나폴레옹은 실제 키보다 작아 보였던 거야.

- 나폴레옹의 키가 작다고 생각할 만한 이유가 또 있어. 영국과 프랑스는 서로 다른 측정 단위를 사용했어. 영국의 '피트'는 약 30센티미터로, 32센티미터인 프랑스의 '피트'보다 짧아. 당시 프랑스를 그다지 좋아하지 않던 영국 사람들은 프랑스 황제의 키를 묘사할 때는 자신들의 '피트' 단위를 사용했던 거야. 이 방식으로 프랑스를 우습게 여겼지.

- 나폴레옹 보나파르트는 자기 자신을 지구상에서 가장 중요한 남자라고 생각했어. 그래서 자신을 황제로 부르게 했지. 또한 현재까지도 많이 쓰이는 '나폴레옹 법전'을 펴내기도 했어. 또한 출생, 결혼, 그리고 사망을 기록하는 주민 등록 기관을 만들기도 했어. 그리고 킬로그램, 미터, 그리고 리터와 같이 현재 대중적으로 쓰이는 길이와 무게 단위를 쓰기 시작하기도 했어.

- 전쟁에 나갈 때면 나폴레옹은 항상 초콜릿을 준비했어. 전투에 필요한 에너지를 초콜릿에서 얻었거든. 1815년 6월 18일에는 아마 초콜릿 공급이 원활하지 않았나 봐. 바로 그날, **워털루 전투**에서 패배하고 유럽에서 쫓겨나게 됐지.

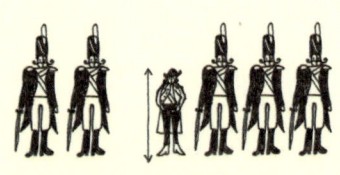

나폴레옹 보나파르트

> **그리고 또 다른 이야기**
> 프랑스에는 아직도 돼지에 '나폴레옹'이라는 이름을 붙이는 일을 금지하는 법이 존재한대.

153 첫 여성 파라오, 하트셉수트

하트셉수트라니, 꼭 동화 속에서나 찾아볼 수 있는 이름 같지? 그런데 이집트 여왕 하트셉수트는 실제로 존재하는 사람이었어. 여왕은 파라오 **투트모세 2세**의 첫 번째 부인이자 이집트를 통치하던 첫 번째 여성 파라오였지. 하트셉수트라는 이름은 '가장 고귀한 여성'이라는 뜻을 지니고 있어.

여왕은 20년 이상 고대 이집트를 다스렸어. 하트셉수트의 행동거지는 꼭 남자 같아서 여왕의 상체는 남자의 몸에 남자의 옷을 걸친 모습으로 묘사된 적이 많아. 몇몇 그림 속 여왕의 얼굴에서는 수염을 찾아볼 수도 있지.

당시 관례상 여성 파라오를 찾아보기는 쉽지 않았어. 다행히 하트셉수트는 자신을 지지하고 업무의 진행을 도와줄 관리들을 고용했지. 여왕의 통치 기간 동안 이집트는 매우 부유하고 번창했어.

6 아름다운 별, 지구

154 아시아의 인구는 세계 인구의 절반이 넘어

- 유라시아는 지구에서 가장 큰 대륙이야. 대륙이란 바다로 둘러싸인 한 덩어리의 땅을 부르는 말이지. 지구에는 총 6개의 대륙이 존재해. **유라시아, 아프리카, 북아메리카, 남아메리카, 남극 대륙, 그리고 오세아니아 대륙**이야.

- 지구에는 일곱 개의 문화권이 존재해. **아시아, 아프리카, 유럽, 북아메리카, 남아메리카, 극지방, 그리고 오세아니아**야. 문화권이란 독특한 문화와 역사를 가진 덩어리를 의미하지. 그러니 문화권과 대륙은 상당히 비슷한 의미를 지니고 있어.

- 아시아 대륙은 지구 땅 표면의 3분의 1을 차지하고 있어. 면적이 약 4,400만 제곱킬로미터나 되지. 서아시아는 유럽, 아프리카와 국경을 접하고 있어. 북쪽으로는 북극해, 동쪽으로는 태평양, 그리고 남쪽으로는 인도양을 접하고 있지.

- 지구상 약 60퍼센트의 인구가 바로 아시아 대륙에 살고 있어. 약 40억 명이 50개 국가에 퍼져 살고 있지. 이중 몇몇 나라는 다른 문화권에 속해 있어. 아르메니아, 아제르바이잔, 키프로스, 조지아, 카자흐스탄, 러시아, 그리고 터키는 아시아와 유럽에 함께 속해 있어. 이집트는 아시아와 아프리카에, 인도네시아와 동티모르는 아시아와 오세아니아에 놓여 있고 말이야.

문화권에 대한 더 많은 이야기

- 아프리카의 넓이는 3,000만 제곱킬로미터로, 지구에서 두 번째로 큰 대륙이야.

- 북아메리카 대륙의 넓이는 2,500만 제곱킬로미터야.

- 그 뒤로 남아메리카 대륙이 따라오지. 넓이는 1,800만 제곱킬로미터야.

- 남극 대륙의 넓이는 1,400만 제곱킬로미터로, 전체가 얼음으로 덮여 있어.

- 유럽은 1,000만 제곱킬로미터로, 지구상에서 가장 작은 대륙이야. 캐나다보다 약간 더 클 뿐이지.

155 지구에 있는 물의 1퍼센트만 마실 수 있어

- 지구에는 엄청난 양의 물이 있어. 얼마나 많은지 지구가 '푸른 행성'으로 불리는 이유이기도 하지. 13억 세제곱킬로미터가 넘는 양의 물이 바다, 강, 호수, 구름, 그리고 빙하로 지구상에 존재하지. 이를 모두 합쳐 보면 지구 표면의 70.9퍼센트는 물로 덮여 있다는 점을 알 수 있어.

- 지구상 물의 97퍼센트는 바다를 이루고 있어. 태평양은 7억 7백만 세제곱킬로미터로 가장 많은 물이 집중돼 있지. 그 뒤를 3억 2천3백만 세제곱킬로미터로 대서양, 그리고 2억 8천4백만 세제곱미터의 물을 가진 인도양이 따르지. 물론 물의 양을 정확하게 측정하기가 너무 어렵기에 위에 쓰인 양은 그저 평가치일 뿐이야.

- 바닷물은 매우 짜. 하지만 인간이 살아남기 위해서는 민물이 필요하지. 이런 민물은 지구 전체 물 중 2.5퍼센트만 차지하고 있어. 그리고 이 가운데 대부분은 얼어 있지. 결국 1퍼센트 이하의 물만 마실 수 있는 거야.

- 우리 몸의 55~60퍼센트는 물로 이루어져 있기에 식수 없이는 그 무엇도 할 수 없어. 그래서 강과 호수를 깨끗하게 지키는 것이 가장 중요하지. 그래야 모든 이들이 생수를 공급받을 수 있을 테니까.

> **민물에 관한 더 많은 이야기**
>
> 지구에 존재하는 민물의 5분의 1은 러시아에 위치한 **바이칼 호수**에 담겨 있다고 해. 겨울에 이 물은 얼어붙고 말지. 바이칼 호수에는 물개가 살고 있는데, 지구상 존재하는 유일한 민물 물개라고 해.

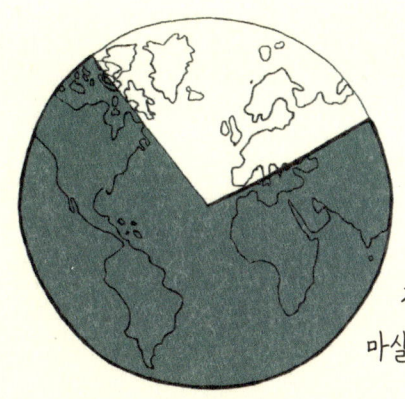

지구 상 물의 비율 약 70.1%
마실 수 있는 물의 비율 1%

지구

나라	인구	넓이
바티칸시티	약 800명	약 0.44km²
나우루	약 10,000명	약 21km²
투발루	약 11,000명	약 26km²
팔라우	약 21,000명	약 466km²
산마리노 공화국	약 30,500명	약 61km²

156 축구 경기장에 들어갈 수 있을 만큼 인구수가 적은 나라들

지구에서 보면 한국이 작다고 생각하니? 엄청난 크기는 아니지만 그렇다고 그렇게 작지는 않아. 아래의 나라들과 비교해 보면 말이야.

- 지구에서 가장 적은 수의 사람이 살고 있는 곳은 **바티칸시티**야. 로마의 중심에 위치한 이 나라에는 약 800명의 사람들이 살고 있지. 바티칸시티는 교황이 다스리는 독립 국가야. 이곳에서만 사용하는 동전을 따로 생산할 정도라고.

- **나우루**와 **투발루**는 그 뒤를 따르는 작은 나라야. 각 1만 명 정도의 인구가 살고 있지. 투발루는 대평양에 있고 가기가 매우 어려워. 나우루 공화국 역시 태평양의 섬인데, 2,000개 이상의 열대 섬으로 이루어진 미크로네시아에 있어.

- 나우루의 근처에는 **팔라우**라는 나라가 있는데, 여기에는 약 21,000명의 주민이 살고 있어.

- **산마리노 공화국**은 바티칸시티와 마찬가지로 이탈리아 내에 위치해 있지만 그래도 국가야. 약 30,500명이 살고 있어.

이번에는 넓이를 살펴볼까?

- **바티칸시티**는 0.44제곱킬로미터로 지구에서 가장 작은 국가로 꼽혀.

- **모나코**는 그보다는 넓은데, 그래도 2.02제곱킬로미터의 넓이야.

- **나우루**의 넓이는 21제곱킬로미터, **투발루**의 넓이는 26제곱킬로미터, 그리고 **산마리노 공화국**의 넓이는 61제곱킬로미터야.

157 축구공만 한 우박이 있었다고?

2010년 7월 23일, 미국의 사우스다코타주에 위치한 비비안에 이 우박이 내렸어. 엄청났지. 커다랗지만 거대하지는 않은 크기의 우박이 하늘에서 떨어져 여러 곳에 상처를 입혔어.

- 우박 덩어리 중 하나는 20센티미터의 지름에 무게가 거의 1킬로그램이나 나갔어. 머리 위에 떨어지지 않은 게 정말 다행이었지!

- 우박은 공기층에 존재하는 작은 조각의 얼음이 커다랗고 찬 물방울과 만나면 생겨. 비구름의 가장 윗부분의 온도는 영하 20도인데, 이 안에 얼음 조각들이 있지. 비구름의 아랫부분은 영하 10~20도 정도 될 거야. 속에는 작은 얼음 조각을 만드는 엄청나게 차가운 빗방울이 숨어 있지. 구름 속의 공기는 오르락내리락하면서 얼음 조각들이 차가운 물과 접촉하게 만들어. 그러면 얼음 조각들이 점점 더 커져서 결국은 우박 덩어리가 되는 거야.

- 얼음덩어리가 위로 올라가기 어려울 만큼 너무 무거워지면 아래로 떨어지는 거야. 상승 기류가 강할수록 우박이 더 커지지.

- 우박을 반으로 나누어 보면 많은 층을 발견할 수 있어. 그중 투명하지 않은 핵의 층은 높은 위치에서 얼어 있던 자리야. 그리고 투명한 층은 낮은 고도에서는 녹고 높은 고도에 올라가야만 어는 층이지.

- 우박 덩어리에 혹이 나 있는 경우도 있어. 바로 커다란 우박 덩어리와 부딪힌 작은 우박 덩어리들이 달라붙어 생긴 흔적이야.

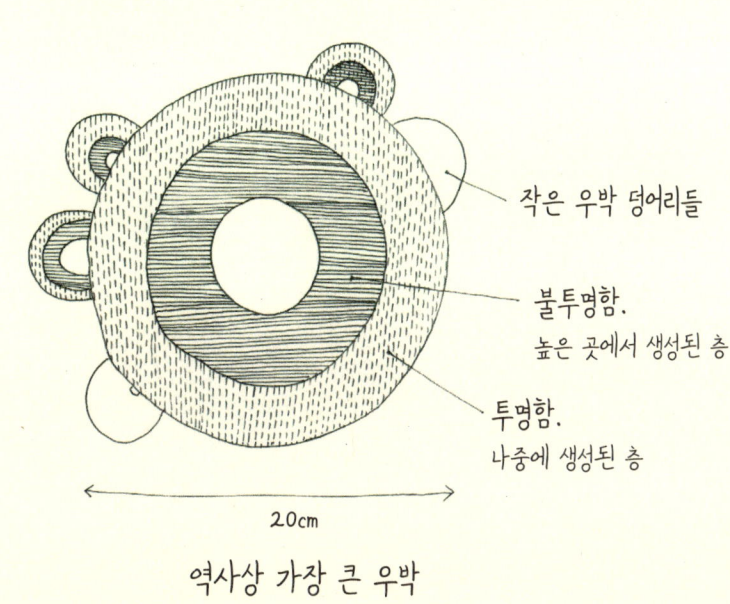

작은 우박 덩어리들

불투명함.
높은 곳에서 생성된 층

투명함.
나중에 생성된 층

← 20cm →

역사상 가장 큰 우박

158 구름으로 뒤덮인 지구에서 가장 높은 산꼭대기

- **에베레스트산**은 세상에서 가장 높은 산으로 알려져 있지. 네팔과 티베트의 국경에 위치한 히말라야 산맥에 있어. 에베레스트의 꼭대기는 해발 8,848미터를 넘는다고 해. 영국의 왕립지리학회에서 이 산의 이름을 붙였다고 해. 1800년대 중반 히말라야 산들의 측량을 담당했던 앤드루 워가 이 산을 조지 에베레스트 경의 이름을 따서 부르자고 건의했어. 조지 에베레스트 경은 에베레스트산의 고도를 측정하던 교육원의 원장이었거든.

- 당연히 네팔 사람들은 에베레스트의 존재에 대해 오랜 시간 알고 있었어. 그곳에서는 에베레스트를 '사가르마타' 또는 '초모룽마'라고 불러.

1. 무거운 짐을 진 셰르파
2. 야크
3. 등산가

로체 8,516m 마칼루 8,485m 에베레스트 8,848m 칸첸중가 8,586m

초오유 8,201m 케이투 8,611m 다울라기리 8,167m 마나슬루 8,163m

낭가파르바트 8,126m 안나푸르나 1봉 8,091m 가셔브룸 1봉 8,080m

시샤팡마 8,027m 가셔브룸 2봉 8,035m 브로드피크 8,051m

- 많은 국가가 에베레스트의 고도를 측정하려고 했어. 2010년이 돼서야 모두가 동의하는 높이를 찾아낼 수 있었지. 에베레스트의 공식적인 높이는 8,848미터야.

- 매년 수많은 산악인들이 에베레스트 등반을 하지. 꼭대기로 가는 데는 두 가지 방법이 있어. 가장 잘 알려져 있는 길은 네팔 부분의 남동쪽을 통한 길이지만 티베트 부분의 북쪽을 따라 가는 길도 있지.

- 에베레스트의 꼭대기에 가장 처음 도착한 사람이 누구인지는 정확히 알 수 없어. 영국의 조지 말로리와 앤드루 어바인이 가장 처음으로 1924년 6월 8일 등정에 성공했지만 그들은 살아 돌아오지 못했어. 하산하는 동안 사고가 났거든. 말로리의 유해는 1999년 얼음 속에 잘 보관된 채로 발견했어.

- 뉴질랜드의 등산가인 에드먼드 힐러리와 그의 셰르파 텐징 노르게이는 에베레스트의 등반과 하산을 성공한 첫 번째 사람들이야. 1953년 3월 29일이었지.

산에 대한 더 많은 이야기

- 히말라야를 오르는 등산가들은 셰르파들과 함께하곤 해. 이들은 히말라야의 가장 높은 곳인 그레이트 히말라야의 남쪽에 사는 티베트 사람들이지. 이들은 훌륭한 등반가이자 짐꾼이고 산의 안내자야.

- 사실 하와이의 **마우나케아**가 지구에서 가장 높은 산이야. 산 아래부터 꼭대기까지 측정해 보면 10,200미터거든. 하지만 이 산은 운이 좋지 않지. 이 산의 아랫부분은 바닷속에 잠겨 있어서 '단' 4,207미터만 바다 밖으로 나와 있거든. '해발'이라는 개념에 대해 알고 있지? 오직 바다 밖의 높이만 측정하거든. 마우나케아는 휴화산이야.

- 에베레스트에서는 생물을 찾아보기 어려워. 6,480미터 정도에 가면 이끼 정도를 찾아볼 수 있고, 6,700미터에서는 간간이 곤충을 찾아볼 수 있지. 바로 번개깡충거미야.

- 등산에 필요한 물품은 보통 야크를 동원해 위로 운반해. 야크는 100킬로그램의 짐까지도 운반할 수 있거든. 녀석들의 두꺼운 모피와 커다란 폐는 높은 산을 쉽게 오를 수 있게 도와주지.

- 에베레스트에서 수많은 사람들이 희생됐어. 이 산을 오르며 거의 300명의 등산가들이 목숨을 잃었지. 산에서 떨어지거나 고산병으로 죽은 경우가 대부분이었어. 높은 고도에 올라가면 공기 중의 산소가 부족해지거든. 몸이 기형으로 변해 가고 두통을 앓으며 건강을 점점 잃게 되지. 환각을 보기 시작하며 의식을 잃는 경우도 있어.

- 불쾌하게도 많은 등산가가 에베레스트에 많은 쓰레기를 남기고 돌아가. 그 때문에 네팔의 아파 셰르파라는 유명한 등산가가 수천 킬로그램의 쓰레기를 채집하기 위한 등산을 계획하기도 했어.

159 높은 산이 가장 많은 아시아

지구상에는 해발 8,000미터를 넘는 산이 14개 있어. 보통 이 산들은 두 대륙이 서로를 밀어내는 경계에 위치하고 있지. 방글라데시, 파키스탄, 스리랑카, 네팔의 일부, 부탄, 미얀마, 티베트 그리고 중국이 포함된 인도 아대륙이 유라시아 대륙을 밀어내고 있는 곳이야.

1. 에베레스트 : 8,848미터
2. 케이투 : 8,611미터
3. 칸첸중가 : 8,586미터
4. 로체 : 8,516미터
5. 마칼루 : 8,485미터
6. 초오유 : 8,201미터
7. 다울라기리 : 8,167미터
8. 마나슬루 : 8,163미터
9. 낭가파르바트 : 8,126미터
10. 안나푸르나 1봉 : 8,091미터
11. 가셔브룸 1봉 : 8,080미터
12. 브로드피크 : 8,051미터
13. 가셔브룸 2봉 : 8,035미터
14. 시샤팡마 : 8,027미터

이 산들은 거의 히말라야와 카라코람산맥에 있어. 두 산맥은 파키스탄, 인도, 중국, 아프가니스탄의 국경에 가로질러 놓여 있지. **라인홀트 메스너**는 이 산들을 모두 오른 인물로 유명해.

160 세계에서 가장 이름이 긴 동네, 흘란바이르푸흘귄기흘고게러훠른드로부흘흘란더실리오고고고흐……

이 이름을 읽으려고 시도도 하지 마. 거의 불가능하다는 말이지. 웨일스의 앵글시섬에 위치한 이 마을에 사는 사람들은 모두 마을 이름을 줄여서 '흘란바이르푸흘', 또는 '흘란바이르 PG'라고 읽어. 뜻을 번역하면 '붉은 굴의 성 터실리오 교회와 물살이 빠른 소용돌이 가까이에 있는 흰색 개암나무 분지의 성 마리아 교회'이지. 쉽게 지어진 이름은 아니야. 1860년, 이 마을에 살던 사람들은 세상의 모든 기차역 이름보다 더 긴 이름으로 마을을 부르고 싶어 했어. 그러면 사람들이 여권에 도장을 받기 위해 여행자 정보 센터에 더 많이 들를 것이라고 생각했거든. 그래서 '흘란바이르푸흘귄기흘'이라는 원래 이름을

흘란바이르푸흘귄기흘고게러훠른드로부흘흘란더실리오고고고흐라고 바꿔 읽기 시작한 거야. 아직도 그 지방에 놀러가는 사람들은 이 긴 이름을 가진 기차역 앞에서 사진을 찍곤 하지.

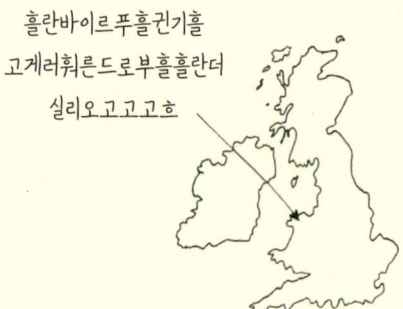

흘란바이르푸흘귄기흘
고게러훠른드로부흘흘란더
실리오고고고흐

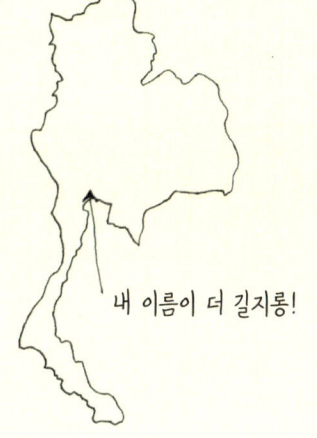
내 이름이 더 길지롱!

161 방콕의 이름은 그보다 더 길다고?

- 태국의 수도인 방콕의 공식 이름은 **크룽텝마하나콘 아몬랏타나코신 마힌타라유타야 마하딜록폽 노파랏랏차타니부리람 우돔랏차니 웻마하싸탄 아몬피만아와탄사팃 싹카탓티야윗사누캄프라씻**이라고 해. 이 이름을 다 적으려면 엄청나게 많은 공간이 필요할 거야! 이 이름의 뜻은 '천사의 도시, 광활한 도시, 에메랄드 불상이 모셔진 곳, 아유타와 달리 인드라가 창조한 난공불락의 도시, 아홉 가지 보석과 함께 축복받은 세계의 광활한, 행복한 도시, 신이 현신*하여 머무는 신전과 같은 웅대한 왕궁이 있네, 인드라께서 비슈누에게 나라를 다스리는 왕으로 현신해 창조하게 하신 곳'이야. 세상에, 이 이름을 외우려면 방콕의 학생들은 얼마나 힘들까?
  * **현신** : 부처가 중생을 이끌기 위해 중생에게 나타난 부처의 모습.

- 그에 비하면 한국 학생들은 운이 좋아. 한국에서 가장 긴 지명은 강원도 정선의 **안돌이지돌이다래미한숨바우**로 열세 글자밖에 되지 않으니까.

- 세상에서 두 번째로 긴 이름을 지닌 도시는 뉴질랜드의 **타우마타와카탕이항아코아우아우오타마테아투리푸카카피키마웅아호로누쿠포카이웨누아키타나타후**야. 이 이름은 뉴질랜드의 원주민인 마우리족의 언어에서 유래했지. 뜻은 '타마테아, 커다란 다리로 산을 걷어차고 등산하여 도시를 건너 자신이 사랑하는 사람들을 위해 자신의 코로 란뎃의 이름을 가지고 장난치는 남자가 사는 산꼭대기'야. 조금 길긴 하지만 아름다운 뜻을 담고 있지.

162 번개의 온도는 30,000도

- 비구름 속에서는 작은 얼음 조각이 계속해서 위에서 아래로, 아래에서 위로 움직이곤 해. 이렇게 얼음 조각이 움직이면 구름의 위쪽에선 양전하가, 그리고 구름의 아래에선 음전하가 만들어져.

- 대부분의 번개는 구름 속에서만 쳐. 간혹 구름 아래쪽의 음전하 때문에 지상에서 양전하가 생기는 경우가 있어.

- 지상과 구름 사이의 전하 차이가 커지면 구름의 낮은 부분에서 생성된 전자가 지상으로 떨어질 때가 있어. 이를 '선구방전'이라고 부르지. 그리고 이 전자가 지상에 도착하면 전류가 생성돼. 이때 우리가 보는 전류의 가지들은 땅에서 생성되는 거야. 마치 구름에서 땅으로 내려가는 것처럼 보이지만 사실은 그 반대지.

- 모든 번갯빛의 5분의 1 정도가 구름과 지구 표면에서 일어나.

- 번개는 엄청 뜨거워서 주변 공기 온도가 30,000도까지 올라갈 때도 있어. 태양의 표면보다 5배나 뜨겁지. 번개는 태양계에서 일어나는 가장 뜨거운 자연 현상이야.

163 여름에 특히 많이 치는 천둥과 번개

바깥이 더울수록 같은 날 비바람이 칠 가능성이 커.

- 날이 더울 때는 작고 평평한 구름이 만들어져. 이 구름들을 **고적운(높쌘구름)**이라고 불러.

- 이 구름들은 점점 커져서 하얗고 커다란 **층적운(층쌘구름)**이 되지.

- 간혹 구름들이 어둡고 무서운 색으로 변하는데, 이런 구름을 **적운(쎈구름)**이라고 해. 아직 비가 오기 전이야.

- 비는 적운이 콜리플라워를 닮은 구름, 바로 **적란운(쎈비구름)**이 될 때에만 내려. 콜리플라워 구름은 10킬로미터에서 20킬로미터까지의 높이에서 생겨. 그 아래는 검은 빛을 띠고 있어. 적란운에서는 흔하게 일어나는 일이야. 오르락내리락하는 구름의 운동은 얼음덩어리들이 우박처럼 떨어지게 만들기도 해.

구름의 종류

- 무더운 날의 천둥 번개는 15분에서 30분 정도만 지속돼. 그렇게 거칠지도 않고.

- 간혹 5,000제곱킬로미터나 되는 커다란 비구름이 만들어지는 경우도 있어.

- 이런 커다란 비구름은 조심해야 해. 기압이 낮아지며 엄청나게 강한 비바람이 불 수 있거든. 이 경우의 천둥 번개는 오랜 시간 지속되지. 강한 비바람이 불고 빗방울이나 우박이 떨어져 내려.

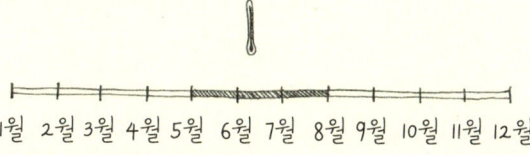

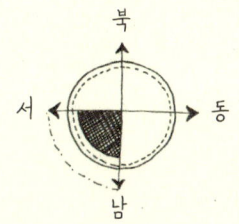

천둥 번개에 대한 더 많은 이야기

- 보통 초당 100번의 번개가 지구에 떨어져 내려.

- 뉴욕에 위치한 높은 빌딩인 엠파이어스테이트 빌딩에는 매년 평균 23번의 번개가 내려쳐.

- 번개의 전류는 초당 60,000킬로미터의 속도로 움직여.

- 만약 번개가 석영이 많은 땅에 내려치면 '섬전암'이 생겨. 모래 속에 생기는 유리 막대 모양의 물체를 말하지. 모래가 많은 땅에서만 일어나는 현상이야.

164 오세아니아의 신비한 동물들

오세아니아는 오스트레일리아와 뉴질랜드, 그리고 수많은 섬으로 이루어져 있지. 지구에서 그리 크지 않은 영역을 차지하고 있지만 이곳에서는 지구상 어디서도 찾을 수 없는 동물들을 만날 수 있지. 그건 바로 오세아니아가 다른 대륙과 완전히 동떨어진 곳이기 때문이야.

오세아니아에서는 자궁을 가진 포유류, 육아 주머니에 새끼를 기르는 유대목 동물, 그리고 알을 낳는 포유류인 단공류를 찾아볼 수 있어. 이 동물들은 젖을 먹여 새끼를 키우기 때문에 '포유류'라고 불리지. 또한 신기한 새도 찾아볼 수 있어.

자궁을 가진 포유류

- **오스트레일리아들개**, 또는 **딩고**라고 불리는 이 동물은 인도 늑대의 후손이야. 녀석들은 1년에 한 번만 새끼를 낳고 늑대처럼 무리지어 살지.

- **회색머리날여우박쥐**는 훌륭한 비행사야. 양 날개를 편 길이가 1미터나 되는 박쥐이지. 보통 이 동물들은 해가 지는 시간에 보금자리를 떠나. 먹이를 찾아나설 때 볼 수 있어.

유대목 동물들(포유류)

- **캥거루**는 오스트레일리아의 상징이야. 60종이 넘는 5,000만 마리의 캥거루가 오스트레일리아에 살고 있지. 캥거루는 매우 긴 다리를 이용해 높이 뛰어오를 수 있어. 이 중 가장 큰 캥거루는 '빨간 캥거루'로 무게가 90킬로그램까지도 나가지. 그런데 캥거루가 막 태어났을 때는 크기가 3센티미터도 되지 않아. 그래서 태어나자마자 엄마 배의 주머니로 들어가.

- **웜뱃**의 주머니는 뒤쪽으로 열려. 열심히 구멍을 파서 생활하는 동물이기에 주머니가 앞쪽으로 열린다면 땅을 파는 동안 흙이 모두 그 안으로 들어가겠지. 그러면 그 안의 새끼가 질식해서 죽어 버리고 말 거야.

- **태즈메이니아 데빌**은 이름처럼 오스트레일리아의 태즈메이니아 지역에만 사는 동물이야. 바위 속에서 사는 검고 하얀 모피를 가진 동물이지. 안타깝게도 이 동물 사이에서 전염병이 돌아 지금은 거의 멸종 위기에 처해 있어. 그렇지만 오스트레일리아 사람들은 개체수를 늘리기 위해 모든 방법을 쓰고 있지. 태즈메이니아 데빌의 별명을 알고 있니? 바로 '싸움꾼'이야.

- **코알라**는 귀여운 동물이야. 귀여운 머리통은 털이 복슬복슬한 테디 베어 같지. 하지만 코알라에게서 멀리 떨어지는 게 좋을 거야. 코알라는 매우 날카로운 손발톱과 매섭게 물어뜯을 듯한 이빨을 갖고 있거든. 그렇다고 너무 무서워 하지는 마.

잠을 자지 않을 때만 가끔 공격하니까. 다행히 녀석은 커다란 유칼립투스나무에서 하루에 22시간을 잠들어 있어.

조류
- **큰화식조**라는 새는 190센티미터까지 클 수 있고, 85킬로그램의 무게가 나가. 머리에 커다란 헬멧을 쓰고 있는 것처럼 보이고 목은 파란색이야. 날지 못하는 새야.

단공류(포유류)
- **오리너구리**는 지구에서 가장 특이한 생명체라고 볼 수 있지. '단공류'란 바로 알을 낳는 포유류라는 뜻이야. 오리너구리는 마치 이 동물 저 동물의 특징을 짜깁기한 것처럼 생겼어. 두더지의 몸과 비버의 꼬리, 그리고 오리의 부리를 지닌 동물이지.

165 태양이 만드는 바람

태양이 바람을 만든다고? 원리를 설명해 줄게.

- 바람이란 한곳에서 다른 곳으로 움직이는 공기의 흐름이야. 말처럼 간단한 현상은 아니지.

- 바람을 만들기 위해서는 햇빛이 필요해. 공기가 햇빛에 데워지면 위로 움직이거든. 뜨거운 공기와 함께 하늘로 올라가는 열기구를 생각해 보면 돼.

- 공기가 상승하면 그 자리는 새로운 공기가 대신 차지하게 되지. 이 새 공기는 그렇게 뜨겁지 않아.

- 그렇게 뜨거운 공기와 찬 공기의 흐름이 제자리를 찾는데, 우리는 이 현상을 '바람'이라고 불러.

- 만약 이 공기의 흐름이 너무 강해지면 폭풍이나 허리케인으로 변해. 많은 양의 공기가 상승하고 역시 엄청난 양의 찬 공기가 그 자리를 대신해야 하니까 말이야. 이렇게 커다란 공기 덩어리가 빨리 움직이면 강한 바람이 불게 되는 거야.

- 우리 주변의 공기는 모든 방향으로 움직여. 그 덕분에 우리는 매일 다른 날씨를 경험하지.

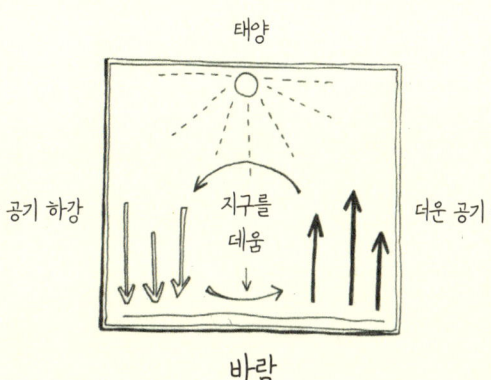

166 세계에서 가장 긴 나일강

나일강은 6,650킬로미터나 돼. 아마존강은 그보다 약간 짧은 6,400킬로미터이지만 지구에서 가장 많은 물을 담고 있는 강이라고 해.

- 사람들은 **나일강**의 발원지를 찾기 위해 노력했어. 그리고 두 발원지를 찾았지. 청나일강의 발원지는 에티오피아에 있는 타나 호수이고, 백나일강의 발원지는 아프리카의 빅토리아 호수야. 빅토리아 호수는 매우 커서 우간다, 케냐, 그리고 탄자니아에 걸쳐 있지. 각 호수에서 흘러나온 두 강줄기는 수단의 수도인 하르툼에서 만나. 그리고 나일강은 계속해서 이집트를 지나 지중해에 도착해.

- **아마존강**은 남아메리카에 있어. 페루의 높은 산에서 시작하는 강이지. 그곳에서는 아마존이라는 이름 대신 아푸리막강이라는 이름으로 불려. 아마존강은 브라질을 통해 대서양에 도착해. 아마존강의 여행은 아마존 열대 우림을 지나가지. 우기에는 강이 범람해서 강폭이 40킬로미터까지도 늘어나. 아마존강이 바다로 흘러들어 갈 때까지 1,100개의 작은 줄기가 생겨나기도 해. 아마존강에는 5,600종의 어류와 1,300종의 조류가 살고 있어.

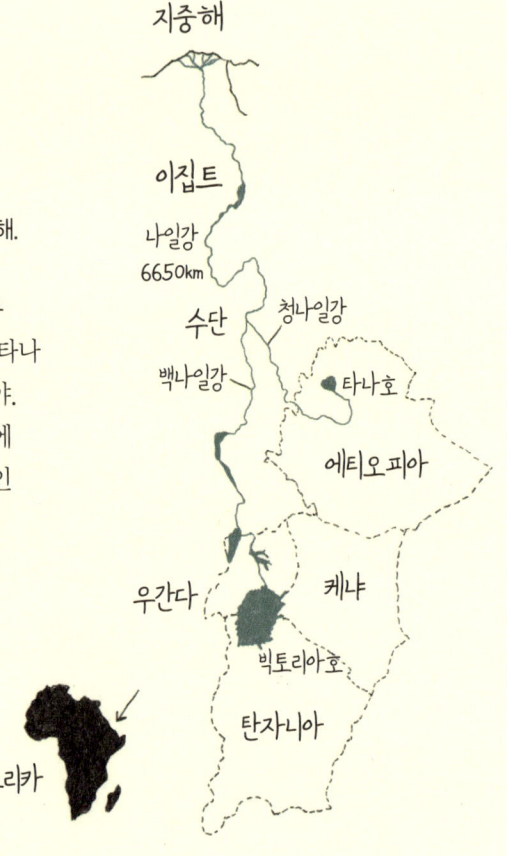

아마존에 대한 더 많은 이야기

아마존이라는 이름이 어떻게 지어졌는지 알고 있니? **프란시스코 데 오렐라나**라는 정복자가 이 강의 하류를 항해하고 있었어. 그런데 거의 해안에 도착했을 무렵, 독화살에 맞고야 말았지. 놀랍게도 이 화살을 쏜 것은 여자들이었지. 프란시스코는 그 여자들을 '아마조네스'라고 불렀고, 이 여전사들의 이름을 따 강의 이름이 아마존이 된 거야.

167 여성의 이름을 붙였던 허리케인

허리케인이란 풍력 12 이상의 바람을 가리켜. 다른 말로 싸이클론, 태풍, 타이푼이라고도 부르지.

- 허리케인은 열대 지방과 아열대 지방에서 부는 바람이야. 허리케인은 눈, 구름 벽, 그리고 강수 띠 이렇게 세 부분으로 이루어져 있어. 이 가운데 허리케인의 눈이란 허리케인의 중심부를 일컬어. 그 폭이 30~60킬로미터 정도 되지. 간혹 폭 200킬로미터 이상의 커다란 눈이 생성되는 경우도 있어. 눈에서는 바람이 불지 않고 낮잠을 잘 수 있을 만큼 고요하지.

- 허리케인의 눈 주변에는 구름 벽이 존재해. 이 구름 벽 사이에서는 엄청난 강도의 비바람이 부는데, 이 때문에 허리케인으로 피해를 입는 사람들이 생기는 거야.

- 구름 벽 주변에는 바람이 불고 비가 내리는 강수 띠가 생겨나지만 이곳에서 내리는 비바람의 강도는 구름 벽보다 약해.

- 허리케인은 특정 지역의 특정 계절에만 생기는데, 보통 이 계절을 허리케인의 계절이라고 불러.

- 인류는 오랜 시간 동안 허리케인과 함께 지내 왔어. 허리케인에는 보통 세계적으로 알려진 못된 사람이나 그날의 성인(聖人) 이름을 붙여 주었지. 그런데 1953년까지는 오직 여성의 이름만 붙여 줬다고 해. 허리케인의 방향이 여성의 마음만큼이나 짐작하기 어렵다는 이유에서 그렇게 했다지. 영어 알파벳의 순서에 따라 이름을 부여했다고 해.

- 사람들에게 큰 피해를 주는 허리케인에 여성의 이름만을 붙이다니, 옳지 않아. 그런데 다행히 새로운 이름을 지정할 '세계기상기구'가 생겨났어. 덕분에 1979년부터는 허리케인에 여성뿐 아니라 남성의 이름도 붙이게 됐어. 보통 6년치의 허리케인 이름을 적은 명단이 있고 6년 뒤에는 그 명단을 재사용하지. 그러니 6년에 한 번은 같은 이름의 허리케인이 나타날 거야. 그런데 영어 알파벳 Q, U, X, Y 그리고 Z로 시작하는 태풍 이름은 사용되지 않는대.

- 2016년에는 알렉스, 보니, 콜린, 대니얼, 얼, 피오나, 가스통, 헤르미네, 이안, 줄리아, 칼, 리사, 매튜, 니콜, 오트, 폴라, 리처드, 셰리, 토비아스, 버지니, 월터라는 허리케인이 지구를 방문했대.

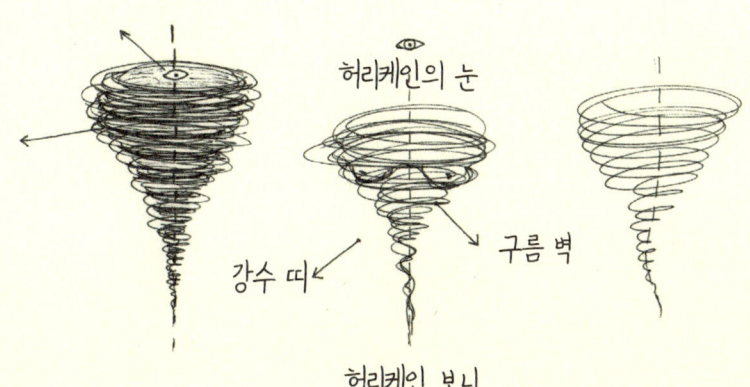

허리케인의 눈

강수 띠

구름 벽

허리케인 보니

168 플라스틱으로 채워진 바다의 밑바닥

조금 과장하긴 했지만 바다의 밑바닥은 정말 플라스틱으로 가득 차 있어. 1제곱킬로미터의 해저마다 적어도 70킬로그램의 플라스틱이 깔려 있다면 그렇게 말할 만하잖아. 해저 플라스틱의 80퍼센트는 지상에서 흘러들어 간 거야. 음료수 병, 화장품 용기, 일회용 봉투, 포장 용기들이 대다수를 차지하지.

해저 플라스틱의 70퍼센트는 꼭 수프의 건더기처럼 보이는 '플라스틱 수프', '플라스틱 군도', 또는 '물 위의 쓰레기통'이라고 불리는 커다란 쓰레기 무리로 모여들지. 한반도 면적의 7배 정도 될 거야. 이것들은 해양 생태계에 어마어마한 영향을 미치지. 해양 생물이 플라스틱을 먹거나 그것에 몸이 걸리면 큰 문제가 생겨. 물고기, 거북, 바다사자, 또는 다른 해양 생물의 위장에 플라스틱이 들어가면 음식을 소화할 수 없게 되고 결국은 질병이 생겨 죽고 말아.

얕은 바다에 사는 동물 역시 플라스틱에 몸이 묶이거나 상처를 입는 경우가 있어. 몸이 묶인 나머지 익사하거나 굶어 죽는다거나 헤엄을 칠 수 없게 되지. 그러면 다른 동물들에게 쉽게 잡아먹히고 말아.

그렇다면 바다의 플라스틱을 줄이기 위한 방법은 무엇일까? 바로 바닷가를 깨끗하게 청소하는 거야. 평균적으로 바닷가 면적 1제곱킬로미터당 적어도 2,000킬로그램의 플라스틱이 깔려 있다고 해. 해저의 플라스틱과 다를 바 없는 양이지. 바닷가를 청소하면 바다 역시 깨끗하게 지킬 수 있어.

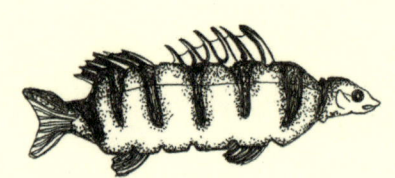

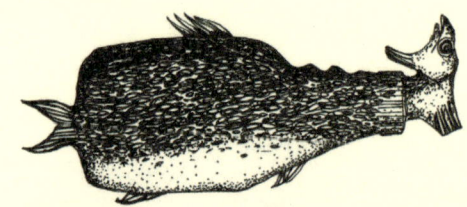

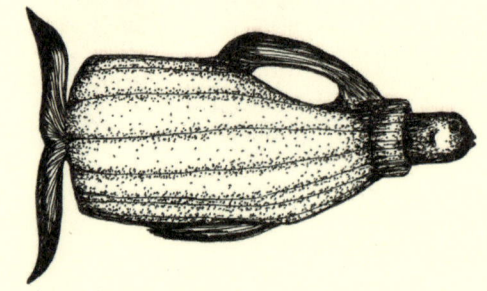

또 다른 이야기

- 플라스틱은 분해되지 않는다는 사실 알고 있니? 그런데 보통 바다에 들어가면 파도에 휩쓸려 다니다 얇은 조각으로 쪼개져서 심각한 골칫덩어리가 되지. 그런 이유로 예전에는 공짜로 받을 수 있던 비닐 봉투를 지금은 돈을 주고 사야 해. 그러니 물건을 사러 갈 때는 장바구니를 꼭 들고 다니도록 하자.

- 다행히 플라스틱 문제를 해결하기 위해 노력하는 회사들이 생기고 있어. 혹시 6개의 알루미늄 음료수 캔을 서로 엮어 놓는 플라스틱 포장재를 본 적이 있니? 6개의 구멍이 뚫려 있는 네모나고 얇은 플라스틱 포장재 말이야. 이 포장재는 해양 생태계에 커다란 문제를 일으켜. 그래서 미국에 위치한 솔트워터 양조장이 해답을 내놓았어. 바로 곡물로 포장재를 만들어 해양 생물이 먹어도 소화할 수 있게 하는 거야. 이 포장재는 해양 생물의 먹이가 되지 않더라도 얼마 지나지 않아 완전 분해가 돼. 정말 똑똑한 사람들이야!

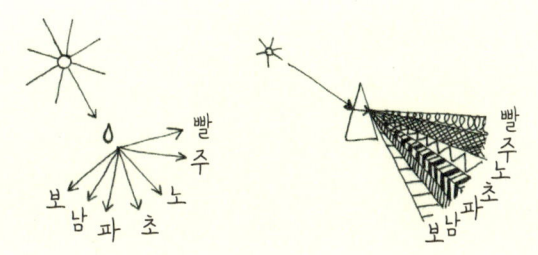

169 시작도 끝도 없는 무지개

- 무지개는 동그란 원형이야. 그리고 원은 시작도 끝도 없는 도형이지. 하지만 우리가 보는 무지개는 보통 반원에 불과해. 왜냐면 나머지 절반은 지구 뒤에 숨어 있거든. 높은 산에 올라가거나 비행기를 타면 지구가 가리지 않은 원형의 무지개를 볼 수 있어.

- 비가 오거나 습도가 높은 날, 습기가 채 마르기 전에 햇빛이 비치면 무지개가 생겨. 햇빛이 물방울을 관통하면서 생기지. 보통 우리는 햇빛이 노란색이나 하얀색이라고 생각하기 쉽지만, 사실 '가시 스펙트럼'은 모든 종류의 색으로 이루어져 있어. 빗방울이 그 빛을 조각내서 우리 눈에 색이 분리되어 보이는 거지.

- 무지개는 항상 빨간색, 주황색, 노란색, 초록색, 파란색, 남색, 보라색을 순서대로 보여 줘. 색의 앞 글자를 따서 기억하면 쉽지. '빨주노초파남보'처럼 말이야.

- 간혹 쌍무지개를 볼 수 있는 경우가 있어. 햇빛이 빗방울 사이를 여러 방향으로 비출 때 쌍무지개가 생기곤 해. 두 번째 무지개는 색깔이 반대 순서로 보이고 첫 번째 무지개보다 흐리게 보여.

무지개가 동그라미 모양이라는 사실, 그리고 무지개의 끝에는 금은보화가 숨어 있지 않다는 말의 이유를 알겠지?

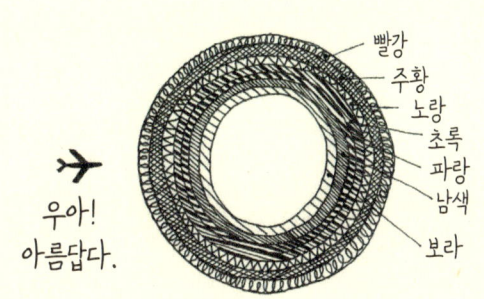

우아! 아름답다.

내 이름은 네시가 아니라 이크티야!

이크티오사우루스

170 스코틀랜드의 괴물

스코틀랜드의 괴물이라면 **네스호의 네시**를 생각하는 사람이 많을 거야. 스코틀랜드에 있는 커다란 호수인 네스호에 산다는 엄청난 공룡 말이지. 하지만 네시는 그냥 전설일 가능성이 커. 이 전설 덕에 네스호에 엄청난 숫자의 관광객들이 찾아오는 것이 사실이지만 과학자들에 따르면 이 호수에서 수영을 하는 괴물은 없는 걸로 밝혀졌대.

그렇지만 스코틀랜드의 호수에 정말로 괴물이 살았던 시절이 있어. 아마 1억 7천만 년 전일 거야. 그때 지구에는 커다랗고 괴물 같은 생물들이 많이 살았지. 스코틀랜드에 살았던 괴물은 바로 수영하는 파충류, **이크티오사우루스**야. 크기가 4미터나 되고 둥그런 머리통에 수백 개의 면도날과 같이 날카로운 이빨을 지녔던 생물이지. 수영하는 동안 만나고 싶지 않은 괴물 중의 하나일 거야!

1966년, 스코틀랜드 북서부에 위치한 스카이섬에서 이 바다 괴물의 흔적이 발견됐어. 화석은 바위 사이에 박혀 있어서 이를 상처 없이 분리해 내는 데 오랜 시간이 걸렸지. 이크티오사우루스에게는 바다의 공룡이라는 별명이 있어. 돌고래처럼 생겼지만, 돌고래 영화 〈플리퍼〉에서 주연을 맡았던 돌고래보다는 덜 불쌍하지. 그 돌고래는 우울증에 걸려 자살을 했거든.

171 15층 높이 건물보다도 더 높게 솟아오르는 간헐천, 스팀보트 게이저

- 간헐천은 얼마나 멋진 곳인지 몰라. 지열 덕에 물의 온도가 자연적으로 올라가는 장소들이 있지. 이런 지역에서는 뜨거운 물방울이 올라와 온천이 생성돼. 당장이라도 뛰어들어 수영을 할 수 있어. 그런데 가끔 물의 온도가 너무 많이 올라가 온천이 하늘 위로 물을 몇 미터나 뿜어내는 경우가 있어. 그런 곳을 간헐천이라 불러.

- 간헐천이 많기로 유명한 지역이 여섯 곳 있어. 바로 미국, 아이슬란드, 뉴질랜드, 러시아, 칠레, 그리고 알래스카야. 이외의 지역에서는 드물게 한두 개의 간헐천이 생겨나곤 해.

- 전 세계 간헐천은 대부분 미국의 **옐로스톤 국립공원**에서 찾아볼 수 있어. 이곳에는 엄청난 힘으로

물을 뿜어내는 간헐천이 수백 개나 있지. 그중에는 세상에서 가장 큰 간헐천도 찾아볼 수 있는데, '스팀보트 게이저', 즉 증기선 간헐천이라고 불려. 증기선이라는 이름이 붙은 이유는 이 간헐천에서 솟아나는 증기 기둥이 90미터 이상인 경우도 있기 때문이야. 이 간헐천은 어쩌다 한 번씩만 활동해. 물을 뿜어 올린 지 4일 만에 또다시 증기를 뿜어 댄 적도 있지만, 활동 간격이 50년이었을 때도 있어.

- 옐로스톤 국립 공원에는 '올드페이스풀'이라는 간헐천도 볼 수 있어. 주기적으로 활동하는 곳이지. 보통 한 시간 반마다 한 번 증기를 뿜어 올려. 스팀보트 간헐천보다는 덜하겠지만 그래도 흥미진진한 볼거리야.

172 유럽에서 가장 오래된 생물, 소나무

유럽에서 가장 오래 산 생물은 나이가 1075살도 더 됐어. 바로 그리스에 사는 보스니안 소나무*야.

- 과학자들은 나무의 몸통에 구멍을 뚫고 나무 조각을 잘라 내서 빼냈어. 그 자리의 나이테를 세면 나무의 나이를 비교적 정확하게 알 수 있지.

- 폭풍우가 몰아치기도 했고 전쟁을 겪으면서도 자리를 지키며 살아왔어.

- 과학자들은 이 나무에게 '잘생겼다.'는 뜻을 지닌 **아도니스**라는 이름을 붙여 주었어.

- 아도니스는 핀도스산 위에 살고 있어. 그리고 그 주변에는 아도니스와 오랜 시간을 함께 살아온 나무들이 있지. 나무들이 말을 할 수 있다면 지난 세월에 대한 아름다운 이야기를 들려줄 수 있을 텐데 말이야······.

*그런데 이 책이 출간되고 난 뒤에 이 나무보다 오래된 나무가 발견되었어. 이탈리아에 있는 이탈로스라는 소나무인데, 나이가 무려 1230살이라는구나!

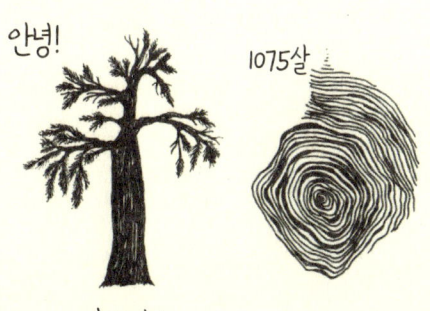

아름다운 별, 지구

173 예전보다 빠른 속도로 뜨거워지는 지구

우리가 사는 행성, 지구의 기후는 계속 변했어. 빙하기, 극도로 건조한 기후, 그리고 평균보다 훨씬 더 더웠던 수천만에서 수백만 년간의 시기도 있었어. 그런 이유로 지금 지구 온난화 문제에 대처하는 태도가 지나치다고 말하는 사람들도 있어. 그들은 지구 온난화는 그저 자연적인 현상일 뿐이며 인간이 이를 바꾸기 위해 할 수 있는 일은 전혀 없다고 생각하거든. 일부 과학자들은 현재의 지구 온난화가 '자연 현상' 이상이라는 주장에 동의하지. 하지만 지금 지구는 과거보다 몇 배나 빠른 속도로 뜨거워지고 있어. 지구가 뜨거워지는 원인은 화산이나 태양의 비정상적인 활동이 아니라 바로 인간의 활동이야.

- 인간이 활동하려면 엄청나게 많은 양의 에너지가 필요해. 자동차를 운전하고, 비행기를 날리며, 불을 켜고, 집을 난방하며, 휴대폰을 충전하기 위해서 말이야. 지금 우리가 사용하는 물건들은 과거의 물건들보다 더 많은 양의 에너지를 소모해. 그리고 에너지를 내기 위해서는 연료가 필요해. 비행기가 하늘을 날기 위해서는 등유로 꽉 찬 연료통이 필요하고, 차에는 휘발유가 필요하지. 천연가스나 탄소 연료, 또는 원자력을 이용해 전기를 만들어. 그 전기로 우리가 컴퓨터를 사용할 수 있지. 이런 과정에서 온실가스가 생기는데, 그중 하나가 이산화탄소야.

- 연료를 태우면 지구 대기권 안에 이산화탄소가 생성돼. 그래서 태양열이 지구 밖으로 빠져나가지 못하는 거야. 자연스럽게 지구의 기온이 올라가지.

- '나쁘지 않은데? 난 더운 날씨를 좋아하니까. 매일매일 나가서 수영도 할 수 있겠네.' 이렇게 생각할 수도 있겠지. 하지만 문제는 생각보다 훨씬 복잡하고 심각해. 열기 때문에 해수면이 올라가고 장마를 더 자주 겪게 되거든. 반대로 건조한 날씨가 너무 오래 지속되어서 더 이상 작물이 자라지 않는 지역도 있어. 또한 폭우나 무시무시한 허리케인과 같은 심각한 기상 현상이 더 자주 일어나게 된다고. 이런 변화들은 지구에서 인간이 살기 어렵게 만들어.

- 수많은 국가의 지도자들이 모여 앉아 기후 변화에 대한 해결책을 논의하기 시작했어. 이산화탄소를 줄이기 위해 결의서를 채택했지.

그거 아니? 우리도 기후 변화를 해결하는 데 힘을 보탤 수 있다는 것 말이야.

- 에너지를 아끼자. 자리를 뜰 때 전등과 난방을 꺼 보는 게 어때?

- 재활용 또한 방법이지. 우리가 구입하는 물건들을 만들려면 엄청난 에너지가 소모되니까.

이산화탄소

태양

- 마지막으로, 내가 사는 지역의 특산물을 먹으려고 노력해 보자. 다른 지역에서 자라는 과일을 수입하기 위해 사용하는 비행기는 엄청난 에너지를 소모하거든. 우리가 사는 지역의 과일이 수입 과일만큼이나 맛있을 거야.

- 환경 보호를 하고 싶다면 고기 섭취량을 줄여 보는 게 어떨까? 소를 키우려면 많은 양의 사료가 필요하고 사료를 재배하기 위해 숲을 베어 내야 하거든. 나무들이 공기 중 이산화탄소를 흡수하는데 말이야. 그리고 소는 많은 양의 메탄을 방출하지. 메탄은 이산화탄소보다 더 강한 온실가스야. 일주일에 며칠은 채식을 하는 게 환경을 보호하는 방법일지 몰라.

174 여자보다 남자가 더 많은 지구

2017년 집계에 따르면 지구에는 75억 명의 인간이 살고 있대. UN에 따르면 여성 인구 100명당 남성 인구 102명이 지구에 산다고 하지. 그렇지만 전체 인구당 남성 인구가 과반수를 넘어서는 나라는 전 세계 76개국뿐이라고 해. 그 외의 119개국 중에는 여성 인구가 더 많은 곳도 있대.

남자가 많이 사는 나라

- 남성 인구가 과반수를 넘어가는 나라가 있어. 어디냐고? 두구두구두구두……, 바로 중국과 인도야. 중국에는 산아 제한 정책이 있지. 한 부부가 단 한 명의 아이만 낳아 기를 수 있게 가족 구성을 제한했던 제도로, 지금은 해제되었어. 중국에서 인구가 너무나 빠르게 증가한 탓에 시작된 정책이야. 중국인은 여아보다 남아를 선호하기 때문에, 중국의 남성 인구는 여성 인구보다 3,350만 명이 더 많아. 물론 인도도 남아를 더 선호하지. 그래서 인도의 남성 인구는 여성 인구보다 3,700만 명 더 많다고 해.

- 중동도 마찬가지야. 카타르는 전체 인구 중 여성 인구가 4분의 1도 되지 않는다고 해. 많은 남자가 건축 산업에 종사하기 위해 카타르를 찾기 때문이야. 한국도 2018년 현재 남성 인구가 50.1퍼센트로 여성보다 약간 높아.

여자가 많이 사는 나라

- 많은 유럽 나라의 경우 남자보다 여자가 더 많아.

지구에 사는 75억 명의 인구

175 해안선을 따라 산책할 수 있는 캐나다

- 바닷가 산책을 좋아하니? 그러면 캐나다를 좋아하겠는걸. 캐나다의 해안선은 자그마치 20만 2,080킬로미터가 넘거든.

- 아쉽게도 캐나다의 모든 바닷가가 누워서 일광욕을 즐길 수 있는 모래밭은 아니야. 아직 개발되지 않은 해안이 꽤나 많거든. 캐나다의 북쪽은 또 얼마나 추운지 일광욕을 하기는 어려워. 하지만 걱정하기는 일러! 대신에 고래를 구경하기는 좋으니까.

- 캐나다는 서쪽으로는 태평양을, 동쪽으로는 대서양을 접하고 있어. 북쪽으로는 북극해가 있지. 캐나다에는 바다뿐 아니라 민물 호수도 많아. 전 세계 민물 중 20퍼센트를 넘는 민물이 캐나다의 호수, 강, 그리고 빙하를 이루고 있지.

- 캐나다는 거대한 국가야. 한반도 면적의 45배가 넘거든. 전 세계의 국가 중 두 번째로 면적이 커. 첫 번째로 큰 국가는 러시아야.

- 전 세계의 해안선은 총 116만 2,306킬로미터야. 캐나다 다음으로 인도네시아(5만 4,716킬로미터), 러시아(3만 7,653킬로미터), 필리핀(3만 6,289킬로미터), 그리고 일본(2만 9,751킬로미터)이 긴 해안선이 있는 나라로 손꼽혀.

176 남아메리카에 위치한 세상에서 가장 큰 폭포

- **이구아수 폭포**는 브라질과 아르헨티나의 국경에 있어. 감동적이고 압도적인 규모의 폭포야. 그러니 이구아수라는 이름을 지닌 것도 놀랍지 않아. 그곳에 사는 주민들의 토착 언어인 과라니어로 이구아수는 '큰 물', 또는 '위대한 물'이라는 의미를 지니고 있지.

- 혹시 전설을 믿니? 그렇다면 이구아수 폭포의 전설도 흥미로울 거야. 바로 사랑 이야기지. 나이피라는 과라니족의 한 여성이 물뱀신인 음모이를 위한 제물로 바쳐질 신세가 됐어. 물론 나이피는 원치 않았던 일이야. 그래서 자신이 사랑하던 타로바라는 청년과 도망쳤지. 둘이 도망치자, 물줄기가 두 쪽으로 갈라지기 시작했어. 그리고 음모이가 둘을 쫓으며 땅속으로 파고 들어가 커다란 구멍을 냈지. 그렇게 뚫린 구멍으로 물이 흐르기 시작했어. 화가 난 음모이는 나이피를 돌로 만들어 버렸어. 돌로 변한 나이피는 폭포 속을 굴러다니게 됐지. 나이피와 함께 도망치던 타로바는 물가의 나무로 변했어. 그렇게 둘은 서로를 볼 수는 있지만 다시는 만날 수 없게 됐다는 이야기야.

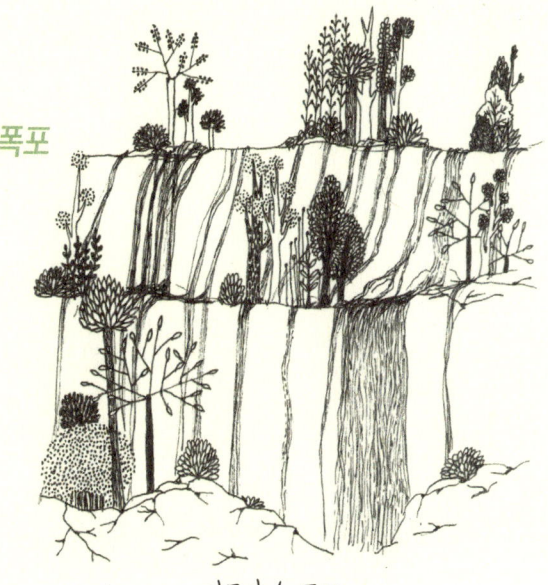

이구아수 폭포

- 이구아수강에서 흐르는 물의 양에 따라 이구아수 폭포 물줄기는 250가닥에서 300가닥으로 변해. 모두를 합치면 그 폭이 2.7킬로미터에 길이는 82미터에 달해. 그중 '악마의 목구멍'이라고 불리는 줄기가 가장 볼 만해. 엄청난 속도로 떨어지지.

- 그렇다면 각 대륙별로 큰 폭포는 어디냐고? 아프리카에서는 **빅토리아 폭포**야. 유럽 대륙에서는 노르웨이에 있는 **빈누 폭포**가, 북아메리카에서는 그 유명한 **나이아가라 폭포**가 가장 커.

177 매주 지진이 일어나는 칠레

- 칠레는 남아메리카의 서쪽에 있는 나라야. 남아메리카의 최남단에서 북쪽에 위치한 페루까지 좁고 길게 이어지는 모양의 나라이지. 해안선은 6,435킬로미터나 돼. 영토의 가로 폭이 가장 긴 지점도 고작 350킬로미터일 정도야.

- 칠레는 남아메리카 판에 위치하고 있어. 이 판은 나즈카 판과 맞닿아 있지. 남아메리카 판과 나즈카 판은 서로 반대 방향으로 움직이며 주기적으로 지진을 일으켜.

- 이전까지는 규모가 작은 지진이 일어나는 이유를 알 수 없었지만 이제는 모든 칠레 사람들이 그 이유를 알고 있지. 이제는 작은 지진에는 놀라지도 않아서 지진에 이름을 지어 주기까지 했대.

- 종종 큰 문제를 일으키는 지진이 발생할 때도 있어. 1960년에 발생한 **발디비아 지진** 같은 경우야. 계측 사상 가장 규모가 큰 지진으로, 리히터 규모 9.5였어. 이 지진으로 칠레의 몇몇 도시가 지도에서 사라졌어. 강 물줄기의 방향도 바뀌었고 심지어는 푸예우에 화산이 폭발했어. 발디비아 지진은 나라 전체를 물바다로 만들어 버린 커다란 쓰나미를 남기고 멈추었지. 다행히 지진 규모에 비해서 희생자 수는 많지 않았어. 약 5,000명이 사망했지. 사망자가 '고작' 이 정도에서 멈춘 이유는 발디비아 지진이 일어날 것을 경고하듯 바로 직전에 작은 지진들이 자주 일어났기 때문이야. 수많은 칠레 사람들은 이미 집을 떠나 고지대로 피해 있었거든.

- 오늘날 지진학자들은 쓰나미와 지진을 가능한 한 정확하게 예측하려 노력하고 있어. 지진학자들은 만약 커다란 판의 충돌을 예측하면 그 지역의 거주민들에게 경고 메시지를 보내 지진에 대비하도록 도와줘.

칠레

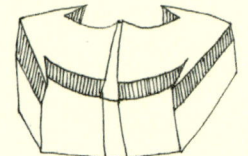

중앙 해령
약한 지진 가능성 있음.

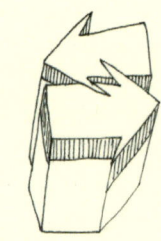

변환 단층
강한 지진 가능성 있음.

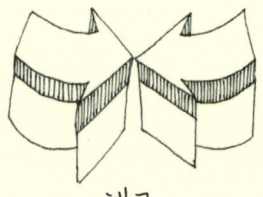

해구
강한 지진 가능성 높음.

178 아직도 알려지지 않은 동물들

대체 어떤 동물들이 알려지지 않았는지 궁금하니? 안타깝게도 그 질문에는 대답할 수가 없어. 대체 얼마나 많은 생물이 발견되지 않았는지 우리는 아직도 알 수 없거든.

그렇다면 과학자들은 알려지지 않은 동물들이 있다는 사실을 어떻게 알았을까?

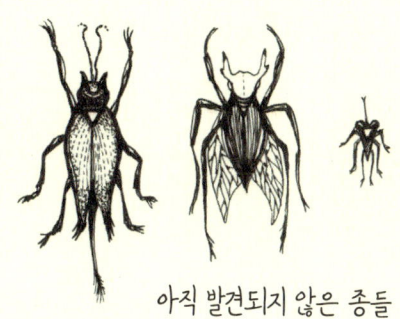

아직 발견되지 않은 종들

- 열대 우림에는 엄청나게 다양한 곤충이 살고 있어. 잠자리채를 들고 수풀 속을 걸어 다니면 힘을 들이지 않고 여러 마리를 채집할 수 있지. 채집한 곤충의 정체를 알려면 각 곤충 종의 전문가들이 필요할 거야. 그들은 어렵지 않게 곤충들의 이름을 대겠지. 하지만 전문가들도 아리송해하는 곤충들이 있을 거야. 예컨대 이미 널리 알려진 딱정벌레와 비슷한 모습인데, 완전히 똑같지 않은 곤충이 있는 거지. 그런 곤충은 새로운 종일 가능성이 커.

- 그런 경우에는 전문가들 역시 도서관과 인터넷을 뒤져 정보를 찾을 거야. 세계 전역에 퍼져 있는 동료들에게 물어볼 수도 있고 말이야.

- 하지만 전 세계의 동료들도 확신하지 못하는 곤충이 있다면, 그건 바로 이번에 새롭게 발견된 곤충이라는 뜻이야. 그런 경우에는 더 깊은 연구가 필요해.

- 열대 우림을 또 달린다고 해도 잠자리채로 커다란 동물을 잡기는 어려울 거야. 그리고 동물의 경우는 이미 상당수가 알려져 있어. 그렇지만 여전히 새로운 동물종도 발견되고 있어. 예컨대 다이버들은 잠수를 하다가 깊은 바닷속에서 이전에는 본 적 없는 어종을 목격하는 경우도 있지. 그러면 엄청나게 밝은 조명을 장치한 잠수함을 타고 깊은 바닷속으로 들어가기도 해. 깊은 해저는 어두워서 조명이 필요하니까. 그렇게 새롭게 발견된 어종을 채집하면 정말로 새로운 종인지 확인할 수 있어.

- 과학자들은 지구상에 870만 종의 동물이 산다고 예상하고 있어. 그중 100만 종이 조금 넘는 동물이 발견됐지. 다시 말하면 지상 동물의 86퍼센트와 해양 동물의 91퍼센트가 아직까지 발견되지 않은 거야. 몇몇 동물은 발견되기도 전에 멸종하기도 해.

자연 과학자가 되고 싶니? 좋은 선택이야! 아직까지 연구할 분야가 많이 남아 있거든.

179 핵폭탄 몇 개를 합친 규모의 위력을 지닌 인도네시아의 크라카타우산

크라카타우산은 인도네시아의 활화산이야. 자바섬과 수마트라섬 사이의 순다 해협에 위치해 있지. 1883년 8월 27일, 고성능 폭약인 TNT 200메가톤 규모의 화산 폭발이 일어났어. 가장 강도가 강한 핵폭탄 4개를 합친 정도의 위력이지. 역사상 가장 거대한 화산 폭발로 기록되고 있어.

- 화산 폭발이 일어나던 날, 엄청난 피해를 가져온 총 네 번의 폭발이 있었어. 전례 없는 규모의 화산 폭발이었지.

- 이 폭발로 섬의 3분의 2가 완전히 파괴됐어. 3만 6,000명이 사망했지. 자바섬과 수마트라섬의 크고 작은 도시들이 쓰나미에 완전히 휩쓸려 갔어.

- 폭발 소리가 얼마나 컸는지 수천 킬로미터 이상 떨어진 오스트레일리아에서도 그 소리를 들을 수 있었어.

- 이 폭발로 생긴 커다란 화산재 구름은 햇빛을 막기 시작했어. 그래서 이듬해의 지구 평균 기온이 1.2도 정도 떨어졌어.

- 그 자리에 우뚝 서 있던 산도 물 아래로 사라졌어.

- 1932년, 화산재와 황이 모여 새로운 산이 생겨났어. 그리고 새로운 섬도 생겼지. 새로운 섬은 '크라카타우의 아이'라는 뜻을 지닌 아낙크라카타우라는 이름으로 불리게 됐어. 그리고 새로운 화산도 생겨났지. 이 화산이 활동을 잠시 멈추면, 가이드의 지도 아래 크라카타우의 연기 나는 아이를 방문할 수 있어.

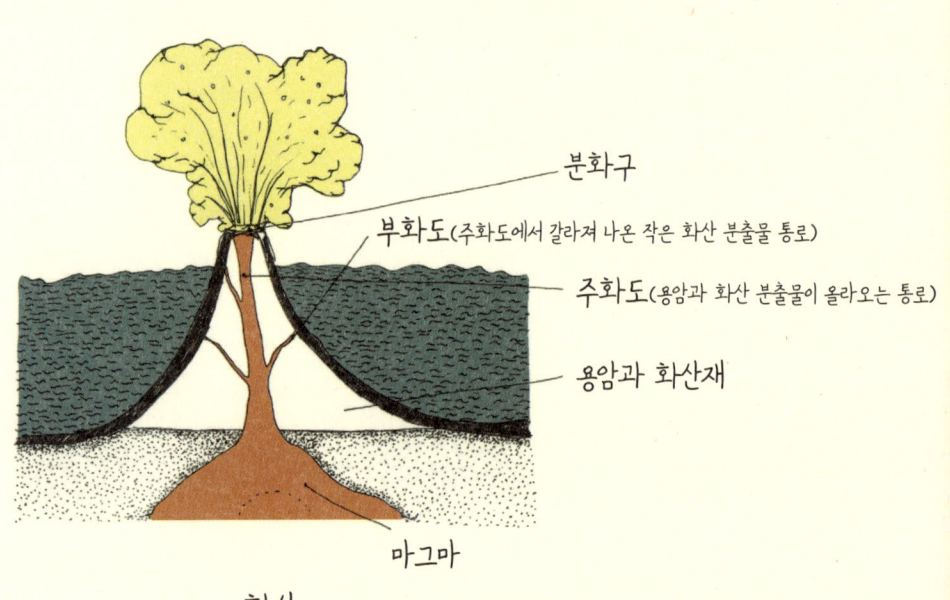

화산
- 분화구
- 부화도 (주화도에서 갈라져 나온 작은 화산 분출물 통로)
- 주화도 (용암과 화산 분출물이 올라오는 통로)
- 용암과 화산재
- 마그마

화산에 대한 더 많은 이야기

미국에 위치한 옐로스톤 국립 공원에는 초화산이 있어. 이 화산은 64만 년 전 마지막으로 불을 뿜었어. 그리고 당시의 화산 폭발 역시 화산재 구름을 만들어 내 긴 시간 동안 햇빛을 차단했어. 아마 이 화산 폭발 때문에 빙하기가 발생했을 거야.

과학자들은 이 초화산을 주의해서 살피고 있어. 210만 년 전, 130만 년 전, 그리고 64만 년 전까지 총 3번 폭발했지. 계산해 보니 70만 년에 한 번 폭발하는 것 같다고 해. 만약 한 번 더 폭발한다면 지구의 생태계에 커다란 영향을 미칠 거야.

180 세상에서 가장 큰 갑문이 위치한 안트베르펜

갑문은 물의 높이가 다른 강 같은 곳에서 배가 쉽게 항해할 수 있도록 도와주는 건축물을 말해. 갑문이 물의 표면을 평평하게 하거나 물 높이를 조절하여 항해가 쉬워지지.

- 현재 세상에서 가장 커다란 갑문은 킬드레흐트 갑문이야. 벨기에의 안트베르펜주 도시인 베베런에 있지. 이 갑문의 길이는 500미터, 폭은 68미터, 그리고 높이는 17.8미터야. 그 덕에 커다란 선박도 스헬데강부터 바슬란트의 운하나 항구로 항해할 수 있어.

- 킬드레흐트 갑문을 건축할 때 100만 세제곱미터의 흙을 파내야만 했어. 공사는 2011년에 시작해서 5년간 이어졌고. 그리고 드디어 2016년, 벨기에의 필립 왕이 공식적으로 킬드레흐트 갑문 개시를 선언했어.

- 세계에서 두 번째로 큰 갑문 역시 안트베르펜에 있어. 버렌트레흐트 갑문이라고 하지. 길이와 폭은 킬드레흐트 갑문과 같지만 그 깊이만 13.5미터로 약간 얕아.

- 기록이란 깨지기 마련이지. 갑문도 예외는 아니야. 네덜란드의 에이마위던에 축조하고 있는 갑문은 길이 500미터, 폭 70미터, 그리고 깊이 18미터야. 2019년에 축조가 끝날 예정이야. 그러면 킬드레흐트 갑문은 1위 자리를 내 줘야 할 거야.

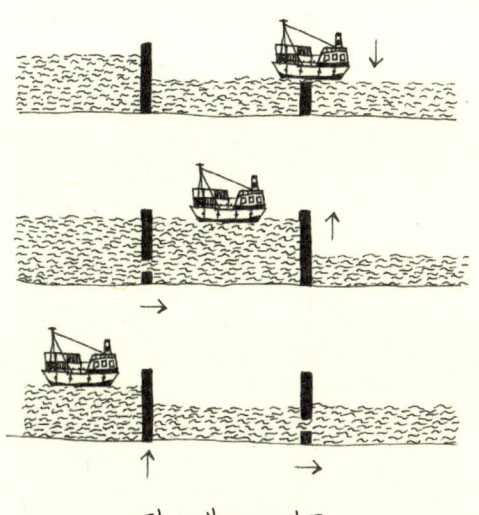

킬드레흐트 갑문

181 세상에서 가장 짠 남극 대륙의 물

남극 대륙의 마른 계곡에 있는 **돈주앙 호수**의 물은 얼마나 짠지 얼지도 않아. 기온이 영하 50도까지 내려가도 여전히 액체로 남아 있지. 이 호수의 수심은 고작 15센티미터밖에 되지 않지만 그 물의 40퍼센트가 소금으로 이루어져 있어.

두 명의 비행기 조종사가 1961년에 이 호수를 발견했어. 도널드 루와 존 히키야. 이 둘의 이름 앞글자 돈(Don)과 존(또는 주앙(Juan))을 따서 돈주앙 호수라고 부르게 됐어.

돈주앙 호수의 물은 하늘에서 내린 게 아니고 지하에서 올라온 물이야. 지상의 습기가 증발해 엄청나게 짠 물만 남았지. 이 호수가 처음 발견됐을 때만 해도 곰팡이와 이끼가 살고 있었지만 이제는 모두 죽어 사라졌어.

과학자들은 만약 다른 행성에서 물이 발견된다면 돈주앙 호수와 비슷할 거라고 예상하고 있어.

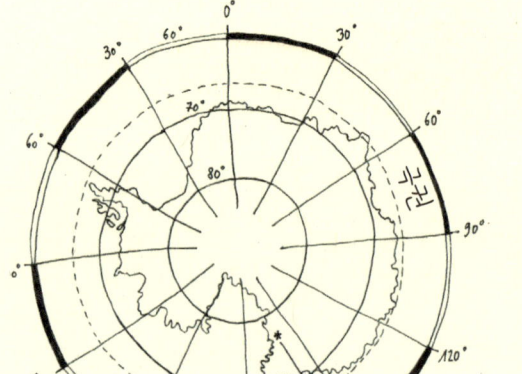

남극 대륙

돈주앙 호수
77° 33' 55" S
161° 11' 26" E

182 매년 점점 더 빠르게 다가오는 지구 생태 용량 초과의 날

모두들 샤워를 오래 하면 지구의 물이 빨리 마를지 몰라. 또 너무 많은 음식을 소비한다면 음식도 빨리 사라질 거야. 컴퓨터를 너무 오래 켜 놓아도 전기가 빨리 닳아 버리고.

지구는 인간이 살아가는 데 필요한 자원들을 공급하지. 하지만 매년 천연 자원들은 조금씩 빨리 고갈되고 있어. 그리고 이 모든 자원이 사라지는 그날을 **지구 생태 용량 초과의 날**(Earth overshot day)이라고 부르고 있어.

지구 생태 용량 초과의 날이란 자연 생태계가 인류에게 준 1년 분량의 자원을 모두 소비해 버린 날을 가리켜. 이 날이 지나면 미래에 쓸 자원을 미리 빌려 쓰는 것이나 다름없지. 다행히 아직은 지구가 모아 둔 자원이 많기에 생태 용량이 초과되었다는 사실을 알아채지 못하기도 해. 하지만 모아 둔 자원도 영원하지 않아. 모아 둔 자원을 다 써 버린다면 더 이상 음식이나 물을 사용할 수 없게 될 거야.

- 1987년의 지구 생태 용량 초과의 날은 12월 19일이었어. 하지만 2016년에는 8월 8일에 이미 그날이 다가왔지.

- 지구의 모든 사람들이 같은 양의 자원을 소비하진 않아. 어떤 국가에서는 최대한 아껴서 사용하지만, 그렇지 않은 국가의 사람들은 자원을 낭비하지. 이런 자원 사용량을 '생태발자국'이라고 불러.

- 미국은 매우 큰 생태발자국을 가지고 있어. 만약 지구의 모든 국가에서 미국처럼 자원을 사용한다면 전 지구인이 음식과 물을 얻기 위해 5개의 지구가 필요할 거야.

- 자신의 생태발자국의 크기를 알고 싶니? 인터넷을 찾아보면 발자국을 측정해 주는 사이트를 찾을 수 있을 거야. 또한 발자국의 크기를 줄이기 위한 도움말도 찾아볼 수 있고.

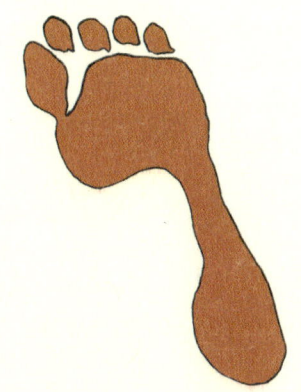

183 지구상에서 가장 아름다운 오색 빛깔의 강, 카노 크리스탈

카노 크리스탈은 콜롬비아의 정글 사이를 구불구불 흐르는 강의 이름이야.

- 현재 카노 크리스탈의 길이는 100킬로미터야.

- 카노 크리스탈은 보통의 강처럼 보여. 하지만 7월이 되면 모든 것이 변하지. 강 전체가 오색 빛깔로 빛나기 시작하거든.

- 7월에는 콜롬비아의 건기가 시작돼. 강의 수심이 얕아지고 그 속에 살던 이끼와 해초가 더 많은 햇빛을 받게 되지. 덕분에 더욱 빠르게 자라나.

- 카노 크리스탈에서는 '마카레니아 클라비게라'라고 불리는 수초가 살아. 이 수초는 개화기에 빨갛게 변하는데, 그럴 때면 이 수초와 밝은 푸른빛의 물, 그리고 이끼의 초록빛이 서로 어우러져. 거기에다 강가의 검은 바위와 노란빛의 모래사장이 풍경을 더욱 아름답게 만들어 주지.

카노 크리스탈

7
신나는 세계 여행

184 세계 최고층 건물이 있는 두바이

- 높이가 828미터나 되는 **부르즈 칼리파**는 세상에서 가장 높은 건물이야. 물론 머지않아 그 기록은 바뀔지도 몰라. 1,000미터가 넘는 건물을 지을 계획들이 넘쳐나고 있거든. 부르즈 칼리파는 2004년부터 건축하기 시작해서 완공하기까지 총 6년이 걸렸어. 2010년 1월 4일, 엄청난 불꽃놀이와 함께 건물을 개장했지. 이 건물에는 사무실, 아파트, 그리고 커다란 호텔이 있어. 78층에는 수영장도 있다네.

- 중국 상하이에 위치한 **상하이타워**는 세계에서 두 번째로 높은 건물이야. 높이가 632미터나 되지. 사우디아라비아의 종교 도시 메카에 위치한 **아브라즈 알 바이트**는 601미터의 높이로, 세계에서 세 번째로 높은 건물이야.

- 그에 비하면 유럽에는 조금 낮은 건물들이 있는 편이야. 유럽에서 가장 높은 건물은 모스크바에 있는 **페더레이션 타워**야. 두 번째와 세 번째로 높은 건물 역시 모스크바에 있어. 네 번째는 런던에 있는 310미터의 **더 샤드**야.

- 한국에도 높은 건물이 있을까? 당연하지! 롯데타워 건물로, 지상 123층에 높이가 555미터야. 세계에서는 부르즈 칼리파(828미터), 상하이 타워(632미터), 아브라즈 알바이트(601미터), 핑안 파이낸스 센터(599.1미터) 다음으로 5번째로 높은 건물이야.

그리고 또다른 이야기

앤드루 파르기아가 만든 초콜릿 부르즈 칼리파가 또다시 기록을 달성했어. 이 모형을 만들기 위해 4,200킬로그램 이상의 초콜릿이 사용됐거든. 13.5미터의 초콜릿 부르즈 칼리파는 초콜릿으로 만든 가장 높은 건물로 기네스북에 올랐어.

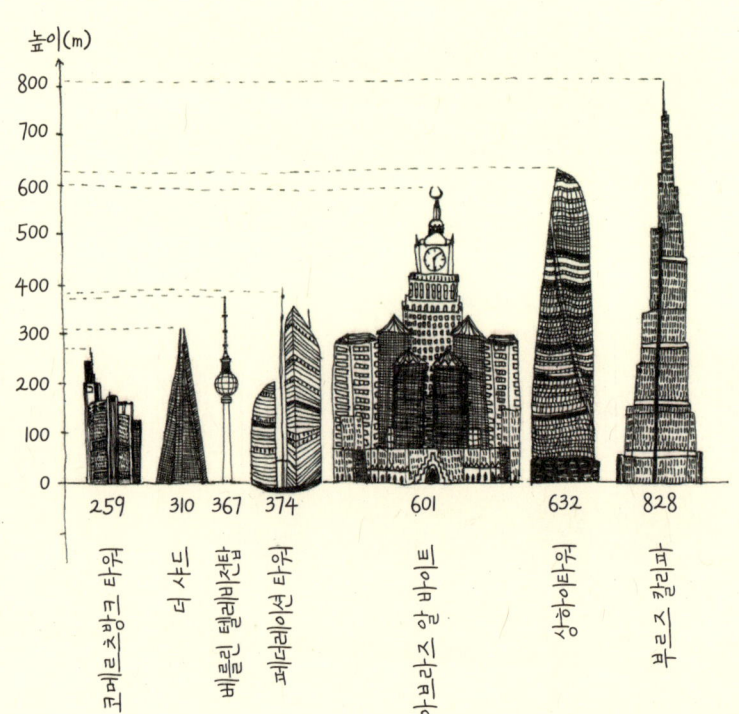

185 매스 게임을 잘하는 북한

북한의 공식 명칭은 조선민주주의인민공화국이지만, 이 이름의 '민주주의'는 우리가 이해하고 있는 것과는 조금 달라. 북한은 한반도가 남북으로 나뉜 1948년에 생겨났어.

- 북한은 관광객을 원치 않아. 매년 10만 명의 관광객만 북한을 방문할 뿐이지. 대부분은 중국에서 오는 관광객이고 매년 단 5,000명의 서양인만 북한 방문이 허용된대. 사진 촬영은 금지되어 있고, 그저 가이드를 따라가는 도보 관광만 허용되지.

- 북한은 1명의 지도자가 모든 일을 결정해. 사람들이 보는 텔레비전 프로그램까지 정부에서 만들어서 공급하고 말이야. 북한 사람들은 인터넷에 접속할 수도 없어. 단지 정부에 대한 정보를 담은 내부 접속망만 있을 뿐이야.

- 매년 8월과 9월이 되면 매스 게임 또는 아리랑 축제가 열려. 이 축제는 북한의 지도자와 정당에 대한 존경심을 표시하는 의미를 지니고 있지. 8만 명이 넘는 사람들이 이 축제에 참가해. 매스 게임에서는 모두의 동작이 정확하게 일치하는 것이 중요하기 때문에 축제의 참가자들은 강한 강도의 훈련을 받아야 해. 끊임없이 춤을 추고 노래를 불러야 하지. 심지어 다섯 살 꼬마아이가 참가하는 경우도 있어.

- 모든 체조와 춤 동작 뒤에는 2만 명의 학생들이 색종이를 들고 서 있어. 그리고 배경색을 계속해서 바꾸어 주지. 매스 게임은 세계 평화를 외치며 끝나.

- 이 매스 게임이 궁금하다면 유튜브에서 '아리랑' 또는 '북한'이라는 키워드를 쳐 봐. 축제 영상을 찾을 수 있어. 영상을 찾았다면 축제의 배경을 집중해서 살펴봐. 그냥 컴퓨터 화면의 기계 색이 바뀌는 것처럼 보이지만 사실 사람이 들고 있는 카드의 색깔이 바뀌는 거지.

186 앞뒤가 다른 파라과이의 국기

파라과이 국기는 빨간색, 하얀색, 그리고 파란색의 가로 선으로 이루어져 있어. 빨간색은 정의, 하얀색은 평화, 그리고 파란색은 자유를 의미하지.

그리고 가운데의 하얀 줄에 상징이 그려져 있는데 국기의 양면에 그려진 상징이 각각 달라. 국기의 앞면에는 파라과이의 상징이 그려져 있고, 뒤쪽에는 사자와 파라과이의 슬로건인 평화와 정의를 담은 상징이 그려져 있어. 파라과이의 국기는 세계에서 유일하게 앞뒤가 달라.

국기에 대한 더 많은 이야기

오스트레일리아는 세상에서 가장 긴 역사를 지닌 국기를 갖고 있지. 파라과이처럼 세 줄로 이루어진 국기인데, 맨 위와 아래는 빨간색이고, 중간에는 하얀 줄이 있어.

미국의 국기는 오랜 영광(Old Glory), 또는 성조기(The Stars and Stripes)라고 불러.

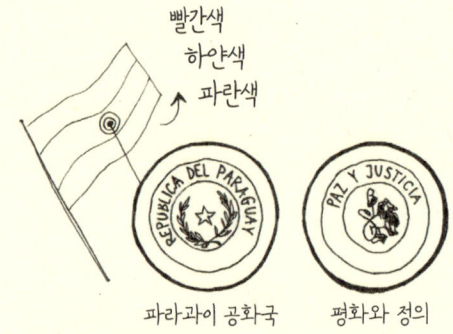

파라과이 공화국   평화와 정의

187 시간 여행에 대한 영화를 만들지 않는 나라, 중국

'백 투 더 퓨처'라는 영화를 본 적 있니? 마티 맥플라이와 닥터 브라운이 과거와 미래로 시간 여행을 하는 영화야. 본 적이 있다면 중국에 살지 않을 거야? 중국에서는 시간 여행에 관한 영화를 금지하고 있으니까.

중국 정부는 시간 여행에 관한 영화를 좋게 생각하지 않아. 역사에 관한 옳지 않은 인식을 심어 줄 수 있다는 이유에서야. 또한 시간 여행은 서양의 개념이라고 생각하지. 중국 정부는 국민들이 진실을 다룬 중국 영화를 보길 바라는 거야. 그리고 진정한 중국인이라면 시간 여행이 거짓이라는 걸 알고 시도조차 하지 않으리라 생각하지.

왼쪽

우측통행을 하시오!

오른쪽

188 세계 75개국에서만 좌측통행을 해

영국과 아일랜드에서는 차량이 좌측통행을 한다는 것을 이미 알고 있을 거야. 그런데 일본, 태국, 남아프리카공화국, 뉴질랜드, 오스트레일리아, 그리고 다른 수많은 크고 작은 나라들 역시 모든 차량에게 왼쪽 도로를 양보하고 있어.

차량 좌측통행만 허용하는 나라와 그렇지 않은 나라의 교통 법규는 비교적 비슷해. 하지만 우측통행의 경우 로터리를 돌 때는 오른쪽 도로에 진입해야 하고, 시계 방향이 아닌 반시계 방향으로 로터리를 빠져나가야 해.

- 자동차가 발명되기 전에는 다들 말을 타고 다녔어. 그때는 모든 사람들이 도로의 왼쪽으로 움직였어. 그럴 만도 한 게 남성들은 칼을 차고 다니고 대부분의 사람들은 오른손잡이였거든. 그러니 말을 타고 움직이다가 혹시 있을지 모를 전투에 대비하여 몸의 오른쪽 도로를 비워 놓았던 거야. 오른쪽이 자유로워야 칼을 뽑아들 수 있을 테니까 말이야.

- 마차가 유행하고 나서는 대부분의 국가에서 우측통행을 허용하기 시작했어. 말을 다루는 사람에게는 그 편이 더 쉬웠거든.

- 프랑스에서는 말을 탄 사람들이 도로의 왼쪽으로 달리고 보행자들이 오른쪽으로 길을 걷기 시작했어. 나폴레옹이 집권하던 시절, 각종 마차를 포함한 군대 병력의 이동을 염두에 둔 선택이었지. 나폴레옹이 지배했던 나라에서는 모두 차량의 우측통행을 허용했어.

- 1967년까지 스웨덴에서는 차량 좌측통행만 허용됐어. 하지만 스웨덴 주변 국가들이 차량 우측통행으로 규칙을 바꾸었기 때문에 스웨덴 역시 규정을 바꾸었지. 그렇게 1967년 9월 3일은 스웨덴에서 H의 날로 불리게 됐어. 모든 차량의 우측통행 규정이 시행된 날이야. 여기서의 H란 스웨덴어로 우측통행을 의미하는 'Hogertrafik'에서 따왔지. 정확히 오전 5시부터 모든 차량이 우측통행을 해야만 했어. 허둥대다 사고가 많이 났을 것 같다고? 다행히 모든 사람이 빠르게 적응했어.

- 한국은 현재 우측통행을 하고 있는데, 일제 강점기에는 좌측통행을 했어. 그러다 8·15광복 이후에는 우측통행을 하기 시작했어.

> **좌측통행에 대한 더 많은 이야기**
>
> 일본의 차량이 좌측통행을 하는 이유는 사무라이들이 왼쪽에 칼을 차기 때문이야. 두 명의 사무라이가 서로 마주보며 다가오다가 서로 칼이 마주치면 전투를 시작해야만 했어. 따라서 평화를 유지하기 위해 서로의 오른쪽으로 지나갈 수 있는 좌측통행을 선택한 거야.

신나는 세계 여행

189 세상에서 가장 큰 피라미드가 위치한 멕시코

많은 사람이 이집트 **쿠푸왕의 대피라미드**가 세상에서 가장 큰 피라미드라고 알고 있을 거야. 하지만 그보다 더 큰 피라미드가 있어. 바로 멕시코에 위치한 **촐룰라의 거대 피라미드**야.

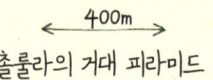

피라미드 크기

촐룰라의 거대 피라미드 400m
쿠푸왕의 대피라미드 230m
140m

- 쿠푸왕의 대피라미드 높이는 140미터나 되지만 폭은 '단' 230미터밖에 안 돼. 하지만 멕시코 촐룰라의 거대 피라미드는 높이가 55미터로 약간 낮지만 폭은 400미터나 돼.

- 촐룰라의 거대 피라미드는 기원전 3세기경 만들기 시작해서 9세기가 돼서야 건축이 완성됐지. 그러니 자그마치 12세기나 걸린 거야!

- 촐룰라의 거대 피라미드는 아즈텍 문명의 신 중 하나인 케찰코아틀(깃털을 단 뱀)에게 바쳐졌어. 지금은 꼭대기에 교회가 있는 언덕 정도로만 보이지. 에스파냐에 지배당하던 시절에 지어진 교회야. 그래서 이 거대 피라미드는 현재 천주교인의 성지 순례 장소로 알려져 있어.

190 인도에서는 왼손을 조심해

인도 사람들은 일상에서 오른손을 사용해. 왼손은 화장실에 갔을 때 엉덩이를 닦는 용도로만 사용하지. 그렇기 때문에 왼손은 불결하다고 알려져 있어.

인도의 식당에 가면 오른손으로 음식을 먹어야 해. 만약 왼손을 사용해 음식을 먹는다면 다들 불결하다고 생각할 거야. 또한 음식을 쓰레기로 취급하고 자기 몸을 존중하지 않는다고 느낄 테지.

인도의 누군가에게 선물을 주거나 받을 일이 있니? 그렇다면 오른손만 사용해. 그리고 사람을 손가락으로 가리키는 일은 왼손 오른손 상관없이 예의 바르지 않다고 여겨지지. 그래서 인도에서는 무언가를 가리킬 때 턱을 사용하곤 해.

조심해!

그렇다면 왼손잡이들은 어떡하느냐고? 안타까운 일이지만 그래도 인도에서는 오른손만 사용해야 해.

인도에 대한 더 많은 이야기

- 인도 사람들이 정면을 보면서 턱으로 왼쪽과 오른쪽 어깨를 번갈아 가며 반복해 가리킨다면 그건 긍정적인 대답을 의미해. 잘 보면 고개를 가로저어 '아니'라고 대답하는 것처럼 보이지만 그와는 달라. 이 특별해 보이는 동작을 한번 시도해 볼래?

- 인사할 때는 양 손을 모아 이마 쪽으로 들어 올리며 마음을 담아 '나마스테'라고 말해야 해. 합장한 손의 높이가 높을수록 상대에 대한 존경심이 더 많이 담겨 있다지.

- 인도에서 소는 신성한 동물이야. 그래서 길을 가는 도중에 네 앞을 소가 가로막더라도 밀쳐 내면 안 돼.

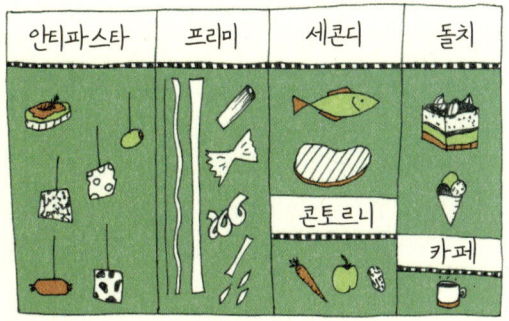

191 엄격한 식사 예절을 지키는 이탈리아

이탈리아 음식이라면 피자와 파스타만 있는 줄 아는 친구들이 많지? 그렇지 않아. 피자와 파스타는 수많은 이탈리아 음식 중 하나일 뿐이지. 이탈리아인은 매우 엄격한 식사 예절을 지켜. 그래서 누군가가 고기 한 조각과 파스타, 그리고 채소만 먹는다면 이상하게 쳐다볼 거야.

- 이탈리아의 식사는 **안티파스타**라고 불리는 전채 요리부터 시작해. 이탈리아 치즈나 햄, 바삭바삭하게 구워 채소와 함께 먹는 토스트나 샐러드처럼 양이 적은 메뉴이지.

- 그다음에는 **프리미**를 먹을 차례야. 프리미는 약간의 소스를 겸비한 리소토나 파스타를 의미해. 스파게티나 다른 길쭉한 파스타를 주문했다면 포크만 사용해서 먹는 게 좋을 거야. 나이프를 사용하는 것은 예의 없는 행동이거든.

- 다음에 나올 **세콘디**는 주식을 의미해. 고기나 생선 요리를 올리지. **콘토르니**를 주문하면 주식과 곁들이는 채소나 감자 요리가 주요리와 함께 나와. 아, 그런데 파스타는 절대 코스 요리의 주식으로 먹지 않아.

- 피자는 세콘디로 먹을 수도 있지만, 점심이나 간식으로 먹을 수도 있지.

- 격식 있는 식사라면 항상 **돌치**로 마무리해야 하지. 돌치란 이탈리아어로 달콤한 음식을 의미해. 티라미수 같은 후식이 바로 돌치의 한 종류야.

그 이후에는 에스프레소나 우유를 섞지 않은 커피를 의미하는 카페를 마실 수도 있어. 기억해 두어야 할 점은 이탈리아에서는 아침 11시가 지나면 블랙커피만 마신다는 거야. 우유를 섞은 커피인 카페라테는 아침에만 마시지.

192 수도가 없는 나우루

나우루는 만 명이 조금 넘는 사람들만 살고 있는 태평양의 섬이야. 1968년부터 독립 공화국이 됐지.

- 나우루는 면적이 고작 21제곱킬로미터로 세계에서 가장 작은 국가야.

- 아름다운 산호초로 둘러싸여 있지.

- 나우루에는 수도가 없어. 정부 기관은 야렌이라는 곳에 위치하지만 이곳이 공식적인 수도는 아니지.

- 나우루에는 군대도 없어. 필요하지 않거든. 나우루는 단 한 번도 적과 대치한 적이 없어.

- 신기하게도 나우루는 뚱뚱한 사람들이 가장 많이 사는 나라야. 이 국가는 농업이 발달하지 않았어. 모든 음식을 해외에서 수입해야 하거든. 수입한 음식 중 나우루 사람들이 가장 좋아하는 음식은 프라이드치킨과 콜라야. 그러니 거의 모든 사람들이 뚱뚱할 수밖에 없겠지?

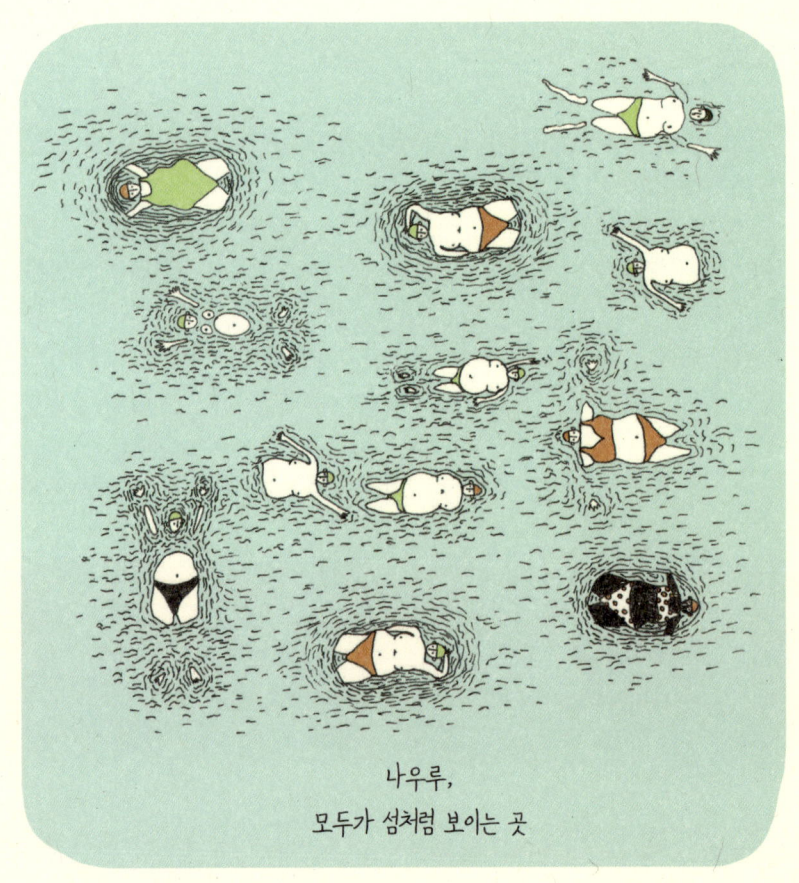

나우루,
모두가 섬처럼 보이는 곳

193 돈 대신 미키마우스를 쓰는 니우에

태평양에 위치한 섬나라 니우에는 고작 1,600명의 사람만 살고 있어. 가려면 오랜 시간 여행을 해야 하지만, 가 볼 만한 나라지. 니우에는 정말 특별한 곳이야.

2014년 니우에에서는 새로운 동전을 사용하기 시작했어. 동전의 한 면에는 국가의 공식적인 지도자인 영국의 엘리자베스 2세의 얼굴이 그려져 있지. 그런데 동전의 뒷면에는 디즈니의 캐릭터가 그려져 있어. 한마디로 미키마우스, 구피, 플루토, 또는 미니마우스가 그려진 동전으로 물건을 살 수 있는 거야.

사실 이 동전들은 관광객을 위해 제작했는데, 섬에 위치한 아무 상점에서나 쓸 수 있지. 그런데 이 동전을 만든 소재가 관심을 모았어. 매우 값비싼 순금과 순은으로 만들어졌거든. 실제 화폐의 가치보다 더 큰 가치를 지니게 된 거야. 그래서 많은 사람이 이 동전을 사용하기보다는 돼지 저금통에 넣어 모으기 시작했지. 화폐 수집가들은 이 동전을 구하기 위해 니우에까지 여행을 한대.

이게 처음이 아니야. 니우에는 2011년에도 특별한 동전을 발행했거든. 이때의 동전에는 스타워즈 캐릭터들이 그려져 있었대.

194 춤을 추면 벌금을 내던 스웨덴

스웨덴에서는 2016년까지도 술집이나 레스토랑에서 춤을 추는 것을 금지하고 있었어. 춤이 허락된 곳에서만 춤을 출 수 있었지. 만약 허가를 받지 못한 식당에서 손님이 춤을 추고 있다면, 엄청난 벌금을 내야 했어.

허가증: 인간 금지

- 이 법은 1930년대에 만들어졌어. 춤을 추면 사람들이 너무 행복해지기에 좋지 않다고 생각했지. 춤을 추다 보면 점점 더 피곤해지고, 피곤이 쌓이면 사람들이 싸우기 시작한다고 말이야.

- 사람들은 이 법을 없애기 위해 20번도 넘게 시위를 벌였어. 하지만 정부는 계속해서 이 법을 지키고 싶어 했지. 경찰도 마찬가지였어. 하지만 2016년에는 결국 법이 폐지됐어.

- 일본도 2015년까지는 허가를 받지 않은 식당에서 춤을 추는 일을 금지했어. 심지어는 허가를 받았다 해도 자정이 지나면 그 누구도 춤을 추어서는 안 됐지. 유독 춤 추기를 좋아했던 일본 가수 사카모토는 15만 명의 서명을 받아 이 법을 폐지하는 데 앞장섰어. 그러니 이제는 일본에서도 춤을 출 수 있어!

195 막대기를 이용해 밥을 먹고 식탁에서 접시를 들어 올려도 되는 중국

유럽 사람들은 포크와 나이프를 사용해 식사를 해야 한다고 배워 왔을 거야. 하지만 중국에서는 불가능한 일이야. 둘 다 없으니까 말이야. 중국에서 포크와 나이프란 주방에서만 쓰는 조리 도구에 불과하지. 음식을 먹을 때는 막대기를 사용해. 바로 '젓가락'이라고 불리는 도구야. 국물을 먹을 때만 도자기 숟가락을 사용해.

- 젓가락 한 짝을 오른손에 쥐어 봐. 그리고 엄지손가락과 손바닥에 놓인 젓가락의 아래쪽을 네 번째 손가락에 얹어 봐. 음식을 먹는 동안 이 젓가락은 움직이지 않아.

- 그리고 젓가락 다른 짝을 집어 올려 엄지손가락과 두 번째 손가락을 사용해 쥐어 보렴. 이 젓가락을 움직여 음식을 집어 올릴 수 있는 거야. 처음엔 연습이 필요하겠지만 그다지 어렵지 않아. 어렵다면 밥그릇을 얼굴 쪽으로 들어 올려 음식을 먹어도 돼.

- 음식을 다 먹었거나 잠깐 휴식을 취할 때는 접시 옆에 놓인 젓가락 받침대에 젓가락을 놓으면 돼.

- 젓가락으로 테이블에 앉은 사람을 가리키면 안 돼. 예의 없는 행동이거든.

- 밥이 든 그릇에 젓가락을 수직으로 꽂으면 안 돼. 중국에서는 돌아가신 분을 위한 밥그릇에만 젓가락을 꽂거든.

- 젓가락으로 음식을 뒤적거리거나 젓가락을 핥는 행위도 중국에서는 예의바르지 못한 행동이야.

- 마지막으로, 사용하던 젓가락으로 상대방에게 음식을 넘겨주면 안 돼.

- 중국에서는 아무것도 허용되지 않는 것 같지만, 꼭 그렇진 않아. 트림을 하거나 후루룩 소리를 내거나 쩝쩝거리면서 음식을 먹어도 되거든. 이런 행동은 음식을 맛있게 먹었다는 뜻이기에 특히 요리사들이 좋아할 거야.

196 나라마다 다양한 불길한 숫자

13일의 금요일에 나쁜 일이 일어날까 봐 집에만 머물렀던 적이 있니? 그런 적이 있다면, 미신을 믿고 숫자 13이 액운을 가져다준다고 생각하는 거구나.

- 유럽, 미국, 그리고 아시아의 몇몇 나라에서만 13을 불길한 숫자라고 생각해. 이 나라에서는 숫자 12란 완벽함을 나타내. 성경 속 예수의 제자들이 12명이라거나 1년이 12달로 이루어져 있는 것을 보면 이해하기 쉬울 거야.

- 숫자 13은 12에 1을 더한 숫자이니 완벽 그 이상을 의미해. 사람들은 이 숫자가 행운을 가져다주기는커녕 불행을 가져다준다고 믿었지.

- 숫자 13에 대한 미신이 얼마나 많이 퍼져 있는지 몰라. 예를 들면 13층 대신 12A층과 12B층을 사용하는 호텔도 있지. 대부분의 항공기에는 13열이 없고, 카 레이싱에도 차 번호 13은 사용하지 않아.

- 13을 무서워하는 사람들에게 13일의 금요일만큼 무서운 날은 없어. 이유도 모른 채 무서워하는 사람들도 있지. 그러면 그 이유는 뭘까? 금요일은 예수가 십자가에 못 박힌 날이거든. 이와 함께 13이라는 불길한 숫자가 합쳐진다니, 정말 끔찍하지.

- 또 다른 이유는 로마인들이 금요일마다 사형을 집행해서야.

- 13일의 금요일에 마녀들이 모인다고 믿는 사람들도 있지.

- 우습게도, 다른 날에 비해 13일의 금요일에는 사고가 적게 일어난대. 그렇다면 13일의 금요일을 행운의 날이라고 해야 하지 않을까? 아마 다들 겁먹어서 더욱 조심하거나 집에 머무르기 때문에 그럴지도 모르지만 말이야.

- 13일의 금요일이 정말 무섭다면, '13 공포증'을 앓고 있는지도 몰라. 만약 그런 경우라면, 숫자 13이 불행의 숫자가 아닌 나라도 있다는 걸 알아두면 도움이 될 거야.

> **불행에 대한 더 많은 이야기**
>
> 에스파냐와 몇몇 남아메리카 국가에서는 **13일의 목요일**이 불길한 날이야.
>
> 이탈리아에서는 **숫자 17**을 불길하게 여기지. 로마자로 숫자 17을 적으면 XVII인데, 이 글자들을 다시 조합하면 VIXI가 되지. 이탈리아어로 VIXI란 '나는 예전에 살아 있었지만 지금은 죽었다.'라는 의미를 담고 있어.
>
> 아시아에서는 **숫자 4**를 조심해야 할 거야. 한국어와 중국어로 숫자 4와 '죽음'이란 단어는 발음이 똑같거든. 일본에서 **숫자 9**는 '고통'을 의미하는 단어와 발음이 같아.
>
> 그리고 **숫자 666**이 있지. 괴물의 숫자라고 불리곤 해. 성경에서 '괴물'이란 악마를 의미하거든. 그러니 어디선가 666이라는 숫자를 보았다면 그건 네 주변에 악마가 있다는 뜻이야.
>
> 숫자에 대한 공포는 사실 미신에서 비롯된 거야. 우리의 삶을 복잡하게 만들 뿐이지. 그러니 숫자를 무서워하기보다는 아예 신경을 쓰지 말도록 해 봐.

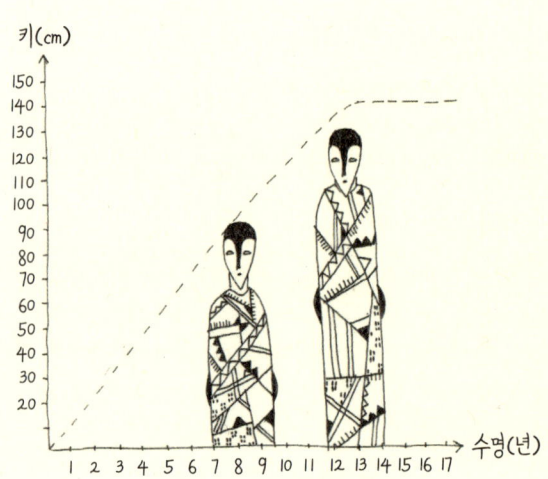

197 12세 이후로는 키가 크지 않는 피그미

피그미는 중앙아프리카의 열대 우림에 사는 왜소종족을 말해.

- 피그미 중 가장 잘 알려진 부족은 아카, 바카, 음부티, 그리고 투아족이야.

- 피그미는 꿀, 견과류, 과일을 채집하고 작은 동물들을 수렵해. 나뭇잎으로 오두막을 짓기도 하지.

- 피그미는 키가 매우 작아. 보통 150센티미터를 넘지 않으며 12세 즈음에는 성장이 멈춰.

- 과학자들은 피그미의 성장이 빨리 멈추는 두 가지 이유를 발견했어. 그중 하나는 정글에 있는 모든 질병에 맞서기 위한 면역 체계가 너무 활발히 활동하기 때문이고, 다른 하나는 아이를 일찍 갖기 때문이야. 정확한 이유가 무엇이든, 그들은 성장할 에너지가 더 이상 남아 있지 않은 거야.

- 피그미는 키가 작을 뿐만 아니라 수명도 짧아. 평균 수명이 16~24세야. 그 때문에 평균 16세 정도가 되면 아이를 낳지. 심지어 20명의 피그미 여성들 중 1명은 12세에 이미 출산을 경험한다고 해.

198 이란에서는 쓰지 말아야 할 수신호

이란 친구가 멋진 공연을 보여 줬다고 생각해 보자. 보통 감탄하면 엄지손가락을 추켜세워서 받은 감동을 표현하겠지? 그런데 말이야. 그러면 너희 둘은 아마 친구로 남아 있기 어려울 거야.

엄지손가락 올리기

서양에서 엄지손가락을 올리는 건 긍정적인 의미를 담고 있지. 하지만 이란, 아프가니스탄, 라틴아메리카, 그리고 서아프리카에서는 엄청난 욕설이야. 조심해야겠지?

엄지와 검지를 맞닿게 하기

그리고 친구에게 멋지다는 표현을 할 때는 어떻게 하니? 엄지와 검지를 맞닿게 한 뒤 보여 줄 때도 있을 거야.

- 하지만 아쉽게도 프랑스, 모로코, 그리고 튀니지에서 온 친구들은 그 표현을 좋아하지 않을 거야. 이런 손 모양은 숫자 0의 모양과 같아서 네가 가진 것 없는 바보라는 걸 의미하거든.
- 남아프리카와 많은 남유럽 국가들에서도 매우 무례한 손 모양이야.
- 하지만 미국에서는 다르지. 손가락으로 만든 O의 모양은 오케이(okay)를 의미하거든.
- 일본에서는 거스름돈을 동전으로 받고 싶다는 의미로 쓰여.
- 한국에서는 돈을 의미하지.

조심해야 할 수신호

- '악마의 수신호'를 본 적이 있을 거야. 검지와 새끼손가락만을 펼친 수신호이지. 나머지는 굽힌 채로 말이야. 서양에서 이 수신호는 록 콘서트에서 흔히 볼 수 있지만 이탈리아, 브라질, 콜롬비아, 포르투갈, 그리고 에스파냐에서는 쉽사리 보여 주지 않는 편이 좋을 거야. 이 나라들에선 엄청난 욕설이 될 수 있거든. 이 손 모양은 상대방의 배우자가 부정을 저질렀다는 것을 의미해. 이탈리아에서 이 수신호를 하면 50유로의 벌금을 내야 하지.
- 누군가에게 손바닥을 펼쳐 보여 주는 수신호로 그만 멈추라고 말하고 싶니? 그리스에서는 하지 않는 편이 좋을 거야! 그곳에서는 '네 얼굴에 쓰레기를 던질 거야.'라는 의미거든.
- 고개를 젓는 것에도 특별한 의미가 있을까? 보통 '아니다'를 의미해. 하지만 불가리아와 그리스에서는 정반대를 의미하지. 고개를 아래위로 끄덕이는 건 보통 '그렇다'를 의미하지만, 그리스와 몇몇 중동 국가에서는 '아니다'를 의미해. 인도에서는 턱을 양쪽으로 흔들며 '그렇다'를 표현하지. 아이고 복잡해라!

그러니 여행을 가기 전에 신호들을 익혀 보자. 오해가 생기는 걸 막을 수 있잖아.

좋아! / 훌륭해! / 잘하고 있어! / 그만!

흙이나 뒤집어 써라. / 너는 답이 없어. / 네 배우자가 바람을 피우고 있어. / 얼굴에 쓰레기를 던져 버리고 싶군.

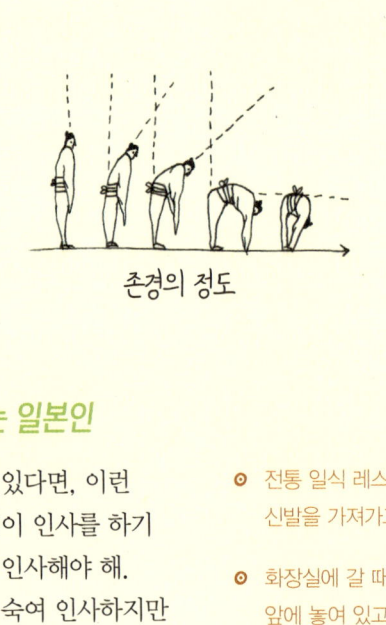
존경의 정도

199 악수를 반기지 않는 일본인

만약 일본 학교에서 공부를 하고 있다면, 이런 점을 지키도록 해. 학생은 선생님이 인사를 하기 전에 먼저 깊숙이 허리를 숙이며 인사해야 해. 지위가 높은 상대방 역시 허리를 숙여 인사하지만 너보다는 얕게 숙일 거야.

여성들은 두 손을 다리에 붙인 후 인사하고 남성들은 자유롭게 놔두어도 돼. 그리고 허리를 숙이는 거야.

허리 숙여 인사할 때는 상대방의 눈을 쳐다보지 않아야 해. 일본인들은 눈을 마주치는 것을 좋아하지 않거든. 불편해할 거야.

일본에 대한 더 많은 이야기

- 일본인의 집을 방문할 때는 깨끗한 양말을 신도록 해. 일본에서는 집에 들어가자마자 신발을 벗는 게 예의거든. 집에 들어가서 신발을 벗으면 집주인이 실내에서 신을 수 있는 슬리퍼를 줄 거야. 그런데 양말에 구멍이 나 있어 봐! 얼마나 창피할까!

- 전통 일식 레스토랑에 갔을 때도 마찬가지야. 종업원이 네 신발을 가져가고 슬리퍼를 줄 거야.

- 화장실에 갈 때는 화장실용 슬리퍼를 신어야 해. 화장실 문 앞에 놓여 있고 방 안에서 신는 슬리퍼와는 다른 색깔이지. 그러니 화장실에 나와서 슬리퍼를 다시 갈아 신는 것을 잊지 마. 집주인도 화장실용 슬리퍼를 신고 방 안에 들어가지 않아.

- 일본의 가정을 방문할 때는 하얀 꽃을 들고 가는 건 피하도록 해. 하얀 꽃은 장례식에만 가져가야 하거든. 선물 포장지의 색깔도 흰색, 검은색 그리고 회색은 피해야 해. 역시 장례식 때만 쓰는 색이기 때문이야. 상대가 네 선물을 어떻게 생각했는지 궁금해도 꾹 참아야 해. 선물을 준 사람이 떠난 후에 선물 포장을 뜯는 것이 일본의 문화거든.

- 음식을 먹은 후에는 절대 자리에 누우면 안 돼. 일본에서는 식사 후 자리에 누우면 소가 된다는 전설이 전해 내려오거든.

200 세상에서 제일 소름 돋는 장소 중의 하나인 무네카스섬

멕시코의 수도에서 멀리 떨어져 있지 않은 곳에 **무네카스섬**, 또는 **인형의 섬**이라고 불리는 곳이 있어. 운하로 둘러싸인 자연공원 안에 위치한 아주 작은 섬이지.

- 무네카스섬의 나무에는 수백 개의 인형이 매달려 있어. 예쁘고 멀쩡한 인형도 있지만 고장이 나고 팔다리가 빠진 인형도 있지. 얼마나 무서운지 몰라. 사람들은 이 인형에 영혼이 있다고 믿기도 해. 아마 인형의 섬은 지구에서 가장 무서운 장소일지도 몰라.

- 그렇게 무서운 인형들이 어떻게 나무에 매달리게 된 걸까? 언젠가 훌리앙 산타나 바레라라는 남자가 이 섬에 산 적이 있어. 훌리앙은 주변을 항상 깨끗이 청소하려 노력했지. 그런데 어느 날, 어린 소녀의 사체가 바닷물에 밀려 섬으로 들어왔어. 아마 물에 빠져 죽은 소녀였을 거야. 그런데 누구도 대체 어디서 어떻게 이런 일이 벌어졌는지 알 수 없었지.

까꿍!

무네카스섬

- 며칠 후, 훌리앙은 무네카스섬을 둘러싼 운하에서 한 인형을 찾아냈어. 아마 죽은 소녀의 인형이었을지도 몰라. 그래서 소녀를 추모하는 의미로 훌리앙은 인형을 나무에 매달아 놓았어.

- 그 이후로 훌리앙은 죽은 소녀의 영혼이 있다고 믿게 됐어. 그래서 아이의 마음을 달래려 여러 인형을 찾으러 다녔지. 그리고 찾은 인형을 모두 나무에 매달았어.

- 그렇게 훌리앙은 50년을 살았어. 마침내 섬 전체에 인형이 잔뜩 매달려 있게 됐지. 안타깝게도 모두 예쁜 인형은 아니었어. 더럽거나 고장 나고 팔다리가 빠진 인형들이었지.

- 훌리앙은 죽은 아이를 찾았던 장소에서 물에 빠져 죽고 말았어. 멕시코 사람들은 훌리앙의 영혼이 섬에 머무르고 있다고 믿고 있지.

- 다행히 관광객들은 인형을 무서워하지 않아. 인형을 가져와 나무에 묶어 놓기까지 하니까 말이야.

201 새 네덜란드로 불렸던 오스트레일리아

17세기에 만들어진 지도를 펼쳐 보자. 당시의 오스트레일리아 자리에 새로운 네덜란드라는 뜻의 뉴홀란드(New Holland 또는 Nieuwe-Holland)란 지명이 적힌 걸 볼 수 있을 거야. 1644년 네덜란드의 항해가인 아벌 타스만이 붙인 이름이지. 이 이름은 많은 항해가나 지도 제작자들이 사용하던 예명이었어.

1770년, 영국은 오스트레일리아의 일부에 새로운 사우스웨일스라는 뜻의 뉴사우스웨일스라는 이름을 지어 주었어. 그리고 영국의 지배를 받지 않는 곳만 뉴홀란드로 남아 있게 됐어. 19세기가 돼서야 오스트레일리아는 지금의 이름을 얻을 수 있었지.

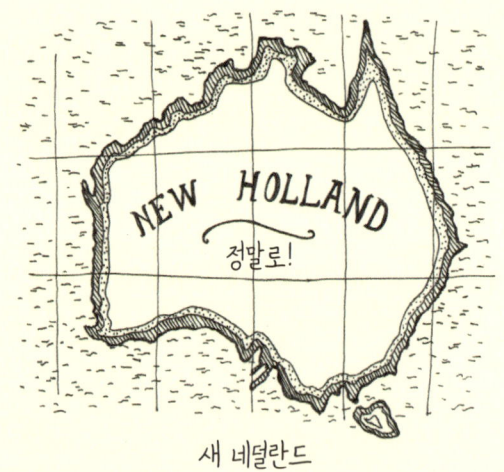

새 네덜란드

그리고 더 많은 이야기

태즈메이니아는 타스만이 발견하고 이름을 붙인 섬이야. 이 지역은 오스트레일리아 연방에 속해 있고 오스트레일리아 본토에서 240킬로미터 정도 떨어져 있어.

202 지옥을 볼 수 있는 중국의 펑두현

아직 소름 끼치는 이야기가 남아 있어. 바로 중국의 양쯔강 유역에 자리한 **귀신의 도시, 펑두현**이야.

- 아주 오랜 옛날, 인과 왕이라는 두 관료가 도교를 공부했어. 두 사람의 이름을 합치면 인왕으로 중국어로 '지옥의 왕'이라는 단어와 발음이 같았지. 전설에 따르면 이 둘은 불사의 몸을 얻어 펑두에서 계속해서 살아갔대.

- 인과 왕이 살던 민산에는 수많은 사원이 지어졌지. 이 사원의 실내와 주변에는 지옥의 왕에 대한 존경의 뜻을 담은 수많은 악마와 괴물의 모습이 그려져 있어. 또한 고문당한 사람들의 그림이나 조각이 널려 있지. 펑두 지역의 사람들은 이를 지옥의 모습이라 생각해.

- 중국 전설에 따르면 죽은 뒤에는 세 관문을 거쳐야 하는데, 그러고 나야만 환생을 하여 다음 생애를 살 수 있지

1. 첫 번째 관문은 도움이 없는 다리야. 민나라 시절에 지어졌지. 선과 악을 판단하는 이 다리는 이승과 저승을 연결하고 있는데, 착한 일을 한 사람은 문제없이 이 다리를 건널 수 있어. 악한 일을 한 사람은 다리를 건너기도 전에 물 아래로 떨어지고 말지.

2. 두 번째 관문은 영혼과 고문의 길이야. 저승의 왕인 야마가 지나는 이를 심판하지.

3. 앞의 두 관문을 지나면 텐즈 궁에 도착해. 궁에서는 특별한 바위에 서서 한쪽 다리로 3분을 버텨야 해. 착한 사람들은 아무 문제없이 이 관문을 통과하지만 그렇지 못한 사람들은 돌에서 미끄러져 지옥으로 떨어지지.

> **펑두현에 대한 더 많은 이야기**
>
> 펑두현 근처의 낮은 산에는 커다란 남성의 모습이 조각돼 있어. 귀신의 왕이라 불리는 이 남자는 언덕 전체를 가로질러 서 있지. 기네스북에 따르면 바위에 새겨진 조각으로는 세계 최대의 규모라고 해. 138미터의 높이와 217미터의 폭을 지닌 이 작품은 너무나 커서 멀리서도 볼 수 있어.

203 세상에서 가장 긴 롤러코스터가 있는 아부다비

아랍 에미리트의 아부다비에 있는 페라리월드는 세계에서 가장 큰 실내 놀이공원이야. 여기서 속도가 빠른 20개의 놀이 기구를 찾을 수 있어. 이 놀이공원에는 세계에서 가장 빠른 롤러코스터가 있어. 포뮬라 로사라고 불리는 이 놀이기구는 가장 빠를 때는 시속 239킬로미터 이상으로 속도가 난대. 항공기가 이륙할 때 사용하는 엔진과 같은 엔진이 설치돼 있거든. 5초 안에 시속 239킬로미터에 도달할 수 있지. 심지어는 좌석도 페라리 자동차의 좌석처럼 보여. 이 놀이기구를 탈 때는 눈에 모래가 들어가는 일을 방지하기 위해 특수 고글을 써야만 해. 다른 놀이기구들과 다르게 포뮬라 로사는 실외에 있어.

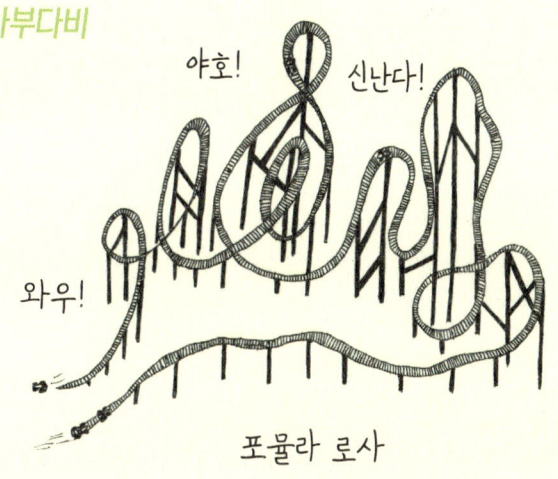

포뮬라 로사

높이, 높이, 그리고 더 높이 올라가는 기구를 좋아하니? 그렇다면 미국의 잭슨에 위치한 식스 플래그 그레이트 어드벤처라는 놀이공원에 가렴. 그곳에는 세계에서 가장 높은 롤러코스터 킹다 카가 있어. 높이가 자그마치 139미터에 가장 빠를 때는 시속 206킬로미터로 달리지. 세계에서 두 번째로 빠른 롤러코스터야.

마추픽추

204 신비로운 비밀의 도시, 마추픽추

페루에 위치한 안데스산맥에는 고대 잉카 제국의 도시, **마추픽추**가 숨어 있어.

- 마추픽추는 에스파냐군의 눈을 피해 온전한 모습을 지키며 잘 숨어 있었어. 1911년 하이럼 빙엄 교수가 지역 가이드의 도움을 받아 비밀의 도시를 발견하기 전까지는 말이야.

- 잉카의 역사를 연구하기에 마추픽추는 지구에서 가장 훌륭한 교과서야. 1459년에 건설됐을 것으로 보고 있지.

- 마추픽추의 주변에는 아무 도시도 없고 찾아가기도 쉽지 않아. 잉카인들이 왜 그런 장소에 마추픽추를 지었는지는 아직까지도 밝혀지지 않았지. 그런 이유로 마추픽추가 왕이 특별히 머물던 곳이라고 생각하는 사람들이 있어. 종교적인 이유에서 지어졌을 수도 있고 말이야.

- 마추픽추는 거주용 건물이 있는 곳, 귀족을 위한 구역, 그리고 종교 의식을 위한 구역으로 나뉘어 있어. 750~1,000명이 지낼 수 있는 공간을 찾아볼 수 있지. 종교 의식을 위한 구역에는 해와 달의 신을 위한 사원들이 위치해 있어.

- 안데스산맥이라니, 잉카인들이 이 장소에 도시를 건설한 건 기적이라고 볼 수 있어. 그 당시에는 무거운 건축 자재들을 옮기기 위한 바퀴가 없었거든.

- 마추픽추로 여행을 떠나고 싶지 않니? 그렇다면 이곳에서는 유적이 입을 피해를 최소화하고 미래를 위해 유적을 보존하기 위해 항상 가이드와 함께 다녀야 함을 잊지 마렴.

205 미스터리로 가득 찬 이스터섬

이스터섬은 태평양에 위치한 섬 중 하나야.
칠레에서 좀 떨어져 있는 칠레의 땅이지. 이 섬이 유명한 이유는
바로 섬에 널려 있는 수백 개의 **모아이 석상** 때문이야.

- 모아이는 10미터나 되는 높이에 무거운 것은 80톤이나 나가. 화산암으로 만들어졌지.

- 모아이는 산 비탈길에 우뚝 서서 산 전체를 둘러보는 것처럼 서 있어. 그중 단 7개의 석상만이 바다 쪽을 바라보고 있지.

- 전설에 따르면 섬에 살던 첫 번째 조상들이 모아이라고 해. 석상으로 이스터섬에 남아서 후손들이 잘 살게 해 달라고 빌었다지.

- 이스터섬 사람들이 모아이 같은 커다란 돌덩이를 대체 어떻게 옮겨 놓았는지는 아직까지도 미스터리야. 모아이는 멀리 떨어진 곳에서 조각된 후 바퀴나 기중기, 또는 가축의 도움도 없이 지금의 자리에 서 있으니 말이야.

- 고고학자들이 생각하기에 모아이는 사람의 힘과 줄의 힘을 사용해 언덕 위로 이동시키기 편하게 생겼어. 머리에 줄로 매듭을 만들어 위로 끌어올릴 수 있다는 거지.

- 과학자들이 실제로 시도해 보니 5톤까지는 올릴 수 있었대.

- 섬사람들은 인간들이 석상을 옮겼다는 이야기를 믿지 않아. 아직도 석상들이 스스로 그 자리로 걸어갔다고 믿고 있지.

이상한 박물관

206 미국 보스턴에는 못생긴 예술 작품을 위한 미술관이 있어

이 미술관의 이름은 **뮤지엄 오브 배드 아트**(Museum of Bad Art), 줄여서 **MOBA**라고 불려. '못생긴' 미술 작품만을 모아 놓은 곳이지. 초상화, 풍경화, 그리고 추상화까지 전부 아우르고 있어. 몇몇 작품들은 멋져 보이긴 해. 원한다면 MOBA의 공식 홈페이지(www.museumofbadart.org)로 들어가 살펴봐. 원한다면 네가 그린 그림도 보낼 수 있지 않을까?

- MOBA 외에 다른 박물관도 있어. 미국의 캔자스에 위치한 **철조망 박물관**이지. 이곳에서는 철조망에 대한 모든 것에 대해 배울 수 있어. 2,000개가 넘는 종류의 철조망에 감탄할지도 몰라. 또한 철조망에 깊이 연관된 미국의 역사에 대해 배울 수 있을 거야.

- 철조망에 대해서는 알고 싶은 것이 없다고? 그렇다면 터키의 카파도키아에 위치한 **머리카락 박물관**에 가 봐. 30년 전, 터키에 어떤 도공이 있었는데, 도공의 친한 친구가 이사를 가게 됐어. 그래서 친구에게 머리카락을 조금 잘라 달라고 부탁했지. 그리고 다른 친구 역시 이사를 가며 머리카락을 잘라 주었지. 도공은 그렇게 머리카락을 모았고 우울함에서 빠져나올 수 있었어. 그동안 박물관에는 16,000명의 머리카락이 전시됐지. 각 머리카락에는 주인이 누구이고 도공이 어떻게 머리카락을 얻게 됐는지를 적은 노트가 매달려 있어.

- 멕시코의 칸쿤에는 **수중 박물관**이 있어. 바다 바닥에 50개의 그림이 놓여 있지. 그리고 그림 위를 산호초가 천천히 덮기 시작했어. 아 참, 수중 박물관을 방문하려면 다이빙을 할 줄 알아야 해.

- 무서운 것을 좋아하는 사람은 네덜란드 암스테르담의 **고문 박물관**을 방문하도록 해. 단두대, 철구, 교수대 등등 각종 고문 도구들이 전시되어 있으니까. 어떻게 사용하는지 설명도 적혀 있지. 친절하게 그림까지 붙어 있어. 고문 박물관을 방문한 뒤 꿈속 여행을 떠나면 바로 악몽행 열차를 타게 될 거야.

207 오스트레일리아의 지하 도시

이 도시의 이름은 **쿠버페디**야. 가장 가까운 도시가 805킬로미터나 떨어져 있는 외로운 도시야.

쿠버페디는 보석 원석의 한 종류인 오팔을 캐던 광산이 있던 도시였어. 그런데 이 도시는 매우 더웠어. 여름에는 기온이 40도까지 올라가기도 했거든. 그래서 광부들은 시원한 광산 안에서 잠들었어. 이곳이 얼마나 좋았는지 광부들은 광산을 지하 도시로 확장시키기 시작했어. 게다가 그 도시에는 바깥에 집을 지을 수 있는 목재도 없었으니까.

이 지하 도시에는 1,500채의 지하 가옥이 있어. 어떤 집은 수영장도 있지. 천장의 구멍을 통해 공기와 빛이 들어오고, 교회와 술집도 있고 말이야. 지하지만 살기 좋은 곳이야.

8
재밌는 과학의 세계

208 우주 비행사가 이용하는 진공 화장실

모두가 알고 있다시피 중력은 지구 중심으로 모든 것을 끌어당기는 힘이야. 그 때문에 우리가 공중에 둥둥 떠다니지 않고 땅에 발을 댄 채 서 있을 수 있지.

- 지구를 떠나면 중력이 줄어들지만 아예 없어지진 않아. 그래서 달과 같은 행성이 지구 주변을 돌게 되지.

- 중력 덕에 우주선이 지구 주변의 궤도를 돌게 되는 거야. 사실 우주선은 계속해서 빨리 날아서 더 멀리 날아가려 하지만 지구의 중력에 이끌려 도망가지 못하고 있어. 우주선의 원심력과 중력이 균형을 맞추고 있기 때문이야. 우주 비행사와 우주선이 지구에서 멀어지려고 하면 같은 속도로 지구의 중심이 계속해서 우주선을 끌어당기기에 더 이상 멀어지지 못하고 회전을 계속하는 거야. 중력이 사라지는 것과 다름없지. 그게 바로 우리가 탄 승강기나 비행기가 아래로 떨어질 때 일어나는 현상이야.

- 중력이 없기 때문에 우주선 안의 모든 것은 둥둥 떠다녀. 화장실의 용변도 마찬가지. 둥둥 떠다니는 똥덩어리와 마주치는 걸 좋아하는 사람은 없겠지?

- 다행히 누군가가 이 문제를 해결하기 위해 특별한 진공 화장실을 설치했어. 남성 우주 비행사들은 자신의 비뇨기에 이 기구를 대고 소변을 볼 수 있지. 대변을 볼 때나 여성 우주 비행사들이 사용할 때 쓰는 진공 용변기도 따로 있어. 이곳에서 볼일을 보면 볼일을 보자마자 용변이 바로 빨려 들어가지.

- 간단한 일처럼 들리지만 그렇지 않아. 일단 우주 비행사는 조준을 잘 해야 해. 중력이 없기에 몸이 둥둥 떠다닐 테니 이를 막기 위해 특별한 벨트로 몸을 고정시켜야 하지. 그리고 진공 화장실의 전원을 켜야 해. 그러지 않으면 용변이 바로 바깥으로 빠져나오고 말 테니까.

- 우주 비행사가 우주선 밖에서 일해야 하는 경우도 있어. 그때는 기저귀를 차고 해.

이런! 장래의 꿈이 우주 비행사인 친구들에게 흥미가 떨어졌을 수도 있겠네.

209 뼈 나이를 알려 주는 기계

숲길을 걷다 찾은 뼈의 나이가 굉장히 오래됐을 수도 있을 거야. 매머드의 뼈일 수도 있으니까! 혹시 모르니 고생물학자를 찾아보자. 오래전 지구가 어땠는지를 연구하는 과학자들 말이야.

- 고생물학자들은 뼈 주변의 환경을 연구할 거야. 근처에 특별한 돌이나 조개껍데기가 있는지 확인하지. 그러면 매머드의 뼈인지 아닌지를 대략 알 수 있어.

- 더 확실하게 알려면 뼈의 나이를 측정하는 기계 속에 뼈를 넣어 방사성 탄소(C14)가 얼마나 남아 있는지를 살펴보아야 하지. 자연 상태에서 뼈에는 방사성 탄소가 존재하는데, 시간이 지날수록 뼈에서 점점 사라져 가. 그러니 뼈 속에 남아 있는 방사성 탄소의 양이 적을수록 뼈의 나이가 많은 거야. 이 기계는 뼈의 나이를 5만 년까지 측정할 수 있어. 과학자들은 이 나이 측정법을 '방사성 탄소를 이용한 연대 측정법'이라고 불러.

탄소에 대한 더 많은 이야기

방사성 탄소를 이용한 연대 측정법은 1949년 과학자 윌라드 리비와 그의 동료들이 발명한 방법이야. 이 중요한 발견으로 연구팀은 1960년 노벨 화학상을 탔지. 노벨상은 물리학, 화학, 생리의학에 지대한 영향을 미치는 발견을 한 연구자들에게 주는 상이야. 문학과 평화에 이바지한 사람들에게 주는 노벨상도 있지.

210 이 세상의 모든 박테리아를 합친 무게가 지구상 모든 포유류를 합친 무게보다도 무거워!

- 박테리아는 1개의 세포로 이루어져 있기에 '단세포 유기체'라고 불러. 그 크기는 0.001~0.005밀리미터로 매우 작아서 맨눈으로는 볼 수 없지만 항상 인간의 주변에 머물러 있지.

- 박테리아가 병을 옮기는 더러운 생물이라고 생각하는 사람이 많을 거야. 하지만 그건 사실이 아니야. 박테리아는 공기, 물, 땅, 그리고 우리의 몸 전체에 퍼져 있어. 아이 참, 벌써부터 몸을 긁을 필요는 없어. 박테리아가 거기 있는 이유가 있거든. 우리가 생존하기 위해서는 박테리아가 필요해.

- 예를 들어, 피부 상재균은 우리 피부에 머무르는 박테리아를 일컫는 말이야. 나쁜 박테리아가 이사 오지 못하도록 막아 주는 녀석이지. 보호막처럼 피부 건강을 지켜 줘.

- 우리 창자에도 착한 박테리아가 살아. 장내 세균이라 불리지. 장벽을 나쁜 박테리아의 공격에서 지켜 주며 음식의 소화를 도와줘. 일단 음식을 소화하려면 작은 조각으로 나눠 주어야 하는데, 장내 세균에서 나온 효소가 이 역할을 도맡아 해. 그렇게 음식의 영양분이 몸으로 들어가 에너지를 만들 수 있게 돕는 거지. 박테리아에게는 창자가 없지만 비밀 효소가 있어. 이를 이용해 스스로의 소화를 돕고 나머지는 우리의 소화를 도와.

- 박테리아가 우리 몸 전체를 돕고 있다는 걸 알겠지? 그러니 전혀 무서워하지 않아도 좋아. 지구의 모든 박테리아를 합친 무게는 모든 포유류를 합친 무게보다도 무겁대. 박테리아가 모두 못됐다면 인류는 이미 멸종하고 말았을 거야.

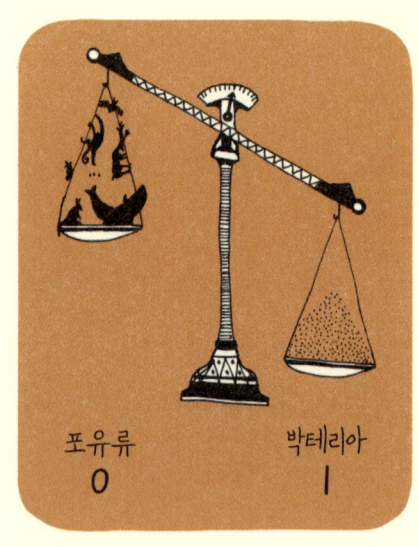

박테리아에 대한 더 많은 이야기

박테리아로 길에 불을 밝힐 수 있다는 점을 알고 있니? 과학자들이 문어의 박테리아를 추출해 빛을 낼 수 있는지 실험하는 중이야. 특별한 음식을 넣고 투명한 봉투에 이 박테리아를 넣어 놓으면 3일 동안 빛을 낸대.

우주   바다

211 인간은 바닷속보다 우주를 더 많이 방문했어

달은 지구에서 약 38만 5,000킬로미터 떨어져 있지. 엄청나게 먼 거리야. 그런데도 이미 12명의 우주 비행사가 달에 발을 딛었고 수많은 우주여행자들이 우주 정거장을 방문하고 있어.
바닷속은 지구에 있기에 이미 엄청나게 많은 사람이 방문했을 거라 생각하지만 그렇지 않아.

- 아직 우리는 바다의 10분의 1도 제대로 탐험하지 않았지. 지구의 70퍼센트 이상이 물로 덮여 있을 만큼 물의 면적이 넓다는 걸 알면 그다지 놀랄 만한 일도 아니야.

- 바다의 깊이는 보통 4,300미터야.

- 사람들은 보통 세상에서 가장 깊은 바다의 수심은 해수면 아래 1만 900미터를 기록하고 있다고 알고 있어. **챌린저 해연**이라고 불리는 곳이지. 이곳을 발견한 사람들이 타고 있었던 연구선의 이름이 챌린저였거든. 챌린저 해연은 마리아나 해구와 태평양 사이에 놓여 있어.

- 그런데 그보다 더 깊은 곳이 있지. 바로 **비티아즈 해연**이야. 수심을 측정한 러시아의 연구선 비티아즈호의 이름을 땄지. 비티아즈 해연의 깊이는 단 한 번만 측정했기 때문에 정확도에 대한 논쟁이 많아. 배에서 로프를 달아 내린 수중 청음기를 사용해 측정한 깊이지.

- 과학자들은 심해에도 생물체가 살고 있다는 사실에 놀라움을 금치 못했어. 특이한 물고기들부터 시작해 바위로 된 바다의 밑바닥을 살금살금 기어가는 새우까지 살고 있었거든. 심해를 더 자세히 살펴볼 만한 이유이지 않을까?

212 북반구와 남반구의 해류가 서로 반대 방향으로 회전한다는 게 사실이야?

북반구의 해류가 시계 반대 방향으로 돌며 흐른다는 이야기를 들어 보았니? 반대로 남반구의 해류는 시계 방향으로 돈다는 것도 알지? 바로 **코리올리 효과**야.

코리올리 효과란 해류와 바다의 바람을 바꾸어 나선형의 해류를 만드는 힘이지. 그렇지만 보통은 그 힘이 너무 작기에 먼 거리에서만 목격할 수 있어.

화장실, 부엌의 개수대, 그리고 욕실에서도 일어나는 흔한 현상이지만, 여전히 그 크기가 너무 작기에 우리가 확실하게 알아채긴 어려워.

적도 지방에 가면 똑똑한 사기꾼들이 코리올리 효과를 사용해 관광객들을 호객하지. 이제는 그 원리를 알았으니 속으면 안 되겠지?

213 어디서 작용해야 하는지 모른 채 진통을 없애 주는 진통제

치통이 너무 심해서 엄마가 준 진통제를 먹는다고 가정해 보자. 그런데 이 작은 알약이 대체 어떻게 우리가 아픈지 알고 우리 치아에 가지 않아도 아픔을 없앨 수 있는 걸까?

- 사실 진통제는 그다지 똑똑하지 않아. 보통 물과 함께 알약을 삼키지? 그러면 통증을 줄여 주는 물질이 네 소화 기관으로 들어가 피를 통해 온몸으로 퍼지는 거야.

- 그리고 네 몸 전체를 도는 여행을 시작해. 통증은 신체 부위에서 뇌로 보내는 신경 신호 때문에 생겨나. 진통제는 이런 신호가 뇌로 도착하지 못하게 방해하는 역할을 해.

- 진통제 성분은 네 몸 전체를 돌기 때문에 치통뿐 아니라 어제 한 운동 때문에 생긴 근육통까지 없앨 가능성이 커.

- 통증을 느끼는 신체 부위에서 뇌로 보내는 신호를 뇌가 더 이상 받지 못하면 너도 통증을 느끼지 않아.

- 그러니까 진통제는 통증의 근본 원인을 치료해 주는 게 아니야. 대신에 몸 전체에서 뇌로 보내는 신호를 차단할 뿐이지.

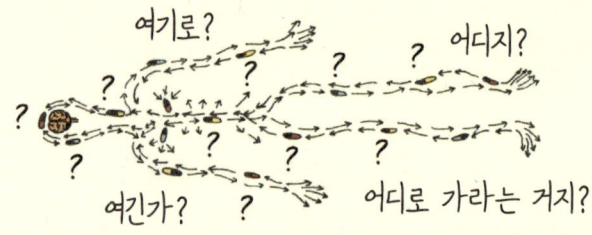

214 지구에서 가장 낮은 온도인 영하 89.2도

보스토크의 날씨는 정말 엄청나게 추워. 말도 안 되게 추운 날씨야. 보스토크는 바로 남극의 기상 관측소야. 겨울 동안의 기상 관측소의 온도는 영하 65도인데, 다행히 여름에는 온도가 영하 30도까지나 올라오지.

보스토크에서 관측된 가장 낮은 온도는 1983년 7월 21일에 측정된 영하 89.2도였어. 엄청난 성능으로 영하 40도까지 온도를 낮출 수 있는 기능을 지닌 냉동실 속보다도 2배나 더 낮은 온도지.

7월까지도 그렇게 춥다니, 이상하다고 생각할 수도 있을 거야. 그 이유는 우리에게 7월은 여름이지만, 남반구와 적도 지역은 여름이 아니기 때문이야. 그곳에서 7월은 겨울이거든.

추운 날씨보다 더운 날씨를 더 선호한다고? 그렇다면 중동, 아프리카의 사헬 지역, 또는 미국의 데스밸리로 여행을 떠나렴. 매번 더운 날씨로 기록을 경신한 지역들이니 말이야.

1913년 7월 10일은 미국의 데스밸리가 죽도록 더웠던 날이야. 기온이 56.7도까지 올랐지. 몇 년 후, 리비아의 알아지지야 지역의 온도계가 그 기록을 깼어. 1922년 8월 13일에 관측된 온도는 바로 57.7도였어.

날씨를 공부하는 기상학자들은 과연 이 측정치가 맞는 수치였는지를 진지하게 고민했어. 당시 온도를

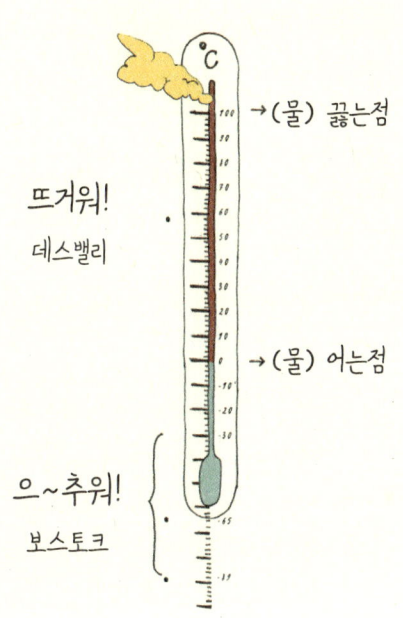

측정하던 장비들은 지금만큼 훌륭하지 못했거든. 전문가들도 이에 동의해서, 2016년 쿠웨이트의 미트리바 지역에서 측정된 섭씨 54도가 지구에서 가장 더웠던 날씨라고 결정했어. 같은 날, 이라크의 바스라 지역은 섭씨 53도를 기록했지.

215 커다란 도서관도 담을 수 있는 작은 USB 저장 장치

USB 저장 장치의 크기는 고작 몇 센티미터야. 그런데 용량이 충분하다면 그 안에 도서관 전체가 가진 정보를 담을 수도 있어. 1테라바이트 용량의 USB 저장 장치는 200페이지의 책 백만 권을 저장할 수 있으니까 말이야. 1테라바이트는 1,000기가바이트, 또는 1조 바이트와 같은 용량이야.

세상에서 가장 큰 도서관인 **미국 의회도서관**에는 3,800만 권의 책이 있지. 이 모든 책을 단 38개의 USB 저장 장치에 저장한 후 책상 서랍 안에 넣어 놓을 수 있다니, 참 신기하지 않아?

USB 저장 장치는 '기억 매체'라고 불리기도 해. 기억 매체의 크기는 점점 작아지고 용량은 점점 늘어가지. 9센티미터에서 약간 모자란 크기의 3.5인치 플로피 디스크에는 고작 1.44메가바이트의 정보를 담을 수 있지.

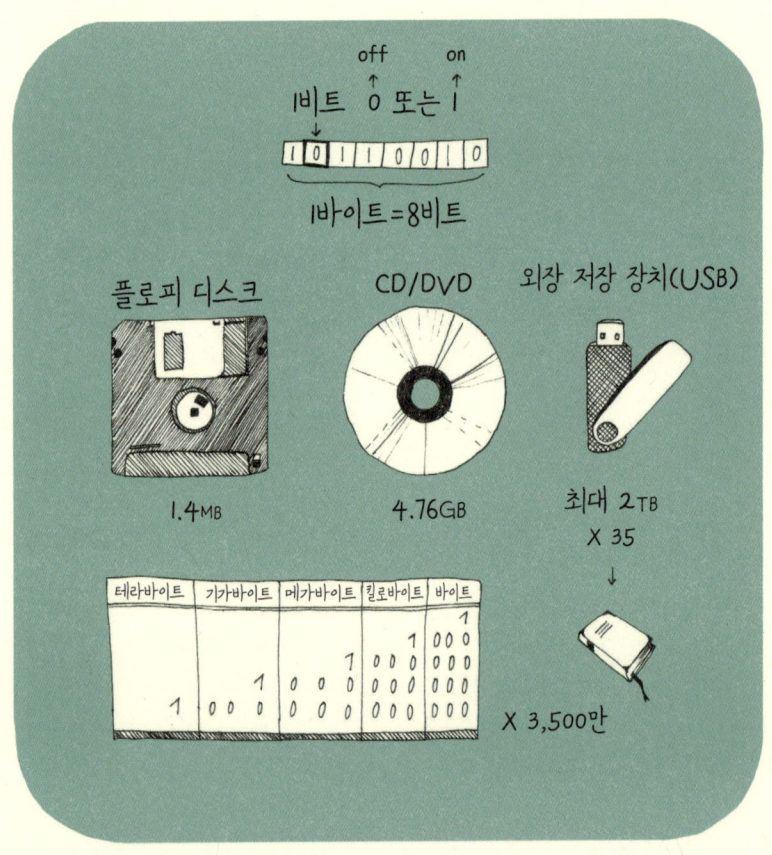

DVD는 4.7기가바이트의 정보를 담을 수 있고, USB 저장 장치는 2테라바이트의 정보를 담을 수 있어.

컴퓨터도 마찬가지야. 1946년에 만들어진 인류 최초의 컴퓨터 에니악(ENIAC)은 167제곱미터의 면적을 차지할 만큼 컸어. 1초에 5,000개의 수식을 처리할 수 있었지.

선웨이 타이후라이트라는 이름의 세상에서 가장 빠른 슈퍼 컴퓨터와 비교해 볼까? 이 컴퓨터는 초당 930억 개의 수식을 처리할 수 있고, 1,000제곱미터의 면적을 차지하는 커다란 기계야.

216 조심해! 방귀에 불이 붙을 수 있어!

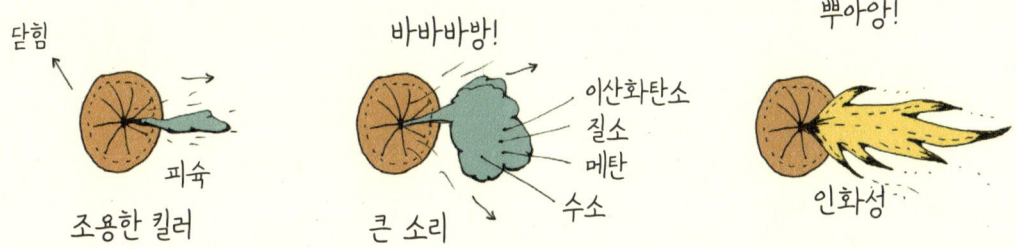

방귀는 몸이 분출하는 가스야. '조용한 살인마'로 불리는 방귀는 소리 없이 찾아오기도 하지만 고약한 냄새가 나지. 창문이 흔들릴 정도의 큰 소리를 내는 트럼펫방귀도 있어. 이렇게 커다란 소리와 진동은 공기가 빠져나오는 구멍인 조임근이 만들어 내는 거야. 속이 텅 빈 소화 기관을 닫으며 만드는 소리지.

세상에는 다양한 종류의 방귀가 있어. 음식을 소화하는 소화 기관이 수소, 메탄, 그리고 이산화탄소를 만들어 내지. 이 중 메탄과 수소 때문에 방귀에 불이 붙을 수 있어.

그렇다고 해서 진짜로 불을 붙여 보면 안 돼. 엉덩이에 불이 붙을 수도 있잖아. 그러다 물집이 생길 수도 있다고.

방귀에 대한 더 많은 이야기

- 냄새가 나는 방귀에서는 많은 양의 황을 찾아볼 수 있어. 고기와 계란을 많이 먹으면 생기는 방귀이지.

- 방귀 연주자는 자신이 원하는 때에 방귀를 뀌어서 사람들을 즐겁게 해 주는 사람들을 말해. 심지어는 방귀로 공연을 하기도 해. 미스터 메탄과 르 페트멍이 유명해. 미스터 메탄의 본명은 폴 올드필드이고, 르 페트멍의 본명은 조셉 퓌졸이야.

- 청어는 방귀로 대화한대.

217 내장형 GPS를 지닌 비둘기

비둘기는 둥지로부터 수천 킬로미터 떨어진 곳에서 날려도 자기 둥지를 찾아올 거야. 몇몇 조류와 마찬가지로 비둘기의 몸에는 자연 GPS가 내장되어 있거든.

- 과학자들은 아직도 어떻게 비둘기가 길을 찾아오는지 정확히 밝혀내지 못했어. 대신 비둘기의 뇌에서 방향과 지구의 자기장에 강하게 반응하는 신경 세포를 찾아냈을 뿐이지. 이 신경 세포 덕에 비둘기는 자신의 위치를 정확히 아는 것일지도 몰라. 머릿속에서 지도를 그려 놓고 집을 찾아가는 셈이지.

- 최근의 연구에 따르면 비둘기는 머릿속 지도를 그릴 때 바람과 냄새도 사용한대. 바람이 불어오는 방향과 바람이 가져오는 냄새를 알기 때문에 어디로 날아가야 하는지를 찾아내지.

- 비둘기는 언제나 자신의 집을 찾을 수 있기에 이를 이용해 경쟁을 하는 사람들도 생겨났어. 바로 비둘기를 교배하는 사람들이야. 이들은 자신들이 기른 비둘기를 커다란 바구니에 담아 둥지에서 수천 킬로미터나 떨어진 장소로 운반해. 여기서 풀어 준 비둘기들 중 가장 빨리 집에 돌아오는 비둘기의 주인이 이기는 경쟁이야.

- 우승한 비둘기는 비싼 가격에 팔리기도 해. 벨기에의 베벨헴에서 온 골든프린스라는 이름의 비둘기는 2017년 3월 남아프리카공화국의 누군가에게 36만 유로에 팔려 갔다고 해.

빠른 회전 가능

비둘기에 대한 더 많은 이야기

비둘기를 이용한 경기는 독일, 네덜란드, 그리고 벨기에에서 큰 사랑을 받고 있지. 매년 4월에서 9월 사이에 각종 대회가 열려. 어린 비둘기는 한 해 동안 5회의 경기에 참여할 수 있고 완전히 성장한 비둘기는 총 14회의 경기에 참여할 수 있어. 하지만 동물보호단체에서는 이 경기를 달갑게 생각하지 않아. 경기에 참여한 비둘기들은 간혹 길을 잃고 엉뚱한 도시로 날아가 그 도시에 사는 경우가 있기 때문이야. 기상 악화로 죽기도 하지. 동물보호단체의 말에 따르면 이 비둘기들은 자신들의 신체 능력 이상의 비행을 해야 하기 때문에 경주용 비둘기의 주인들은 약물을 사용하기도 해. 무리 중 가장 약하게 태어난 비둘기는 처음부터 죽이는 경우도 있지.

218 살아 있는 효모가 만들어 준 빵

- 잔뜩 부풀어 올라 부드럽고 가벼운 빵을 만들기 위해서는 효모를 첨가해야 해. 효모를 넣은 빵에는 특별한 맛이 있지. 효모는 빵이 구워지는 동안 그 안의 설탕을 이산화탄소로 변환시키고, 변환된 이산화탄소는 빵을 푹신하게 만드는 공기 방울들을 만들어 내.

- 와인이나 맥주를 만들 때 효모를 사용하기도 해. 이때 효모는 알코올 생성을 촉진하지.

- 효모가 살아 있다는 걸 알고 있니? 효모는 섭씨 15~30도 사이에서 가장 활발하게 활동하는 단세포균이지. 그런 이유에서 효모를 사용할 때는 미지근한 물을 써야 해. 자, 이제 빵이 좀 달라 보이지?

강한 이스트

219 배 속에서 생겨 나는 공기 방울

탄산이 든 레모네이드를 좋아하니? 마시고 나서 속 시원하게 나오는 트림 덕에 더 많이 찾는 음료이기도 하지. 이 트림의 정체가 뭘까? 바로 탄산 레모네이드의 공기 방울이 위장을 부풀린 후 빠져나오는 거야.

- 탄산 레모네이드에는 이산화탄소가 압축된 채로 녹아 있어. 그렇게 하기 위해 음료수 병 안의 압력을 높게 만들지. 압력이 높은 탄산음료 병을 열면 갑자기 압력이 낮아져 이산화탄소가 빠져나와. 이때 펑 하는 소리를 들어본 적 있을 거야. 바람이 빠져나가는 소리와 비슷해.

- 이산화탄소의 분자는 서로 뭉쳐 공기 방울을 만들어 내지. 지금 막 딴 탄산음료를 한 잔 마시면 이 공기방울들이 위장 안에서 더 크게 부풀어 오르고 위장은 뇌로 신호를 보내지. 지금 공기 방울들이 너무 많이 들어와 속이 불편하다고 말이야. 그 신호를 받은 뇌는 위장과 식도 사이의 근육에 신호를 보내 입을 통해 공기를 빼내라고 명령해. 그러면 근육이 힘을 풀어서 트림을 시켜 가스를 내보내.

끄억

부글부글

트림에 대한 더 많은 이야기

예의 바른 어른들은 네가 조심하지 않고 내는 트림 소리를 싫어할 수도 있어. 중국인이 아니라면 말이야. 중국에서 트림은 요리를 만들어 준 사람에 대한 감사를 의미해. 커다란 트림 소리로 음식을 맛있게 먹었다고 표현하는 거지.

220 원자로 이루어진 모든 것들

- 원자는 레고 장난감의 블록과 같은 물질의 구성 요소야. 주변을 살펴보자. 식물, 우리 몸, 그리고 공기까지도 모두 원자로 이루어져 있어. 크기가 너무 작아 맨눈으로 보기는 어렵지만 고성능 현미경을 사용하면 볼 수 있어.

- 해변을 떠올려 보자. 우리 주변을 구성하는 물체의 원자 수는 해변가 모래알의 숫자보다 훨씬 더 많을 거야.

- 원자의 구조에 대해 알고 있니? 원자의 한가운데에는 '핵'이 위치하고 있어. 양성의 전하를 띤 양성자와 전하를 띠지 않는 중성자가 원자의 핵을 구성하지. 그리고 우리가 전자라 부르는 작은 알갱이들이 그 주변을 떠다니고 있어. 전자는 음성의 전하를 띠고 있어. 이렇게 양전하와 음전하를 띤 두 구성 요소가 서로를 중화시켜 결국 원자는 중성이 되지. 전자 사이에는 빈 공간이 존재해. 즉, 우리가 보는 모든 물질은 작은 입자들과 그 입자들에 비해 엄청나게 큰 공간으로 구성되어 있는 거야.

- 원자의 종류는 다양해. 그리고 마치 레고로 블록을 조립하는 것처럼 서로 다른 조합을 만들어 낼 수 있지. 모든 원자가 다른 방식으로 조합됐기 때문에 서로 다른 모습이 생겨나는 거야. 그런 이유에서 우리는 모두 인간인데도 서로 닮지 않았지.

- 간혹 원자력 발전소의 분자들은 미세한 조각으로 나뉘어. 이를 '핵분열'이라고 부르는데, 이 현상은 엄청나게 많은 양의 에너지를 만들어 내. 여기서 생겨난 에너지를 '핵에너지'라고 불러.

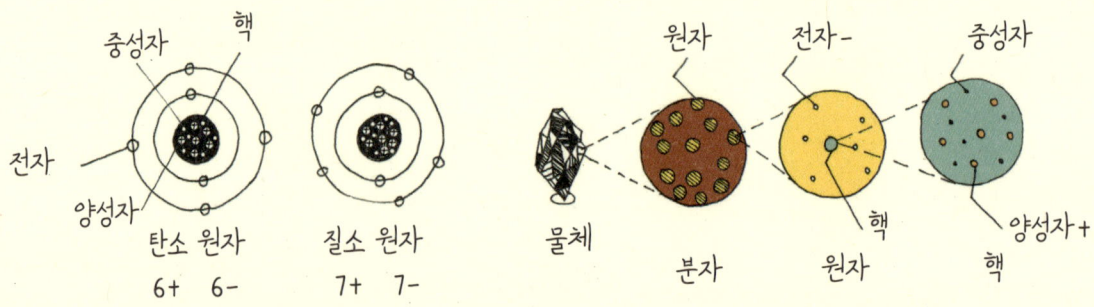

모든 물질

221 하늘을 나는 자동차

교통 체증에 시달려 본 적이 있니? 움직이지 않는 차가 너무나 답답해 하늘을 나는 자동차를 상상해 본 적이 있을 거야. 실제로 가능하다면 얼마나 좋을까?
그렇게 생각했다면 좋은 소식이 있어! 바로 하늘을 나는 자동차가 개발됐다는 소식이야.

- 지난 2006년부터 미국의 공학자들이 지구라는 의미의 단어와 비행이라는 의미의 단어를 섞어 이름 지은 **테라퓨지아**라는 자동차를 만들어 냈어. 첫 번째 시운전, 또는 시비행도 해 본 상태야.

- 테라퓨지아를 지금 당장 도로에서 운전해 볼 수도 있어. 저녁때는 주차장에 세워 놓을 수도 있고 말이야. 그리고 어딘가 멀리 이동해야 한다면 공항까지 운전해 간 후 거기서 비행을 시작할 수도 있어. 일단 하늘에 뜨면 시간당 320킬로미터의 속도로 비행할 수 있지.

- 테라퓨지아를 만든 회사는 2023년에 판매할 예정이라고 해. 아마도 고급 승용차만큼 비싼 가격이 책정되겠지.

하늘을 나는 자동차라니, 상상만 해도 재미있지. 그런데 하늘에 교통 표지판이나 신호가 존재할까? 너무 빨리 도로를 달리면 벌금을 내야 할지도 모르고, 아, 달리는 게 아니라 하늘을 나는 거였지.

222 제각기 다른 모양의 눈송이들

눈이 올 때는 수백 수천만 개의 눈송이가 하늘에서 떨어져. 모든 눈송이가 제각각이라는 사실을 알고 나면 그 모습이 더욱 멋지게 보일 거야.

윌슨 벤틀리는 1865년 이 세상의 모든 눈 결정이 제각각 다른 모습을 하고 있다는 점을 밝혀 냈어. 윌슨은 미국 버몬트주에 살았어. 겨울이면 매우 춥기도 하고 눈도 많이 내리는 미국의 북쪽 지방에 위치한 곳이지. 윌슨은 눈 결정을 현미경 아래에 놓고 살펴보고 싶었지만 너무 금방 녹아 버리는 바람에 그 특별하고 복잡한 모양을 제대로 연구할 수가 없었어.

대신 수백 장의 눈 결정 사진을 찍었지. 당시에는 특별한 카메라가 없었기에 스스로 카메라를 개발해야 했어. 그래서 카메라와 현미경을 합쳤지. 눈송이에 흥미를 느끼는 윌슨을 신기하게 바라보던 사람들은 눈송이 벤틀리라는 별명을 지어 주기도 했어.

그렇게 찍은 사진 속 눈송이는 너무나 아름다웠지만 윌슨은 특별한 점을 찾을 수가 없었어. 대신 어떤 눈송이도 똑같이 생기지 않는다는 걸 눈치 챘지. 모든 눈송이는 육각형 모양으로 이루어져 있는데, 서로 다르게 조합이 된 모양이었어. 윌슨은 드디어 눈송이는 모두 다르게 생겼다는 사실을 점점 더 믿게 됐지.

그리고 지금의 우리는 더 많은 걸 알게 됐어. 눈송이가 작은 얼음 결정에서 시작한다는 사실이야. 이 얼음 결정이 빠르게 빙빙 돌며 땅으로 내려오면서 그 주변에 붙은 수분과 먼지와 함께 얼어 점점 커지는 거야. 그러니 최종 모습을 결정하는 데는 많은 요소가 작용하지. 습도와 바람도 그중 하나야. 그런 이유로 모든 눈 결정이 다른 구조로 만들어져.

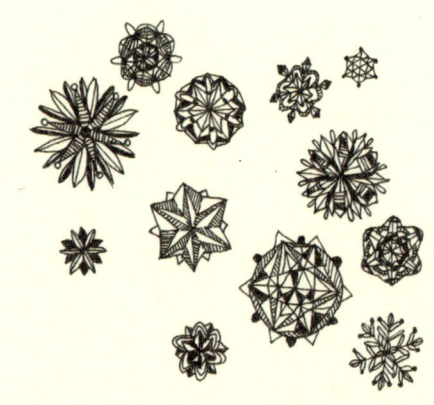

물론 엄청나게 많은 숫자의 눈송이가 떨어지기 때문에 정말 서로 다른 모습인지 일일이 비교할 순 없었어. 그렇게 생각하면 정말로 쌍둥이 눈 결정이 없는지 확신하기는 어렵네.

눈 결정에 대한 더 많은 이야기

- 눈은 우박과는 좀 다르게 생겼어. 눈은 기온이 어는점 아래로 떨어지면 만들어져. 어는점 아래에서는 구름 속 물방울들이 얼음 조각들로 변해. 이 작은 얼음 조각들이 공기 중에 떠다니며 자신에게 달라붙는 먼지 조각들과 합쳐져 눈이 되는 거야.
- 우박은 매우 높은 고도에서 만들어지는 얼음 덩어리야. 폭풍우가 몰아치기 전, 공기가 아주 더워지면 공기가 하늘 위로 올라가지. 하늘로 올라간 공기가 차게 식으면서 물방울까지 얼려 버려. 이들이 구름 속에서 서로 뭉쳐서 우박덩어리를 만들어 내.

223 정전기를 만들어 내는 머리카락

머리카락을 빗는 동안 머리카락이 곤두선 경험을 한 적이 있을 거야. 그건 바로 정전기 탓이야.

- 전기는 원자의 작은 부분들이 움직여 만들어 내는 힘이야. 원자는 양성자를 담은 핵과 이를 둘러싼 전자로 이루어져 있어. 핵은 양전하를 띠고 있고, 전자는 음전하를 띠고 있어. 그래서 원자는 중화되어 보통 중성을 띠지.

- 이렇듯 주변에 있는 모든 물질에는 전자가 항상 돌고 있어. 우리 몸도 마찬가지야. 그런데 전자는 자유로운 특성이 있어서 마찰을 하면 다른쪽으로 이동하기도 해. 이 과정에서 우리 몸이나 물체에 조금씩 쌓이지. 특히 습기가 적으면 전자가 이동하지 못하고 계속 쌓여. 그러다 다른 물체와 만나면 전기가 방출되지. 문고리를 잡았을 때 전기가 찌릿 하고 통한 느낌을 받아 본 적이 있을 거야. 바로 쌓인 전기가 방출되는 때야.

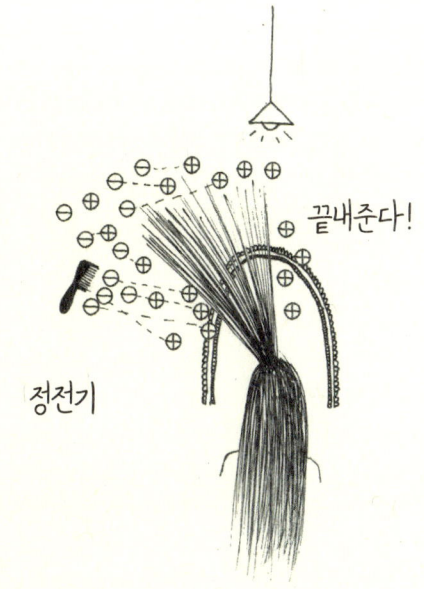

- 머리카락을 빗을 때도 마찬가지야. 빗이 계속 머리카락을 마찰해서 머리카락에 양전하가 생겨나거든. 계속 빗질을 하면 양전하로 가득 찬 머리카락이 서로 부딪히며 삐쭉삐쭉 머리카락이 서지.

224 소금, 물, 그리고 얼음을 이용해 음료수를 시원하게 만드는 방법

탄산음료가 든 캔이나 병을 빨리 차갑게 만들고 싶니? 쉬운 방법을 알려 줄게.

- 커다란 그릇에 물과 얼음을 채워. 그리고 물에 소금을 섞어. 그 안에 음료수 캔을 넣고 빠르게 저어. 그리고 2분을 기다리면 엄청나게 차가워진 음료수를 마실 수 있을 거야.

- 대체 어떤 원리냐고? 소금은 얼음을 빨리 녹여. 하지만 다른 물체로부터 열을 받아서 에너지로 사용해야 하지. 바로 이 열 에너지를 음료수 캔에서 얻는 거야. 그러니 음료수 캔이 차가워질 수밖에.

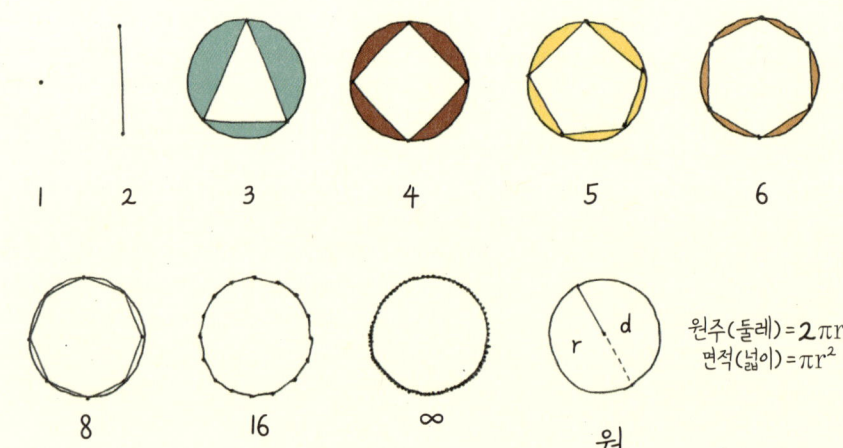

225 셀 수 없이 많은 꼭짓점으로 이루어진 원

삼각형에는 꼭짓점 3개, 사각형에는 꼭짓점 4개가 있어. 오각형과 육각형의 꼭짓점의 숫자도 그 이름에서 쉽게 찾을 수 있지. 도형을 그릴 때 면이 많으면 많을수록 그 면의 길이가 짧아져. 그리고 도형은 점점 더 원에 가까운 모양으로 변해 가. 그러니 원은 무한대의 면을 지닌 도형으로 불리기도 해.

수학 시간에 **파이**에 대해 배운 적이 있을 거야. 파이 값을 구하기 위해서는 원의 둘레를 재야 하는데, 이를 '원주'라고 불러. 그리고 원의 한 점에서 가장 먼 다른 점까지 이어지며 원의 중심을 지나는 선의 길이를 구해. 이를 '지름'이라고 부르지. 그렇게 구해진 원주를 지름으로 나누면 파이 값을 구할 수 있지. 그 값은 언제나 같아. 바로 3.14159……이지. 소수점 뒤에 쫓아오는 숫자는 불규칙적인 무한대의 숫자로 구성돼 있어. **수레시 쿠마르 샤르마**라는 인도 사람은 소수점 뒷자리 7만 30개의 숫자를 외워서 세계 기록을 세웠지. 우리는 몇 개의 숫자나 외울 수 있을까?

226 자연에서 찾은 수학 이야기

1, 1, 2, 3, 5, 8, 13, 21, 34, 55······.

위의 수를 조용히 읊조려 봐. 규칙을 알아챘니? 각 숫자는 이전 두 숫자의 합과 같아. 이를 **피보나치수열**이라고 부르지. 세상에서 가장 유명한 수열일 거야. **피사의 레오나르도**로 알려진 **피보나치**는 1170년부터 1250년까지 살았던 이탈리아의 수학자야.

피보나치수열은 '토끼 수열'이라고도 불리지. 피보나치가 토끼의 번식에서 개발한 수열이야. 이 수열은 꽃잎의 숫자, 씨앗의 배열, 그리고 나뭇가지의 숫자처럼 자연 속에서 쉽게 찾아볼 수 있어.

해바라기나 솔방울에서 서로 다른 방향으로 돌아가는 나선을 볼 수 있지. 여기에 바로 피보나치수열이 존재해. 시계 방향으로 8개의 나선이 있다면 시계 반대 방향으로는 13개의 나선이 존재하지.

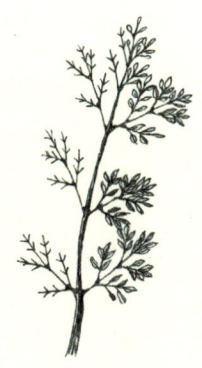

227 휴대폰을 충전할 수 있는 티셔츠

미국의 웨이크포레스트대학에서는 휴대폰을 충전할 수 있는 전력을 담은 티셔츠를 판매해.

이곳에서는 일교차에서 에너지를 얻는 물질을 발견해 냈어. 그리고 유연한 플라스틱 사이의 층에 탄소로 만들어진 나노 튜브를 만들었지. 만약 셔츠의 안쪽 온도가 바깥의 온도와 다르다면 기기를 충전할 수 있을 만큼의 전기가 생성되지. 달리기를 하다가 갑자기 휴대폰 배터리가 나갔을 때 편리할 거야.

탄소로 만든 나노 튜브 이외에도 옷감으로 전력을 생성하는 방식이 있어. 파울리네 반 동겐이라는 네덜란드 여성은 태양 전지판으로 두 시간 안에 스마트폰을 충전할 수 있는 티셔츠를 만들었어.

안타깝게도 아직은 이 모든 옷을 구매하기가 어려워. 지금은 너무 비싸지만 얼마 지나지 않아 길을 걸으며 휴대폰을 충전할 날이 올 거야.

228 소가 전력을 공급하는 냉장고

- 소는 트림을 하고 방귀도 뀌지. 그 때문에 지구의 기후 변화에 대한 책임을 조금은 져야 해. 과학자들은 소가 배출하는 메탄가스의 양이 전 세계 배출량의 4분의 1을 차지한다고 해.

- 아르헨티나에는 많은 소가 살고 있어. 그래서 그곳의 과학자들이 메탄가스를 활용하는 방식을 개발해 냈지. 그중 하나는 소의 엉덩이에 가방을 매달고 창자로부터 관을 연결하는 거야. 그러면 하루에 300리터의 메탄가스를 모을 수 있지.

- 이 메탄가스로는 냉장고에 24시간 동안이나 전력을 공급할 수 있어. 즉, 한 무리의 소에서 수집한 메탄가스로 많은 가구에 전력을 공급할 수 있다는 뜻이지.

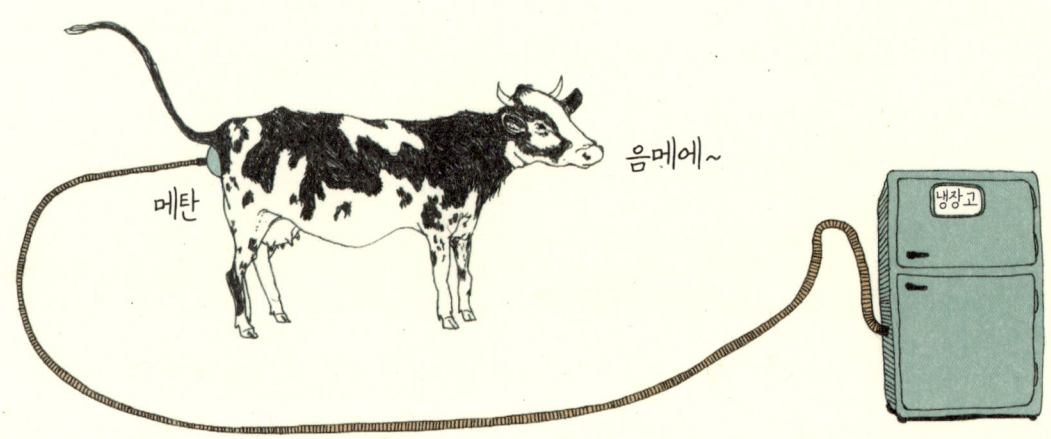

229 피에로를 싫어하는 사람들

피에로를 싫어하니? 무섭다고? 혹시 나만 그러는 건 아닌가 하고 걱정되니? 걱정하지 마, 사실 그런 사람은 많으니까! 서커스에서 재밌게 해 주려고 그러는데도 피에로를 싫어하는 사람은 많아. 얼마나 흔한 현상인지 과학자들이 그런 현상에 이름을 붙이기까지 했지. 바로 광대 공포증이야.

심지어는 이런 사람들이 모인 웹 사이트도 있어. 주소는 www.ihateclowns.com이야. 같은 이름으로 소셜 네트워크 서비스의 그룹도 생겨났어. 그 사이트에 접속한 팬 숫자는 2,500만 명을 넘지.

피에로를 싫어하는 사람이 왜 이렇게 많은 걸까? 그 이유에 대한 몇 가지 추측이 있어.

- 사람은 사람과 비슷한 모습을 하고 있으면서 사람이 아닌 존재를 무서워해. 사람을 닮은 로봇을 낯설어 하는 것과 비슷하지.

- 가면이나 얼굴의 분장을 무서워한다는 의견도 있어. 가면 뒤에 숨은 사람의 기분이나 생각을 읽을 수 없으니까. 우리는 상대의 표정에서 누군가를 신뢰할 수 있는지, 분노하는지, 그리고 기뻐하는지를 읽곤 해. 하지만 분장으로 얼굴을 가리고 있다면 이 모든 정보도 숨기게 되지.

영화감독들은 이런 사람의 심리를 잘 알고 있어서 어릿광대를 사용해 소름끼치는 캐릭터를 만들어 내. 스티븐 킹의 작품 속 피에로나 배트맨의 조커를 생각해 봐. 이들이 등장하는 영화를 보고 싶다면 손을 꼭 잡아 줄 누군가와 함께 보도록 해.

230 물로도 씻어 낼 수 없는 고추의 매운맛

아주 매운 고추를 씹어 먹는 건 현명하지 못한 행동이야. 입안이 불타오르기까지 얼마 걸리지 않거든. 고추를 이루는 분자인 캡사이신이 그 원인이야. 캡사이신은 입속의 통각 수용기에 꼭 달라붙어. 그러면 뇌에 무언가가 잘못됐다는 신호를 보내고 그로 인해 통증을 느끼게 되지. 이 신호에 뇌가 보내는 몇 가지 반응이 있어. 눈물과 콧물이 흐르고, 땀이 나기 시작하지. 몸에 자리 잡은 캡사이신을 서둘러 내뱉기 위한 반응이야.

조금 더 빨리 내뱉고 싶다고? 보통 통증을 잠재우기 위해 물을 들이켜곤 하지. 하지만 그건 좋은 생각이 아니야. 물은 오히려 증상이 심해지게 만들거든. 물 대신에 캡사이신 분자를 중화시킬 수 있는 무언가가 필요해. 지방을 포함한 물질인 우유를 예로 들 수 있어. 우유를 마시면 타는 듯한 느낌이 줄어들 거야. 그러니 피치 못하게 고추를 한 입 먹었을 때는 우유 한 잔을 마셔 봐.

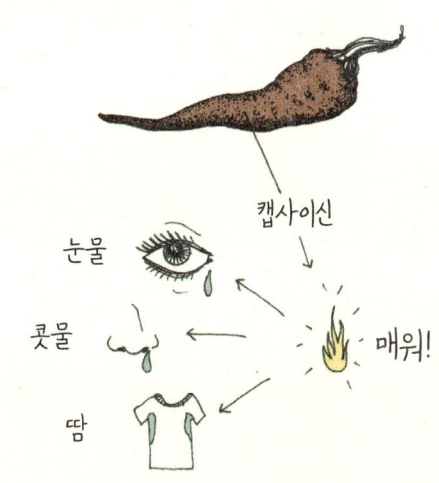

231 세상에서 가장 큰 규모의 공장을 짓고 있는 테슬라

미국 시애틀의 에버렛에 위치한 보잉 공장은 내용물로 치면 세계에서 가장 큰 공장이야. 55개의 축구 경기장이 들어갈 만큼 크고, 3.7킬로미터의 도보 터널이 있지. 커다란 비행기를 만드는 공장이라는 점을 생각하면 그다지 놀랄 만한 크기는 아니야. 세상에서 가장 큰 비행기 기종 중 하나인 보잉 747은 높이가 19미터나 되니까 말이야. 간혹 12대나 되는 비행기가 도색을 하기 위해 늘어설 때도 있지. 그러니 넓은 공간이 필요한 건 당연할 거야.

그런데 보잉 공장보다도 더 큰 공장이 문을 열 가능성이 있어. 테슬라의 경영자 엘론 머스크는 공장에서 전기차의 배터리를 생산하고 있어. 이 배터리는 전기차 비용의 상당 부분을 차지하고 있지.

엘론 머스크는 미국 네바다 사막에 1제곱킬로미터가 넘는 면적의 공장을 세우려고 준비하고 있어. 사실 이미 일곱 개의 공장을 건설할 7제곱킬로미터의 땅을 사 놓았지. 2020년부터 한 해 생산량인 전기차 50만 대의 배터리를 만들어야 하거든. 공장이 건축되고 나면 세계에서 가장 커다란 면적을 지닌 공장이 될 거야.

엘론 머스크는 이 공장에서 신기술을 사용해 배터리를 대량 생산할 계획을 세우고 있어. 그러면 배터리가 저렴해질 테고 더 많은 수량의 전기차를 생산할 수 있겠지. 또한 배터리를 재활용할 수도 있을 거야. 그러니 환경에도 좋겠지.

> **큰 규모에 대한 더 많은 이야기**
>
> 면적으로 따지면 세상에서 가장 큰 건물은 네덜란드의 알스메어 꽃 경매장이야.
>
> 86만 제곱미터의 넓이로 세상에서 가장 큰 경매장이기도 해.

232 스파이더맨이 되려면 957밀리미터 크기의 신발을 신어야 해

거미, 개구리, 또는 도마뱀같이 천장을 쉽게 걸어 다닐 수 있는 동물이 부럽니? 이 동물들은 발바닥이 벽에 달라붙어 벽을 끌어당기기 때문에 가능한 일이야. 몸체가 클수록 발바닥의 면적도 넓어야 하지. 도마뱀의 발 크기로 도마뱀보다 커다란 몸을 가지고 있다면 천장에 붙을 수 없어. 그러니 우리가 스파이더맨이 되려면 적어도 957밀리미터 크기의 신발을 신어야만 하지.

게코도마뱀의 발바닥에는 접착성 물질이 있는 진공 패드가 붙어 있어. 그 덕에 어느 표면에나 달라붙을 수 있지. 이 원리를 알아내기 위해 과학자들이 얼마나 오랜 시간을 쏟았는지 몰라. 연구 결과, 발바닥 아래에 매우 가는 강모가 붙어 있다는 점을 발견했지. 게코도마뱀 다리의 분자와 게코도마뱀이 달라붙어 있는 표면의 분자가 서로를 끌어당기는 거야. 우리는 이를 '판데르발스힘'이라 불러. 이 힘이 게코도마뱀을 돕지. 안타깝게도 게코도마뱀 스스로는 이 힘을 제거할 수 없어. 다리를 적절한 각도로 움직여야 발을 뗄 수 있지. 다행히도 모든 도마뱀이 이 기술을 잘 쓸 수 있다고 해.

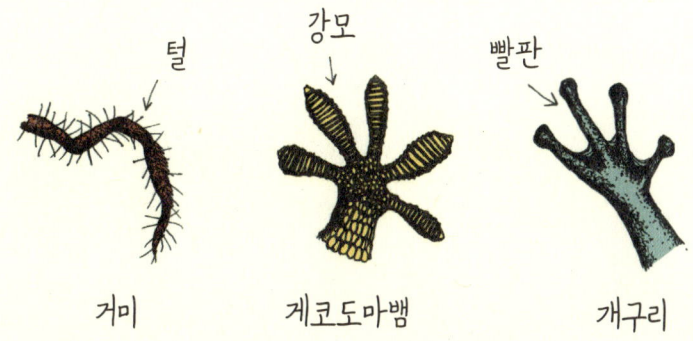

거미 / 게코도마뱀 / 개구리

233 사람만 춤을 춘다고?

"거짓말! 나는 춤을 추는 곰을 본 적도 있는데?"라고 말하고 싶지?

- 그런데 가능할 수도 있어. 하지만 스스로 배워서 추는 춤은 아니야. 보상을 얻기 위해 춤을 익혔겠지. 음악을 듣는다고 해서 리듬에 따라 바로 춤을 추기 시작하는 곰은 없어. 보노보나 침팬지 같은 유인원 역시 춤을 추지 않아. 이런 동물들은 음악의 리듬을 즐길 줄 모르거든.

- 당연히 인간은 춤을 출 수 있지. 춤을 추면 뇌에서 기분을 좋게 만들어 주는 물질이 나와서 춤을 추게 된 것일지도 몰라. 이 물질의 이름은 엔도르핀이라고 불려. 엔도르핀이 나오면 신이 나고 사람들과 이야기를 나누고 싶어지기도 하며 기뻐지기도 하지.

- 춤은 사람을 친밀하게 만들어 주는 도구이기도 해. 원숭이가 서로 이를 잡아 주는 행위와 비슷하다고 볼 수도 있어. 춤은 자신을 드러내는 수단이며 춤을 추는 동안은 위험하지 않지. 그러니 춤은 사회적인 행위야.

정말?

마카레나

234 하늘을 나는 중에도 급유가 가능한 전투기

전투기는 엄청나게 빠른 속도로 날아가는 비행기야. 보통 군인들이 타는 비행기인 전투기는 고작 한두 명만 탈 수 있지.

전투기는 많은 양의 연료를 소모해. 그래서 착륙하지 않고 하늘을 나는 동안 급유를 해야 하지. 이 일을 하는 비행기가 따로 있는데, 이를 급유기라고 해. 급유기는 전투기 옆을 날아다녀. 그러다 기다란 관을 전투기로 연결해서 빠른 속도로 연료를 공급하지. 그 모습이 얼마나 멋있는지 몰라!

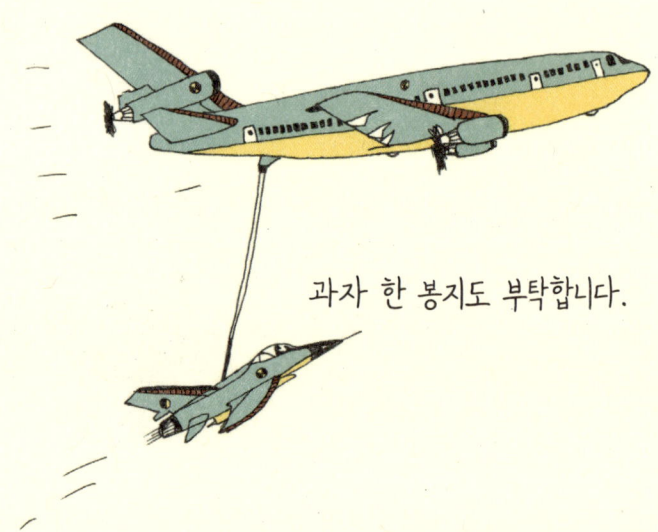

과자 한 봉지도 부탁합니다.

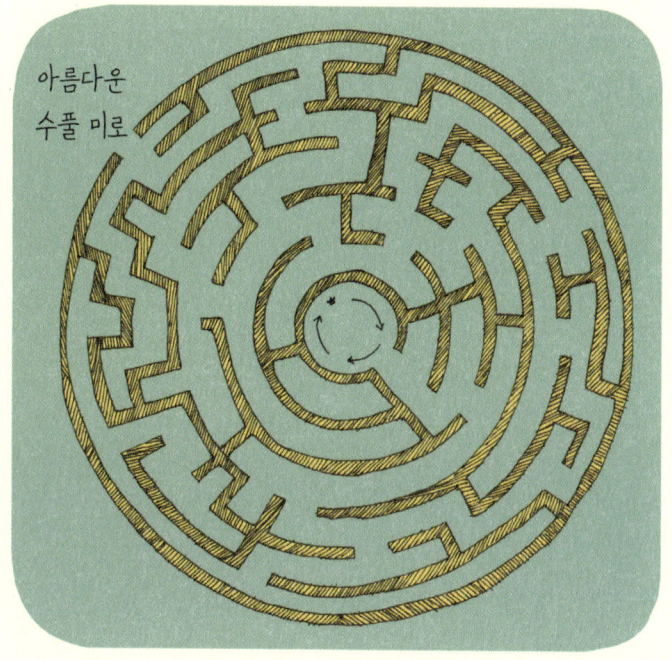

아름다운
수풀 미로

235 길을 잃었을 때 같은 자리를 뱅글뱅글 도는 이유

간혹 애니메이션에서 길 잃은 사람이 계속해서 같은 자리를 달리는 모습을 본 적이 있을 거야. 우습게도, 실제로 일어날 수 있는 일이야. 눈보라가 몰아치거나 뿌연 안개가 낀 날, 길을 잃으면 같은 자리를 계속해서 뱅글뱅글 돌게 될 거야.

바로 우리의 뇌 때문이야. 사막과 숲에 사람들을 보내 놓고 실험을 한 적이 있어. 물론 모두에게 GPS 장치를 부착해 뒤를 쫓을 수 있게 했지. 낮 시간 동안에는 많은 사람이 비교적 직선으로 걸었어. 하지만 해가 지자마자 모든 사람들이 커다란 원을 그리며 걷기 시작했어. 그리고 같은 자리로 돌아왔지만 알아채지 못했지. 사람들의 눈을 가리면 그 속도가 더욱 빨라졌어. 사람들이 걸으며 그렸던 원은 지름이 고작 20미터도 채 되지 않았어.

인식 지점이 없으면 사람의 방향 감각은 정확하지 않아. 길을 찾을 때는 시각에 상당히 의존하거든. 문제없이 자신의 둥지를 찾는 비둘기들과는 참으로 다르지.

236 $E=mc^2$

위의 공식을 본 적 있지? 과학자 **알베르트 아인슈타인**이 세운 매우 유명한 **상대성 이론**이야. E는 에너지를 의미하고, M은 질량, 그리고 C는 빛의 속도를 의미해. 즉, 질량에 빛의 속도의 제곱을 곱한 값이 바로 에너지야. 빛의 속도가 초속 30만 킬로미터 이상이기 때문에 적은 질량으로도 많은 양의 에너지를 생산해 낼 수 있어. 이 수식을 이용하면 원자로의 활동을 이해할 수 있어. 원자로에서는 핵분열이 일어나지. 이 부분은 조금 더 설명이 필요하겠다.

- 각 원자에는 핵이 있어. 이 핵은 양전하를 띤 양성자와 전하를 띠지 않은 중성자로 이루어져 있지. 핵 주변에는 음전하를 띤 전자가 자리 잡고 있어. 어떤 원자든 +전하를 띠는 양성자와 -전하를 띠는 전자 수는 같아.

- 양성자의 수는 같지만 중성자의 수는 다른 원소를 '동위 원소'라고 부르지. 동위 원소는 굉장히 안정적이라 핵이 조용히 머무를 수 있게 도와줘. 하지만 때로는 불안정해져서 나뉠 수도 있어.

- 우라늄은 무겁고 불안정한 핵을 가진 물질이야. 얼마나 불안정한지 중성자를 중성자에 쏘는 것으로도 분리가 가능하지. 핵은 두 조각으로 나뉘고 중성자를 잃기도 해.

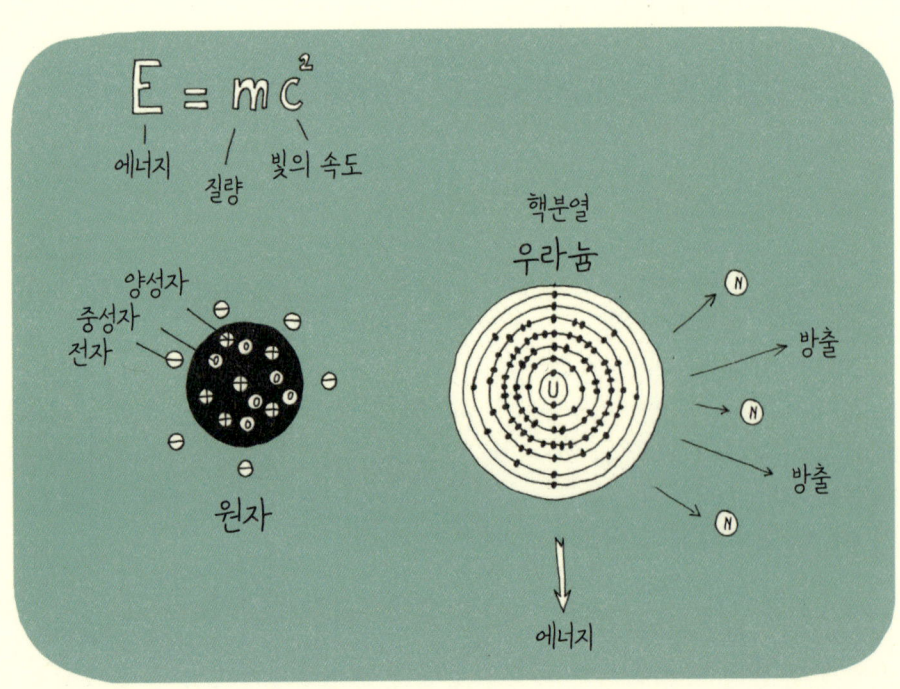

- 핵을 다시 합치고 싶다 해도 무언가 사라졌다는 사실을 알 수 있어. 무언가는 이미 엄청난 양의 에너지로 변환돼 버렸지. 바로 그게 아인슈타인의 공식이 설명하고자 하는 현상이야.

- 핵분열로 만들어진 에너지를 '원자 에너지'라고 불러. 원자력 발전소에서는 위의 방식으로 방출된 열을 사용해 물을 끓이지. 여기서 만들어진 증기가 터빈을 통해 나가 커다란 발전기를 돌려. 이 방식으로 컴퓨터를 사용하거나 집 안의 조명을 켤 때 사용하는 전기가 만들어져.

237 지폐는 종이로 만들지 않아

이상하지만 사실이야. 종이를 만드는 나무 펄프는 지폐의 재료가 아니거든.

- 지폐는 리넨과 같은 천으로 만들어. 일반 종이보다 닳거나 찢어지는 데 걸리는 시간이 길거든. 젤라틴으로 만들어서 강도가 세기도 해. 보통 지폐의 수명은 2년이야.

- 금과 은으로 만든 동전은 너무 무거워 들고 다니기 힘들었지. 그래서 지폐를 만들기 시작했어. 처음에 만든 지폐는 어떤 사람이 누군가에게 몇 개의 금화와 은화를 빚졌는지 적어 놓은 쪽지였어. 그리고 그 비용을 은행이 대신 지불해 주었지. 지불을 약속하는 종이였던 거야.

- 새로 개발한 플라스틱과 같은 신재료로 만든 지폐도 있어. 이 지폐는 사용 기간이 길고 위조가 어려워.

돈에 대한 더 많은 이야기

- 19세기 말, 알래스카는 러시아의 땅이었어. 당시 그곳에서 사용했던 지폐는 물개의 가죽에 인쇄된 것이었어.

- 아프리카의 보어 전쟁 동안에는 옷감 위에 지폐를 인쇄했어.

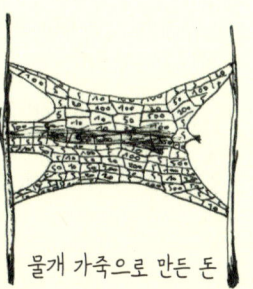

물개 가죽으로 만든 돈

238 이 세상에 존재하지만 인간에게는 없는 푸른 피

유럽의 왕족들 중에는 자신들에게 푸른 피가 흐른다는 말을 하는 경우가 있어. 하지만 그 말은 사실이 아니지. 왕, 왕비, 왕자, 공주, 그리고 다른 귀족들 모두 우리와 같은 붉은 피가 흐르니까. 만약 다음에 그 사람들을 만날 기회가 있다면 손가락으로 상대를 세게 찔러 봐.

여러 지역에서 푸른색은 항상 특별한 색으로 인식됐어.

- 많은 문화권에서 푸른색은 자신이 다른 사람들보다 중요하다는 것을 의미했어. 귀족들은 자신의 중요성을 보여 주기 위해 푸른색 옷을 입었지. 심지어 성모 마리아도 파란색 망토를 입고 있으니까 말이야.

- 또 다른 설명도 있어. 귀족들은 논밭에 나가 일을 하지 않아도 됐기에 태양을 볼 일도 적었어. 그래서 귀족들의 피부는 늘 창백해 보였지. 그렇게 창백한 피부 밑으로 푸른 정맥이 보여서 푸른 피가 흐른다고 생각했던 거야.

- 마지막으로, 귀족들은 은으로 된 장신구를 많이 달고 다녔어. 은제품은 많이 사용하면 피부에 푸른 얼룩을 남겨.

사람들의 피부 밑 정맥이 푸르게 보일 수는 있겠지만, 사람들은 그 누구도 푸른 피가 흐르진 않아. 보통 원래의 피부색은 푸른빛은 통과하게 놔두지만 붉은빛은 막아 버리지. 우리 몸의 혈액은 헤모글로빈이라는 성분 때문에 붉게 보여. 호흡하며 들이마신 산소가 모든 세포로 전달되도록 돕는 성분이지.

그런데 갑오징어, 바닷가재, 또는 투구게의 혈액은 실제로 푸른색이야. 극지방의 얼음처럼 차가운 물에 사는 문어 역시 새파란 혈액을 가지고 있는데, 이는 산소를 되도록 많이 흡수할 수 있는 성분이 혈액 색을 푸르게 만들기 때문이지.

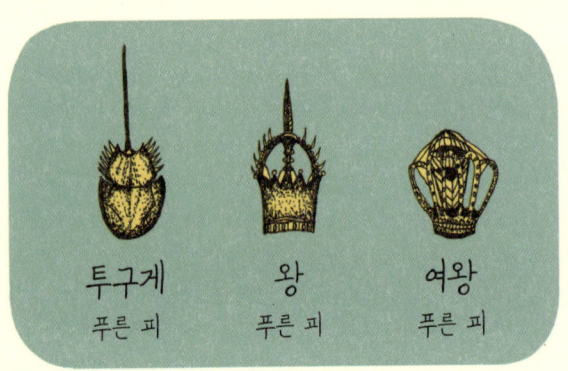

투구게 — 푸른 피
왕 — 푸른 피
여왕 — 푸른 피

푸른 피에 대한 더 많은 이야기

인간의 삶을 구한 건 투구게일지도 몰라. 투구게의 혈액은 모든 종류의 의약품과 백신을 테스트하는 데 쓰이거든. 푸른 혈액에는 항체가 없기에 가능한 일이야. 이 혈액에 든 LAL이란 성분이 박테리아와 바이러스를 굳게 만들거든. 백신이나 의약품의 감염 여부를 알고 싶다면 LAL을 주입해 보면 돼. 혈액이 응고되지 않으면, 백신과 의약품이 제대로 활동한다는 뜻이지.

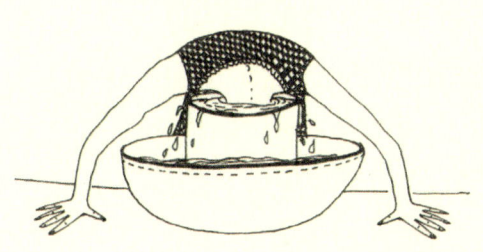

풍덩!

239 물속에 머리통을 넣어서 무게를 재는 방법

걱정하지 마. 물에 담그기 전에 머리를 몸에서 잘라 내진 않아도 되니까. 다행이지? 잘라 낸 머리는 다음에 사용할 수 없잖아. 자세한 방법을 설명해 줄게.

양동이 가득 물을 채워. 그리고 이 양동이를 커다란 대야 안에 두고 머리를 물이 찬 양동이 안으로 집어넣어. 그런 다음 머리를 다시 들어 올린 후 대야에서 양동이를 꺼내. 바로 대야에 남은 물의 무게가 머리통의 무게와 동일할 거야. 이런 측정법이 가능한 이유는 머리통의 밀도와 물의 밀도가 비슷하기 때문이야.

- 머리통 말고 다른 신체 부위, 또는 몸 전체의 체중도 잴 수 있어. 물론 커다란 양동이와 그보다 더 큰 저울이 필요하겠지만 말이야.

- 머리의 무게를 소수점 뒷자리까지 정확하게 알고 싶니? 그렇다면 CT 촬영을 해야 해. 이 촬영은 엑스레이를 사용해 머리를 얇은 조각으로 나누지. 물론 실제 머리를 자른다는 게 아니라 머리통의 이미지를 자르는 거야. 머리카락을 제외한 인간의 머리는 보통 4.5~5킬로미터 정도의 무게가 나간대. 이쯤이면 우리 각자의 머리 무게도 대충 가늠할 수 있겠지?

240 햇빛을 보면 재채기를 하는 사람들

해가 밝게 빛날 때 눈을 찡그리는 사람이 있는 반면, 재채기를 하는 사람들도 있어. 광반사 재채기 증후군이라고 불리는 증상이지.

- 고대 그리스의 **아리스토텔레스**는 태양을 바라보는 것만으로도 재채기를 할 수 있단 사실을 알고 있었어. 해가 코를 데우기 때문에 생기는 일이라고 생각했지.

- 17세기의 과학자 **프랜시스 베이컨** 역시 이 증상을 연구해 봤어. 태양을 바라보며 눈을 뜬 상태로만 재채기를 하게 되더라고. 그러니 재채기는 열기 때문이 아니라 빛 때문에 나왔던 거야. 프랜시스의 말에 따르면 햇빛 때문에 눈물이 흐르고 코가 자극되어서 재채기가 나왔대.

- 그리고 오늘날에는 얼굴에 위치한 감각 지각력이 이 현상을 일으킨다고 해. 빛이 눈 속으로 들어가면 그 신호가 뇌로 전달돼. 그런데 눈과 뇌 사이에서 무언가가 잘못된 탓에 뇌는 눈이 아닌 코가 자극을 받았다고 생각하는 거야. 그래서 재채기를 하는 방식으로 몸이 반응하지.

- 재채기는 어두운 곳에 있다 밝은 장소로 나갈 때만 나온대. 보통 한두 번 후에는 멈추는데, 40번이나 재채기를 하는 사람도 있다네.

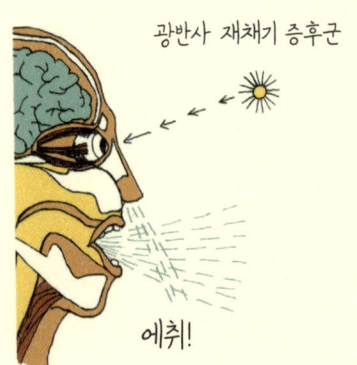

광반사 재채기 증후군

에취!

재채기와 코에 대한 더 많은 이야기

거짓말을 하면 코가 길어지지는 않지만 코가 따뜻해지기는 해. 죄책감을 느끼면 코 쪽으로 혈액이 몰려서 코 주변의 온도가 올라가기 때문이지. 당장 느끼지는 못하지만 과학자들은 이를 측정할 수 있었어. 그래서 거짓말을 하면 사람들이 코를 긁게 되는 거야.

241 안경을 만들던 학생이 실수로 만들어 낸 망원경

이야기는 미델뷔르흐의 안경점에서 시작돼. 안경점의 견습생이 2개의 렌즈를 이리저리 겹쳐 보고 있었어. 그러다가 한 렌즈를 눈에다 대 봤지. 그리고 다른 렌즈를 든 팔을 길게 뻗어서 멀지만 같은 위치에 갖다 댔어. 그랬더니 두 렌즈를 통해서 본 세상이 실제보다 훨씬 가까워 보이는 거야.

안경점의 주인이었던 한스 리페르셰이는 장난을 친 학생에게 벌을 주었어. 하지만 사무실에 들어온 후 이 렌즈를 가지고 여러 가지 실험을 했고, 반복된 실험 끝에 1608년 망원경을 발명했어. 망원경이 발명됐다는 소식은 그가 살던 동네뿐만 아니라 더 멀리도 퍼졌지. **이탈리아의 갈릴레오 갈릴레이**는 이 소식을 듣자마자 스스로 망원경을 만들기 시작했어. 그렇게 1년이 지난 후, 갈릴레오는 망원경을 완성했지. 갈릴레이가 만든 망원경은 처음 만든 망원경보다 30배나 컸어.

갈릴레오는 이 거대한 망원경을 통해 천체 관찰하기를 좋아했지. 그렇게 태양이 지구를 도는 것이 아니라 지구가 태양 주위를 돈다는 사실을 알아냈어. 당시의 교황은 이 사실을 좋아하지 않았어. 교황은 신이 창조한 지구가 모든 세계의 중심이라 믿었고 인간 또한 신이 만들었다고 생각했지.

그래서 갈릴레오는 연구를 지속하면서 몇 가지 수치를 변경해야만 했어. 그리고 20년이 지난 후, 갈릴레오는 자신의 첫 번째 발견을 담은 책을 썼고 교황을 조롱했지. 교황은 매우 화가 나서 갈릴레오를 집 안에 가두었어. 하지만 알고 보니 갈릴레오의 연구가 옳았지. 다행히 지금 우리는 지구가 태양의 주변을 돈다는 사실을 알고 있고 말이야.

9
지구의 다양한 말과 언어

242 시각 장애인이 발명한 점자

- **루이 브라유**는 갑작스런 사고로 한쪽 눈의 시력을 잃었을 때 고작 세 살이었어. 다른 쪽 눈도 곧 감염되어 시력을 잃고 말았지. 루이의 부모는 루이를 가능한 한 평범하게 키우며 시각 장애인 학교에 보냈어.

- 루이는 열다섯 살이 됐을 무렵, 시각 장애인을 위한 알파벳을 만들기 시작했어. 종이에 입체적인 점을 찍어서 손으로 만질 수 있게 만들었지. 그래서 시각 장애인들이 손끝으로 글을 읽게 된 거야.

- 점자는 세로로 2행 3열로 이루어져 있어. A의 경우, 왼쪽 첫 번째 점이 채워져 있지. B는 왼쪽 줄의 두 개의 점이 채워져 있어. 이런 식으로 모두가 인식할 수 있는 '암호'를 만들지.

- 점자를 잘 읽는 사람들은 눈으로 책을 읽는 사람들만큼 빠르게 책을 읽을 수 있다고 해.

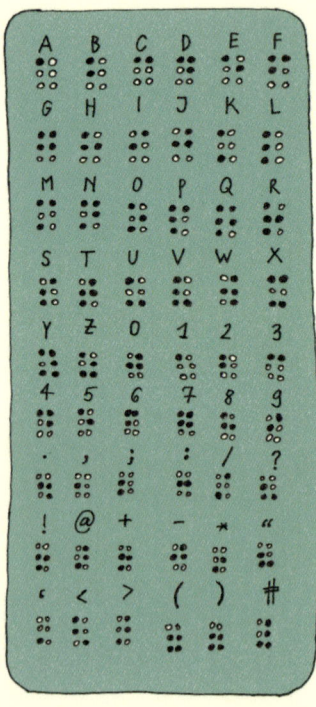

브라유가 만든 알파벳 점자

- 점자 책은 일반 책보다 더 많은 공간이 필요해. 보통 책의 5배까지도 두껍다고 하네.

243 서로를 이해하는 영국 웨일스 사람들과 아르헨티나의 파타고니아 사람들

웨일스와 켈틱 언어는 특별한 발음과 철자법을 사용해. 전 세계 약 80만 명이 쓰는 언어지. 이 언어를 쓰는 사람들의 대부분은 영국의 웨일스 지방에 살고 있어.

그런데 영국과 멀리 떨어진 남미 아르헨티나의 파타고니아에 사는 사람들 중 5천~1만 2천 명의 사람들도 웨일스 언어를 쓴대. 1865년 아르헨티나로 이주한 웨일스 사람들의 후손이지. 지금까지도 웨일스 지방의 교사들이 언어를 가르치기 위해 아르헨티나로 떠난대. 파타고니아에는 3개의 웨일스-에스파냐어 학교가 있어.

웨일스와 파타고니아 사람들은 억양이 조금 다를지 모르겠지만 서로의 언어를 이해할 수 있대.

244 '혼란'이란 뜻을 지닌 바빌론

사람들이 서로를 이해하지 못할 때, '바빌론 혼란'이 왔다고 말하기도 해. 이것은 성경 속의 이야기에서 유래된 표현이지.

성경의 '창세기' 편을 보면, 바빌론 시대에는 모든 사람들이 같은 언어를 사용했다고 해. 당시 유프라테스강 유역 시네아 지방에 정착한 사람들은 하늘에 닿을 만큼 높은 탑을 지어 그 지역을 유명하게 만들고 싶어 했어.

이 소리를 들은 신은 그다지 기뻐하지 않았어. 그래서 하늘 아래로 내려가서 모든 사람들이 서로 다른 언어를 사용하도록 만들어 버렸어. 사람들은 서로 이해할 수 없었지만 계속해서 탑을 지어야만 했어. 그리고 이 지역은 '혼란'이라는 뜻을 지닌 **바빌론**이라고 불리게 됐지.

245 다른 언어를 사용하던 사람을 부르던 이름, 바바리안

이제는 누군가를 바바리안이라고 부른다면, 그 사람이 무례하다고 생각한다는 거야.

- 영어로 야만이라는 뜻의 바바리안(Barbarian)은 고대 그리스어에서 파생됐어. 당시 낯선 사람을 바바로스라고 불렀지. 그리스어를 모르던 사람들이 내는 소리를 딴 거야. 낯선 사람이 내던 '바―바―로스'라는 말을 따라 한 거야. 의성어지.

- 로마 사람들 역시 같은 단어를 썼지만 철자는 달랐어. '바바루스'라고 불렀거든. 이때 바바루스란 언어뿐 아니라 문화도 모르던 사람들을 일컫는 말이었어. 문화가 발달한 이후에도 계속해서 그런 사람을 바바리안이라고 부르게 된 거야. 그리스와 로마 사람들은 페르시아 사람을 바바루아라고 부르기도 했는데, 페르시아 사람이 여성스럽다 생각해서 불렀던 이름이지.

- 그동안 '바바리안'이라는 단어는 완전 다른 뜻을 지니게 됐어. 예술과 문화에 대한 지식이 없어 취향도 없고 타인을 존중하지 않는 사람을 일컫는 말이야. 그러니 누군가를 바바리안이라고 부를 때는 조금 더 조심하길 바라.

지구의 다양한 말과 언어

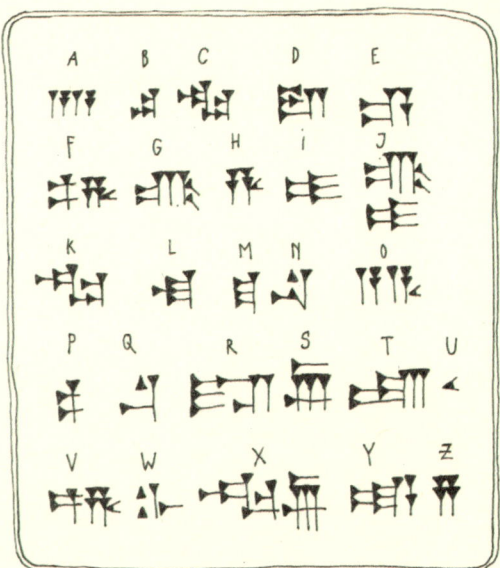

설형 문자

246 못처럼 생긴 고대 문자

세상에서 가장 오래된 문자는 메소포타미아에 살았던 수메르 사람들이 발명한 거야. 기원전 3300년에서 기원전 2900년 사이에 만들어졌지.

수메르 사람들은 찰흙 판을 만들어 사탕수수 나뭇가지로 문자를 남겼어. 못처럼 생긴 이 고대 문자는 **설형 문자**라는 이름으로 불리게 됐지.

수메르 사람들은 설형 문자를 사용해 회계 문제를 처리했어. 생산물의 재고나 누군가에게 빚진 돈을 기록하기 시작했지.

247 혀 차는 소리가 나는 코사어

누군가 **코사어**를 구사하면 익숙하지 않은 발음에 놀랄 수도 있어.

- 그럴 만도 해. 코사어는 남아프리카공화국 내의 레소토 왕국에서 주로 쓰이는 **흡착어**거든.

- 약 800만 명의 사람들이 코사어를 모국어로 쓰지. 아프리카에서 줄루어 다음으로 많이 쓰이는 언어야. 노벨 평화상을 받은 남아프리카공화국의 대통령이었던 **넬슨 만델라**도 코사어를 사용했어.

- 코사어에는 세 가지 흡착음*소리가 있어.

  - C는 쯧쯧 하는 소리가 나지.

- X는 말에게 속도를 내라는 신호를 보낼 때 쓰는 소리가 나.
- Q는 샴페인의 코르크를 열 때 나는 소리야.

코사어

- 코사어는 총 6가지의 형태로 나타나. 한 단어에 여러 개의 흡착음이 들어갈 수도 있지.

- 흡착음뿐 아니라 자음과 모음도 있어.

말할 때 어떻게 소리가 나는지 들어보고 싶지 않니?

*흡착음 : 들이쉬는 숨에 의하여 발음되는 소리.

 아악!
거미 공포증

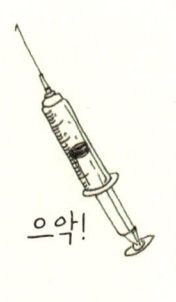
 으악!
뾰족 공포증

 덜덜!
13일의 금요일 공포증

공포에 대한 더 많은 이야기

학교에 가지 않고 마냥 놀고 싶니? 그렇다면 학교 공포증이나 배움 공포증을 앓고 있는지도 몰라.

248 지금 이 책을 보고 있으니 책 공포증이 있는 건 아니야

그걸 대체 어떻게 아느냐고? 책 공포증을 앓고 있는 사람이라면 책을 읽거나 만지지도 못할 거야. 우린 이미 이 책을 읽고 있으니 책 공포증은 아니라는 의미지.

- 공포증이란 마땅한 이유 없이 무언가를 무서워하는 증상을 의미해. 예를 들면 거미를 무서워할 수 있지. 하지만 거미가 있을지도 모른단 생각에 방 안에도 들어가지도 못한다면 그건 거미를 무서워하는 **거미 공포증**에 걸린 것일지도 몰라.

- 공포증이 얼마나 귀찮은 일인지 몰라. 바늘을 무서워하는 **선단 공포증**을 앓고 있으면 병원에 가서 주사를 맞지 못하는 경우도 있어.

- 정말 공포증을 앓고 있다면 치료를 받아야 해.

- 몇몇 공포증은 친구들에게 말해 줄 수 있을 정도로 이름까지 붙었어. **13일의 금요일 공포증**이나 긴 단어를 발음하고 읽기를 무서워하는 **긴 단어 공포증**이 있지. 우스워 보이지만 공포심에 혀가 움직이지 않는 사람들도 있다지.

- 인간은 거의 모든 것에 공포증을 앓을 수 있어. 그리고 그 공포증에는 항상 이름이 붙지.

- 공포증에 대한 공포를 느낄 수도 있어. 바로 **공포 공포증**이야.

249 고대에도 존재하던 도서관

도서관은 이미 오래전부터 있었어.

- **메소포타미아** 문명에서는 기원전 2300년에 이미 도서관이 존재했지. 책이 말끔하게 정리된 지금의 도서관과는 영 딴판이지만 말이야. 당시에는 주로 수도원에 도서관이 있었고, '책'은 글이 적힌 찰흙 판 형태로 받침대 위에 놓여 있었지.

- 지금의 시리아가 위치한 지역의 오랜 도시인 **에블라**에는 이런 진흙 판으로 가득 찬 도서관이 있었어. 이 도서관은 불타 없어졌지만 덕분에 찰흙 판들이 알맞게 구워졌지. 그리고 돌처럼 딱딱해져서 몇 세기 동안 고스란히 보존되었어. 설형 문자를 이해한다면 지금도 판을 읽을 수 있어.

- 고대에 가장 유명한 도서관은 **알렉산드리아**에 있었지. 이 도시로 진입하는 모든 배들은 책을 기증해야만 했어. 그리고 도서관에서는 똑같은 책을 한 권 더 만들었어. 그렇게 원본은 도서관에 남고 복사본은 여행자들과 함께 떠났지. 도서관이 있던 곳에서는 아직도 파피루스 두루마리를 찾을 수 있어. 하지만 안타깝게도 도서관은 사라져 흔적을 찾아볼 수는 없어.

250 누군가가 해석할 때까지는 그 누구도 해석할 수 없는 상형 문자

1799년 7월, 이집트의 로제타를 발굴하던 프랑스 군인이 엄청난 것을 발견했어. 가로로 76센티미터, 세로로 112센티미터인 돌이었는데, 글자가 적혀 있었어.

- 이 돌덩이가 특별한 이유는 똑같은 내용을 담은 총 세 가지 종류의 언어가 새겨져 있었기 때문이야. **이집트 상형 문자**, 고대 이집트의 **민중 문자**, 그리고 **그리스 문자**야.

- 과학자들은 바로 분석을 시작했어. 분석 결과, 기원전 196년경에 쓰인 이 글은 **프롤레마이오스 5세**의 왕위 계승에 대한 내용을 담고 있었어.

상형 문자

- 이 로제타스톤은 상형 문자를 이해하는 데 큰 영향을 주었지. 수백 년 동안 과학자들이 상형 문자의 의미를 찾으려고 노력했었는데, 상형 문자를 해석한 내용이 담긴 로제타스톤을 옆에 두니 그 의미가 명확해졌어.

- 로제타스톤을 실제로 보고 싶다면 런던의 영국박물관을 방문해 봐. 1802년부터 그곳에 있으니 말이야.

251 비욘세라 이름 붙은 파리

이 파리의 정식 학명은 스캅티아 비욘세이(*Scaptia beyonceae*)야. 간단하게 비욘세파리라 불리기도 하지. 등에라고 불리는 말파리로, 오스트레일리아에 살아. 이 파리의 등은 밝은 금색 털로 가득하지. 그 화려한 모습 때문에 가수 **비욘세 놀스**의 이름을 붙여 주었을지도 몰라.

미국의 댄스 가수 **샤키라** 역시 말벌(*aleiodes shakirae*)에게 자신의 이름을 붙여 주었지. 이 말벌은 애벌레의 몸에 알을 나아. 바로 애벌레를 춤추게 만드는 기생충이지. 그래서 샤키라의 이름을 붙여 준 거야.

버락 오바마 역시 많은 자연 과학자들에게 영감을 주었지. 그래서 두 종의 거미(*Aptostichus barackobamai*와 *spintharus barackobamai*), 물고기(*etheostoma obama, tosanoides obama, teleogramma obamaorum*), 딱정벌레(*desmopachria barackobamai*), 굼벵이 (*paragordius obamai*), 새(*nystalus obamai*), 그리고 벌(*lasioglossum obamai*)에게까지 오바마의 이름을 따서 붙여 줬어. 심지어는 멸종 위기에 있는 한 파충류(*obamadon gracilis*)까지도 오바마의 이름을 얻었지.

스캅티아 비욘세이

곤충에게 이름을 붙여 주고 싶다고? 그렇다면 생물학자가 돼 봐. 그러기 위해서는 엄청나게 많은 공부를 해야 할 거야. 그래야 자연사박물관에서 곤충에게 네 이름을 붙여줄 테니까.

252 6,000가지가 넘는 언어가 있다고!

지구에서 쓰이는 언어의 가짓수에 대해 과학자들도 정확히 알지 못해. 6천~7천 가지라고 예상만 하고 있지. 많은 사람이 쓰는 언어도 있지만 적은 수의 사람들만 쓰는 언어도 있어. 특정 언어를 사용하던 사람들이 모두 죽어 버리면 그 언어 역시 죽어 버려. 그러면 지구에 존재하는 언어의 가짓수도 줄어들지.

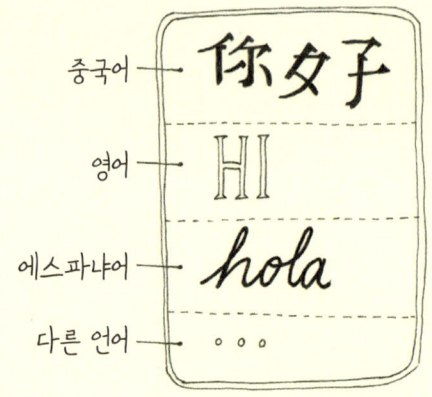

- **중국어**는 지구에서 가장 흔하게 쓰이는 언어야. 10억 5천 백만 명이 중국어를 구사하지. 대부분은 중국에 살지만 대만이나 그 이외의 중국어를 사용하는 지역에 사는 사람들도 있어. 중국어에는 많은 사투리가 있는데, 발음이 너무 달라서 같은 중국어라도 서로 이해하지 못하는 경우도 있어.

- 두 번째로 많이 사용되는 언어는 **영어**야. 10억 1천 1백만 명이 사용하고 있지. 그 숫자가 이렇게 많은 이유는 영어가 세계 공용어이기 때문이야. 사실 영어를 모국어로 사용하는 사람들의 숫자는 '고작' 5억 명뿐이야.

- **에스파냐어**를 모국어로 사용하는 사람도 5억 명이야. 제1외국어로 사용하는 사람들의 수는 영어의 경우보다 적지. 전부 합치면 5억 7,000만 명이 에스파냐어를 사용할 줄 알아.

253 비키니섬

비키니는 프랑스의 패션 디자이너 루이 레아르가 1946년 처음으로 만들었어. 그전까지는 원피스로 된 수영복밖에 없었지. 그런데 처음에는 비키니가 노출이 너무 심해서 새로운 수영복을 싫어하는 사람도 많았어!

이 새 수영복을 만들 당시 태평양의 비키니섬에서 핵폭탄 실험이 이루어졌어. 모두 이 끔찍한 실험에 대해 이야기를 나누었지. 루이 레아르는 자신이 개발한 새 수영복에 '비키니'라는 이름을 붙이기로 마음먹었어. 그렇게 이 두 조각의 천이 관심을 받게 된 거지.

비키니(bikini)의 'bi'는 라틴어로 '2'를 의미하니 두 조각으로 구성된 비키니에 적합한 이름 같다고도 해.

그 이후에는 비키니의 하의만 있는 '모노키니'가 생겨났고 사람들은 윗도리 없이 일광욕을 하기 시작했어. 가슴을 노출한 채로 일광욕을 하는 거지. '모노키니'라니, 정말 웃긴 이름이지 않니?

254 수화에도 외국어가 있어

소리를 들을 수 없는 사람들은 수화로 의사소통을 해.

- 수화에도 외국어가 있다는 것을 알고 있니? 약 60퍼센트의 수화는 세계 공용이지만 나머지는 전부 각 나라 언어의 특성에 따라 달라져. 예를 들어 알파벳 A는 오른쪽 그림과 같은 모양이지만 한글 ㄱ은 엄지와 검지를 90도로 편 채 아래쪽을 향한 손 모양이지.

- 수화로 큰 소리를 내거나 속삭일 수도 있어. 큰 소리를 낼 때는 자리에 앉아 커다란 손짓으로 수화를 하지. 손뿐 아니라 팔 전체를 사용해야 해. 속삭일 때는 손을 가슴 앞에 놓고 최대한 작게 수화를 사용해.

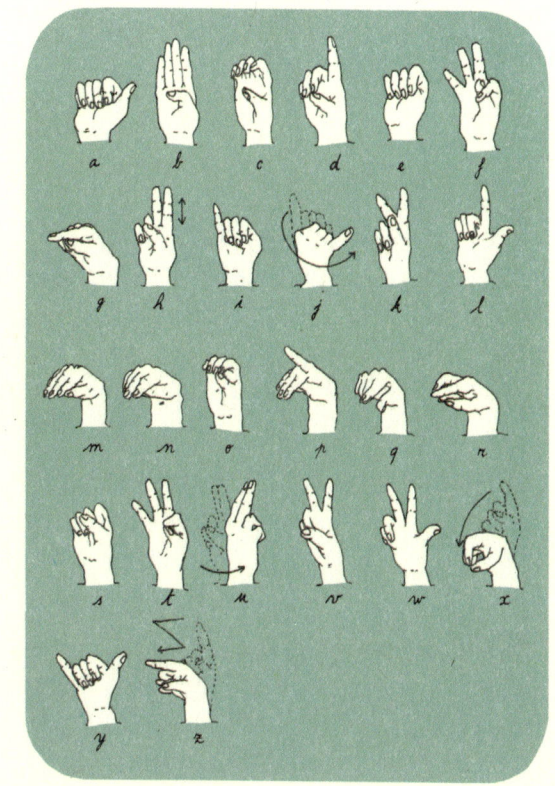

255 가장 많이 번역된 책인 성경

성경 전체는 600개의 언어로 번역됐고 그 일부는 2,500개의 언어로 번역됐다고 해. 이 오랜 성서는 본래 히브리어로 적혀 있지만 오래지 않아 다른 언어로 번역됐지. 기원전 2세기부터 벌써 번역본이 존재했기에 그리스어로 성경을 읽을 수 있었어. 4세기경, 성경의 라틴어 번역본이 나왔어. 그리고 그 후에는 더 많은 언어로 번역됐어.

한국어 최초의 성경은 역관 최창현이 번역하여 1784년에 간행한 〈성경직해광익〉이야. 이 성경은 4복음서에서 성경 구절을 발췌하고 그 해석을 붙인 것이었지. 온전한 의미의 최초 한국어 성경은 1882년에 만주에서 스코틀랜드 선교사 존 로스와 매킨타이어에게서 한자 성경을 전수받은 서상륜, 백홍준 등이 이를 번역한 〈예수셩교누가복음젼셔〉야.

- 세계에서 두 번째로 많이 번역된 책은 바로 **피노키오**야. 이탈리아의 작가 카를로 콜로디가 쓴 이 책은 260개의 언어로 번역됐어.

256 우리가 쓰는 수많은 영어 단어들은 율리우스 카이사르가 쓰던 단어들이야

아주 오래전, 세계 공용어는 라틴어였어. 로마 제국이 정복한 영토의 넓이가 엄청났기 때문이야. 그 영토 안에서 서로를 이해하기 위해서는 지도자가 쓰는 라틴어를 이해해야만 했지. 그래서인지 영어에는 아직까지도 그 흔적이 많이 남아 있어.

- 독재자라는 의미를 지닌 영어 단어 'dictator'에는 '말을 하는 자'라는 뜻이 있어. 받아쓰기를 의미하는 'dictation'이라는 단어와 비교해 볼 수도 있지. 로마 시대의 dictator란 지도자를 의미했지만 나중에는 독재자를 의미하는 단어가 됐어.

- 'campus'란 넓은 공터를 의미하는 라틴어야. 하지만 지금은 대학의 건물을 의미하는 단어로 쓰이지.

I DICTATOR 독재자(dictator)
II CAMPVS 캠퍼스(campus)
III EXIT 출입구(exit)
IV CASEVM 치즈(cheese)
V CASTELLVM 성(castle)
VI VIA STRATA 길(street)
VII CAMERA 카메라(camera)

- 'exit'라는 단어를 어디선가 본 적 있니? 그렇다면 출구가 어디인지 알 수 있겠네. 라틴어로 exit라는 단어는 '누군가 나가다.'라는 뜻이야.

- 우리가 매일 사용하는 라틴어 단어들도 있어. **치즈, 성,** 그리고 **길**을 의미하는 영어 단어들은 모두 라틴어에서 딴 단어들이야.

257 중국인들은 기억력이 좋아야만 할 듯해

중국어는 10만 6,230개의 글자로 이루어져 있어. 각 글자는 물건이나 개념을 대표하고 있지. 그런 이유로 한자를 '상형 문자'라고 부르곤 해. 다행히 신문을 읽거나 일상생활을 유지하기 위해서는 '단지' 3,000개의 글자만 알면 되지. 한글에는 총 24개의 글자만 있으니 얼마나 다행이야. 한글과 같이 말소리를 그대로 기호로 나타낸 문자를 표음 문자라고 하지.

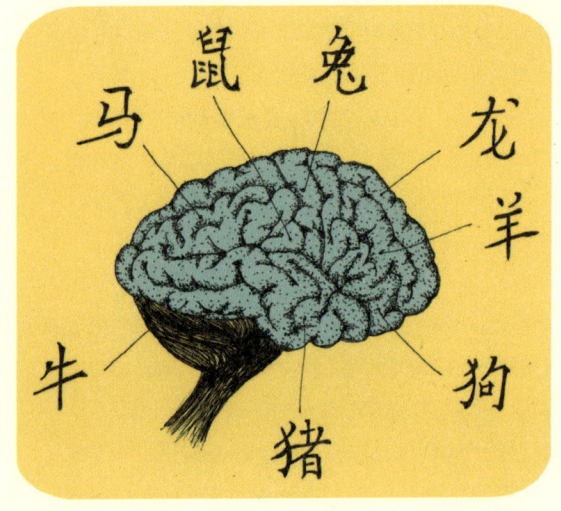

258 세상에서 가장 유명한 오리의 여러 가지 이름들

도널드 덕에 대해 알고 있지? 월트 디즈니의 애니메이션에 나오던 익살스러운 오리 말이야. 이 이름은 세계의 여러 언어로 번역됐어. 우리가 아는 이름이 무엇인지 한번 찾아볼까?

- 이탈리아 : Paperino(파페리노)
- 에스파냐 : El Pato Donald(엘 파토 도날드)
- 스웨덴 : Kalle Anka(칼레 앙카)
- 덴마크 : Anders And(안데르스 안드)
- 핀란드 : Aku Ankka(아쿠 앙카)

미키마우스 역시 여러 가지 이름이 있어.

- 핀란드 : Mikki Hiiri(미키 이리)
- 이탈리아 : Topolino(토폴리노)
- 스웨덴 : Musse Pigg(뮈세 피그)

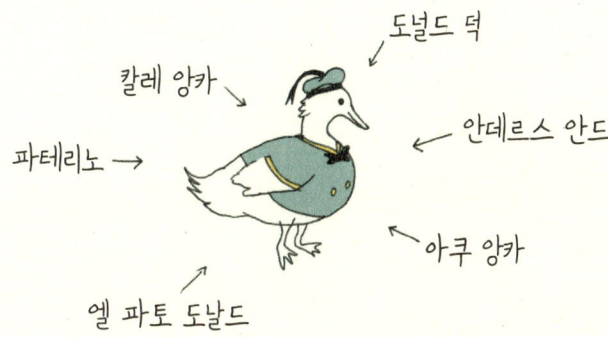

259 책을 먹는 사람들

말 그대로야. 책을 진짜로 먹는 사람들이 있어.

- 정말이냐고? 이들을 **서적 섭취자**라고 불러. 이는 사실 형벌 때문이지. 간혹 종교나 정책에 대해 사람들이 인정할 수 없는 내용의 책을 쓰는 사람들이 있어. 그 경우 책을 쓴 작가가 책을 먹어치워 버려야 해.

- 그 외에 **서적 파괴자**도 있어. 자신들이 동의할 수 없는 내용의 책이 있으면 그저 이 책을 없애 버리고 싶은 거야. 그 욕구가 얼마나 강한지 생각도 하지 않고 바로 책을 파괴해 버려. 보통 성서나 다른 종교 서적에 이런 욕구를 느끼는 사람들이 많아.

- **도서벽**이 있는 사람들도 있어. 생각도 하지 않고 바로 책을 훔쳐 버리지.

- 다행히 세상에는 **책을 사랑하는 사람들**도 있어. 책을 잘 돌보는 사람들이지.

10 신기한 식물의 세계

260 *25층 높이의 건물만 한 세쿼이아덴드론*

세쿼이아덴드론이라는 나무는 미국의 서쪽에 있는 캘리포니아에서 자라고 있어. 이 나무는 75미터까지 키가 크고 무게가 거의 2천 톤이 나가. 세계에서 가장 커다란 생물이지. **자이언트레드우드**라고 불리기도 해.

- 세상에서 가장 큰 세쿼이아덴드론은 자기만의 이름도 있어. 바로 셔먼 장군이라는 이름이야. 캘리포니아의 세쿼이아 국립 공원에 있는 이 나무는 83.8미터나 된대. 나무 밑동의 지름은 7.7미터나 되고, 아마 셔먼 장군의 나이는 2,300~2,700살 정도일 테니 세상에서 가장 클 뿐만 아니라 나이가 가장 많은 세쿼이아덴드론일 거야.

- 19세기에 사람들은 이 나무 사이에 터널을 뚫어 도로를 만들곤 했지. 다행히 지금은 그런 일을 하지 않지만 예전에 이미 뚫어 놓은 터널들을 찾아볼 수 있어.

- 이 나무껍질의 두께는 90센티미터가 넘어. 숲에 불이 난다면 나무껍질이 모두 타 버릴 테지만 나무는 불타지 않을 거야. 사실 세쿼이아나무에 나는 화재는 나무 자체에 도움이 되지. 이 나무의 씨는 아주 뜨거운 열을 가해야만 땅 아래로 떨어져 내리니 말이야.

- 세쿼이아덴드론은 세상에서 가장 커다란 나무지만 가장 키 큰 나무는 아니야. 그 영광은 세쿼이아, 또는 미국 삼나무의 차지야. 역시 캘리포니아에 사는 나무인데 115.5미터까지도 자란대. 도시의 마천루보다도 크게 자란다고 할 수 있지!

라플레시아
아놀디

261 죽음의 향기가 나는 꽃

대부분의 꽃은 아름다운 향기를 내지만, **라플레시아 아놀디**(*Rafflesia arnoldii*)는 달라.

- 보통 서남아시아의 정글에서 이 식물을 만날 수 있어. 덩굴식물에 기생충처럼 붙어 자라나지.

- 라플레시아 아놀디, 줄여서 라플레시아는 붉은 갈색의 커다란 꽃잎에 흰 반점이 찍혀 있는 모습이야. 아름다운 향기 대신 썩은 고기 냄새를 퍼트리지. 이 끔찍한 향기에 반딧불이가 꼬여 드는데, 녀석들은 꽃의 수정을 도와줘.

- 수정은 아주 간단해. 수꽃과 암꽃이 동시에 피어 있기만 하면 되거든. 하지만 이 꽃의 수명은 고작 5~7일 정도이기에 번식 확률이 매우 낮아. 라플레시아의 터전인 숲이 점점 줄어들고 있기 때문에 암꽃과 수꽃이 동시에 피어나는 일은 점점 더 보기 힘들어지고 있어. 그런 이유로 라플레시아 아놀디는 거의 멸종되었어.

262 맹독성 식물의 열매, 토마토

토마토는 건강에 좋은 식품으로 알려져 있어. 하지만 이 붉은 채소가 자라나는 나무는 조심해야 해.

- 토마토는 가짓과의 식물로 줄기와 잎에 **토마틴**이라는 성분이 들어 있어. 세상의 모든 유해한 생물들에게 스스로를 지키기 위해 식물이 분비하는 독이야. 사람도 아프게 만들 수 있을 정도지.

- 열매에도 있는데, 설익은 토마토에는 약간의 독성이 있어. 하지만 빨갛게 익고 나면 달달한 과즙이 풍부해지고 독성이 사라져.

- 감자, 가지, 그리고 파프리카도 독성을 지니고 있어.

- 토마틴의 독성은 양이 많을 때만 작용해. 중독이 되면 복통이 생기거나 설사를 하고 어지러워지지. 하지만 푹 익은 토마토만 먹는다면 걱정할 필요는 없어. 토마토 소스로 만든 스파게티를 양껏 먹어도 좋아.

맹독성

신기한 식물의 세계

263 격렬하게 입을 맞추는 산호충

산호는 폴립 형태의 산호충들이 수백만 마리가 모여 있는 것을 말해. 이 해양 고착 생물은 해저에 자리를 잡고 살아가는데, 바로 이 서식지를 '산호초'라고 불러.

- 과학자들이 밝혀낸 사실 중 하나는 밤에는 폴립, 즉 산호충들이 서로 입을 맞추기 위해 입을 열심히 움직인다는 점이야. 아마 서로의 물질을 교환하려고 하는 것이겠지? 식량, 또는 다른 물질일 수도 있겠지.

- 이 모습을 처음 발견했던 지점은 아카바만이었어. 매우 특별한 수중 현미경을 이용했어. 과학자들이 평소에 사용하던 것보다 훨씬 더 자세히 들여다볼 수 있는 현미경이야.

- 산호충들은 입을 맞출 뿐만 아니라 서로 싸우기도 해. 만약 다른 산호충이 너무 가까이 다가오면 원래 머물러 있던 산호충이 위협을 느끼지. 그러면 산호충의 내장에서 줄 같은 것이 나오는데, 이 물질을 효소라고 불러. 이 효소는 다른 산호충을 공격하고 심지어 파괴해 버릴 수 있는 힘이 있어. 물론 이런 싸움은 서로 종이 다른 산호충끼리만 해. 즉, 산호충들은 친구와 적을 구분할 수 있는 거지.

264 우리의 호흡을 도와주는 식물들

지구에 사는 생물은 대부분 살아가려면 특정 기체가 필요해. 이 기체는 우리 눈에 보이지는 않지만 지구가 아름답고 푸르게 살아갈 수 있도록 도와주고 있지. 이 기체는 바로 이산화탄소, 수증기, 그리고 산소야.

- 우리가 숨을 쉬면 폐는 **공기**로 가득 차지. 공기 속에는 우리가 살아가는 데 필요한 산소가 들어 있어. 우리 몸에 산소가 들어오면 세포에서 이산화탄소를 생성하고 날숨을 통해 몸 밖으로 내보내.

- 식물은 생존하려면 **물**, **햇빛**, 그리고 **이산화탄소**가 필요하지.

  - 식물은 뿌리를 통해 물과 온갖 종류의 미네랄을 흡수하고, 이들을 매우 얇은 관을 통해 모든 가지와 잎으로 보내.

  - 식물은 몸통이나 잎에 난 작은 구멍을 통해 이산화탄소를 흡수하고 산소를 분출해. 이 구멍을 기공이라고 부르지.

  - 햇빛은 식물의 잎이 이산화탄소와 물을 가지고 식물의 영양분을 만들도록 도와주지.

  - 이런 과정을 **광합성**이라고 하는데, 광합성으로 얻은 물질은 다른 관을 통해 나무 아래로 가져다줘. 이것에 관한 내용은 잡학 270번에서 읽어 보렴.

- 이 과정을 통해 식물은 산소를 공기 중으로 내보내서 우리가 숨을 쉴 수 있게 해 주지.

- 이때 얇은 관이 물로 가득 차 있는 것이 중요해. 간혹 관 안에 수분이 충분하지 않으면 수분을 지키려 관을 닫아 버리기도 하거든. 그런 경우에는 이산화탄소를 흡수하지도 않아. 그러니 그런 과정이 너무 오래 지속되면 식물은 죽어 버리고 말 거야.

지나가다가 커다란 떡갈나무 앞을 지나갈 일이 있다면 잊지 말고 감사 인사를 하도록!

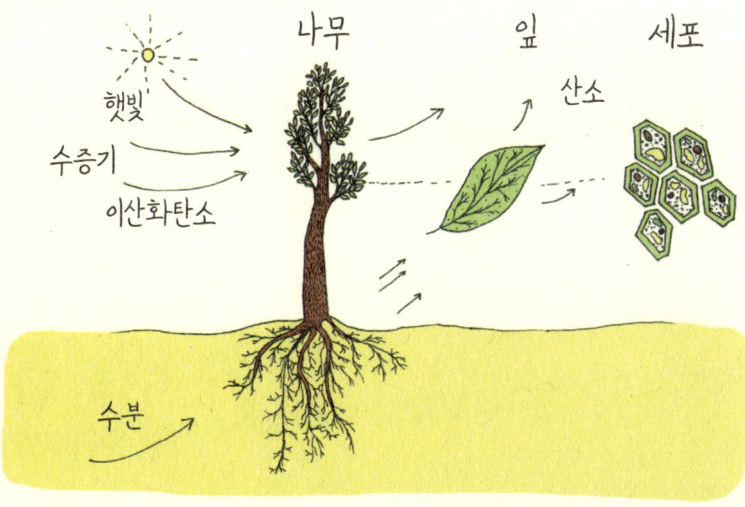

265 식충 식물

식물이 살아남기 위해서는 수분과 이산화탄소 이외에도 미네랄이라는 물질이 필요해. 미네랄은 땅에서 얻을 수 있지. 식물이 건강하게 성장하기 위해서는 질소라는 물질이 굉장히 중요한데, 간혹 토양에 있는 미네랄이 충분하지 않은 경우도 있어. 그런 지역의 식물들은 질소를 얻는 다른 방법을 찾아냈어. 바로 곤충을 잡아먹는 방법이야. 이런 식물을 식충 식물이라고 해. 식충 식물들은 제각기 다른 사냥법으로 곤충을 잡아.

- **파리지옥**은 곤충이 앉자마자 낚아채는 팔을 지니고 있어.

- **끈끈이주걱**은 곤충이 달라붙는 끈끈한 촉수를 지니고 있지.

- **벌레잡이통풀**은 달콤한 액체가 담긴 컵 모양의 함정을 가지고 있지. 그 안에 빠진 곤충은 갇혀서 서서히 소화되고 말아.

- **사라세니아**는 포충낭을 달고 있어. 포충낭 윗부분에는 털이 나 있고, 뚜껑 같은 잎이 달려 있지. 일단 곤충이 포충낭 안쪽에 앉으면 더 이상 밖으로 빠져나오지 못하고 사라세니아의 포충낭 표면에 달린 털에 흡수돼 버려.

- **벌레잡이또아리풀**은 매우 특별한 식충 식물이야. 뿌리를 이용해 곤충을 잡아먹거든. 뿌리에 작은 곤충이 들어갈 수 있을 만한 작은 구멍이 있는데, 곤충들이 이곳으로 들어왔다가 빠져나오려고 위로 계속해서 올라와도 소용없지. 안에 자리한 털들 때문에 더 이상 빠져나오지 못하고 식물의 위장 속으로만 헤엄쳐 갈 수 있어. 그리고 결국은 소화되는 거야.

266 감자의 독

감자에는 **솔라닌**이라는 독이 있어. 사람을 위험하게 할 수 있을 정도로 강한 독이지. 감자의 초록 부분에만 있는 독인데, 감자의 덩이줄기가 빛을 보면 그 부분이 초록색으로 변하며 솔라닌을 생성해.

- 유럽에 감자가 퍼지게 된 건 16세기 말이었어. 라틴아메리카에서 들여온 거지. 감자는 꽃, 잎, 그리고 열매에도 독성이 있었어. 그래서 줄기인 감자를 먹을 수 있을 거라는 생각을 하지 않았지. 유럽 사람들이 감자를 먹기 시작한 건 고작 200년 전부터야.

- 솔라닌이 우리 몸에 나쁜 영향을 미치려면 200밀리그램이 필요해. 그런데 1킬로그램의 감자에는 총 40밀리그램의 솔라닌이 들어 있어. 우리 몸에 해가 되려면 적어도 5킬로그램의 감자를 먹어야만 해. 그렇더라도 아프기만 하지 죽지는 않아. 사람을 죽이려면 400밀리그램의 솔라닌이 필요하지. 솔라닌을 피하려면 감자의 초록색 부분을 잘라내 버리면 돼. 그러지 않으면 솔라닌이 감자 전체로 퍼져 버리거든. 이 독성은 요리를 해도 없어지지 않아.

- 솔라닌 걱정에 먹던 감자를 내려놓은 거니? 그러지 않아도 돼! 어차피 모든 음식에는 많이 먹으면 건강에 해가 되는 물질들이 들어 있으니까 말이야. 그러니 편식하지 말고 다양한 식생활을 즐기면 전혀 문제가 없어.

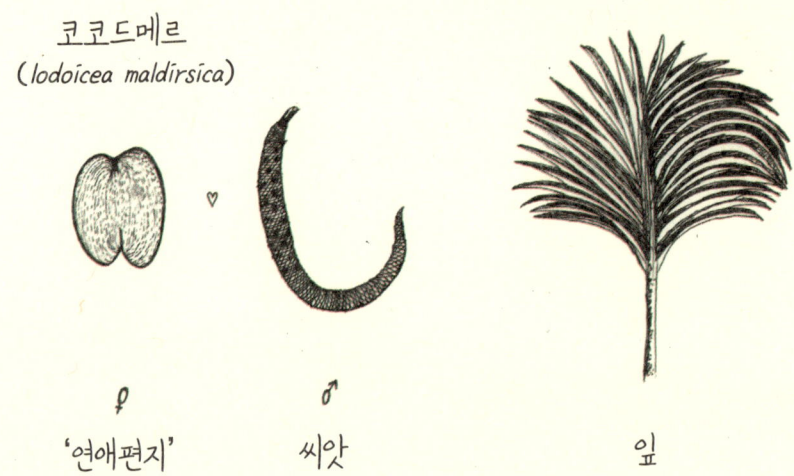

267 30킬로그램이 넘는 씨앗의 무게

식물의 씨앗이 사과에 박힌 작은 갈색 덩어리 정도라고만 생각하고 있었다면 큰 오산이야. **코코드메르**, 또는 **바다코코넛**이라고 불리는 식물의 씨앗은 지름 50센티미터에 무게 30킬로그램을 자랑하지. 이 식물은 세이셸 제도에 위치한 프랄린과 큐리어스섬에서만 자라. 세상에 알려진 식물의 씨앗 중에 가장 커다랗고 무거운 씨앗이지. 이 씨앗에는 별명이 여럿 있는데, '연애편지'라고 불리기도 하고, 두 여성이 엉덩이를 맞댄 것처럼 생겨서 '엉덩이가 아름다운 비너스' 또는 '엉덩이가 아름다운 열매'라고도 불러.

이 씨앗이 열리는 나무는 섬에서만 자라기 때문에 씨앗이 물속으로 떨어지는 경우가 많아. 종종 다른 섬까지 떠내려가지만 그곳에서 터를 잡지는 못해. 이유가 무엇인지 밝혀낸 지는 얼마 되지 않았어. 열매가 너무 무겁기 때문에 바다 깊은 곳에 가라앉아 오랜 시간을 버티는 거야. 일정 시간이 되면 열매가 회전을 하며 가스를 분출하고, 그 힘으로 다시 섬으로 올라와. 그렇지만 그때는 씨앗이 더 이상 생식을 할 수 없어.

간혹 떠오르는 씨앗을 본 사람들은 그 정체를 정확히 알지 못해서 놀라움을 금치 못하지. 그 때문에 마법에 얽힌 이야기들을 지어내곤 해.

- 간혹 뱃사람들은 바다 밑에서 자라는 커다란 나무의 커다란 씨앗이 물 위로 떠오른다고 생각해. 새도 그 나무에 둥지를 짓지. 전설에 따르면 이 새들도 엄청나게 커서 코끼리와 호랑이를 사냥할 정도인 데다 가끔은 선원들이 탄 배를 집어삼키기도 한대.

- 몰디브를 방문한다면 코코드메르를 발견하자마자 왕에게 바쳐야 해. 그렇지 않으면 사형에 처해질지도 몰라.

- 이 씨앗이 어디서 왔는지 알게 된 후에도 전설은 계속해서 전해 내려왔어. 아마 나무의 모양 때문일지도 몰라. 바다코코넛 나무는 암수가 나뉘어 있는데, 암컷 나무의 씨앗만 엉덩이 모양을 닮았지. 수컷 나무의 씨앗은 꼭 남성의 성기처럼 생겼어. 그래서 사람들은 수컷 나무가 암컷 나무를 찾아 헤매려 땅 밖으로 나왔다고 생각해. 만약 이 나무들이 서로 가까이 은밀한 시간을 보내고 있는 것을 본다면 눈이 멀게 된다고 해.

- 과학자들이 아직까지도 바다코코넛이 어떻게 씨앗을 만들어 내는지에 대해 알아내지 못했기 때문에 이 전설은 계속해서 전해 내려오고 있어.

268 지난 25년 동안 사라진 황무지의 10분의 1

즐거운 소식은 아닌 듯해. 지난 25년 동안 황무지의 10분의 1이 사라졌다니 말이야. 엄청나게 큰 면적이지. 330만 제곱킬로미터, 또는 한반도 면적의 15배나 되는 넓이거든.

'황무지'란 사람들이 개발하지 않은 땅을 의미해. 아무것도 심지 않고, 길도 만들지 않았으며, 나무조차 잘라내 본 적 없는 지역이지.

지구에는 아직 3천만 제곱킬로미터의 황무지가 남아 있어. 지구의 땅 면적의 5분의 1에 해당하는 넓이이지. 북아메리카, 오스트레일리아, 북아시아, 그리고 북아프리카 지역에 퍼져 있어.

이제는 다 같이 머리를 싸매고 황무지를 지킬 방법을 찾아내야 해. 이미 사라진 황무지는 돌아오지 않으니 남은 땅이라도 지켜야지. 이 때문에 과학자와 사람들이 해당 구역에 대한 최고 수준의 안전에 대해 공부하고 알리고 있어.

20년에서 25년 사이

신기한 식물의 세계

접란
1.

브로멜리아
2.

산세베리아
3.

269 햇빛이 필요 없는 식물들

잡학 264에서 식물이 살아남으려면 햇빛이 필요하다고 배웠지. 하지만 모든 식물이 그런 건 아냐. 어두운 방에서도 자라나 꽃을 피우는 식물이 있거든.

- **접란**은 햇빛이 필요 없어. 형광등 조명으로도 충분히 자랄 수 있지. 키우면서 손이 많이 가지도 않아. 혹시 매주, 또는 한 달에 한 번씩도 물을 주지 않았다고? 걱정하지 마. 접란은 잘 버틸 거야. 그러니 식물을 잘 키우지 못하는 사람들도 한 번쯤 시도해 볼 만하지 않을까?

- 욕실에 작은 창문이 있니? 그곳에서 **브로멜리아**를 키우면 고향에 온 느낌을 받을 거야. 어둡고 축축한 방을 좋아하거든. 접란과 마찬가지로 브로멜리아도 약간의 빛만 있어도 돼. 그러니 평범한 스탠드를 켜 놓아도 좋아. 파인애플의 친척인 브로멜리아는 어두운 욕실에서도 새빨갛고 아름다운 꽃을 피워 내!

- 마지막으로 **산세베리아**가 있어. 약간의 햇빛과 이따금 수분만 제대로 공급하면 걱정할 일이 없지. 오히려 물을 많이 주면 죽을 가능성이 높아져.

270 나무가 잠드는 시간

믿기 힘들겠지만 나무도 밤에는 가지를 내리고 편안하게 쉬어. 자세히 살펴봐야만 보이겠지만, 5미터 높이의 높은 나무가 아래로 10센티나 가지를 떨어트리는 모습을 볼 수 있어. 나뭇가지들이 하늘 쪽으로 꼿꼿하게 섰을 때에야 잠에서 깬 걸 알아챌 수 있지. 하지만 맨눈으로 볼 수는 없어. 그래서 핀란드와 오스트레일리아의 과학자들은 특별한 스캐너를 사용해 나무의 아주 작은 움직임까지도 살펴보았어. 흥미롭게도 해만 지면 나무들이 나뭇가지를 아래로 내렸지. 그리고 아침에는 내렸던 나뭇가지를 다시 하늘로 올렸던 거야.

나무의 이런 현상은 나무가 잠든 것이 아니야. 그저 수액의 흐름에 따라 일어난 일일 수도 있어. 밤에는 식물의 검고 작은 입인 기공이 문을 닫아 버리지. 그러면 나뭇가지와 줄기 사이에 적은 마찰력만이 남아 있어.

그리고 날이 밝아지면 기공이 다시 열리는 거야. 수분은 증발하고 뿌리는 토양에서 물을 빨아올리지. 이런 변화가 나무가 일어났다 자는 것처럼 보이는 거야.

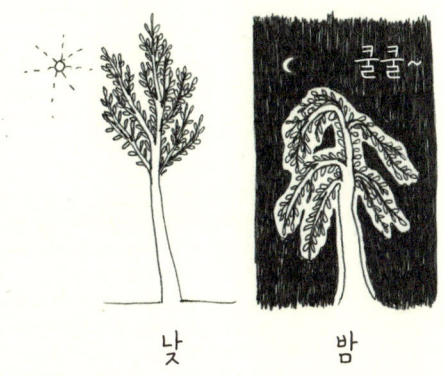

낮   밤

271 야생에서는 자라지 않는 오렌지 나무

오렌지는 사람이 발명한 과일이야. **귤**과 **포멜로**라는 종을 교배시켜 만들어 낸 과일이지. 포멜로는 중국의 자몽이라 불리기도 해. 바로 거기서 주황색을 얻게 된 거지. 이렇게 얻은 오렌지는 속이 초록색이고, 껍질만 주황색이야. 이 오렌지도 많은 지역에서 팔리고 있어.

오렌지가 오늘날 우리가 아는 오렌지로 탈바꿈하려면 날씨가 덥지 않아야만 해. 기온이 떨어지면 껍질이 우리가 아는 주황색으로 변하지. 중앙아메리카의 온두라스 같은 더운 나라에서는 오렌지 껍질이 여전히 초록색을 띠고 있어. 그래서 서양으로 오렌지를 수출할 때는 인체에 무해한 에틸렌이라는 가스를 사용해 인공적으로 주황빛을 만들지. 그러면 초록빛이 점점 변해서 얍! 오렌지가 나타나.

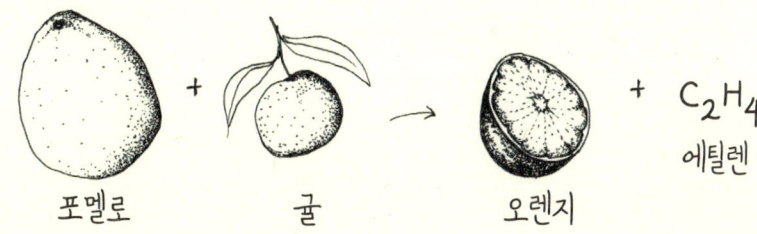

포멜로   귤   오렌지 C_2H_4 에틸렌

272 환각을 불러일으키는 버섯들

버섯은 균류가 있는 땅에서 늦여름부터 가을까지 자라나지. 버섯이 나려면 수컷과 암컷 균사가 필요해.

- 지구상에는 5,000종 이상의 버섯이 있어. 그중 식용 버섯은 약 100종이 있고, 6종은 엄청나게 강한 독을 지니고 있어.

- 조심하지 않으면 환각을 일으키는 버섯을 먹을 수도 있어. 이것들을 **환각 버섯**이라고 불러.

- 가장 아름다운 환각 버섯은 **광대버섯**이야. 요정의 모자 같이 생겼지. 빨간 꼭대기에는 하얀 점이 찍혀 있어. 아마니타종에 속해. 자작나무 사이에서 찾을 수 있어.

- 조심해! 바로 아마니타종의 버섯들이 매우 위험하거든. 그중 가장 위험한 버섯은 바로 **팔로이드 버섯**이야. 엄청 맛있지만 먹은 후 6~24시간이 지나고 나면 무언가 잘못됐다는 걸 느낄 수 있을 거야. 그걸 느끼면 이미 너무 늦었지.

273 지구에 서 있는 30억 그루의 나무

당연히 지구의 모든 나무를 하나하나 세어 본 사람은 없을 거야. 과학자들은 위성 사진, 슈퍼컴퓨터, 그리고 세계 전체의 관측 장비를 사용해 나무의 숫자를 추산해서 얻어낸 수치야.

- 인간은 나무 없이는 살아갈 수 없어. 우리가 숨 쉬는 공기에 산소를 공급해 주고 우리가 내뱉는 이산화탄소를 처리해 주거든.

- 가장 빽빽한 숲은 러시아, 스칸디나비아, 그리고 북아메리카에 있어.

- 가장 큰 숲은 열대 지방에 있어. 지구에 존재하는 나무 종류의 절반이 그곳에서 자라고 있지.

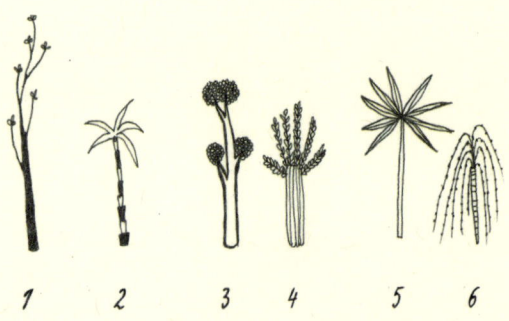
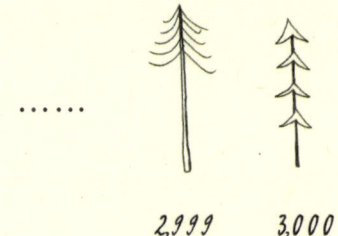

274 스스로 영양분을 만들 수 있는 식물, 해초, 박테리아

이 말이 식물이나 해초, 박테리아가 주방에 서서 음식을 만든다는 이야기는 아니라는 것 모두 알고 있지?

- 태양 에너지를 사용해서 이산화탄소와 물을 이용해 탄수화물로 변환시키지. 탄수화물은 영양소로서 매우 중요하거든. 이 물질들은 새로운 식물 세포를 이루는 구성 요소야.

- 그런 다음 식물은 탄수화물을 분해하여 에너지를 만들어 내. 이 에너지는 식물이 살아가기 위한 과정에 쓰이지.

- 결국 탄수화물은 식물의 구성 요소일 뿐만 아니라 연료이기도 해.

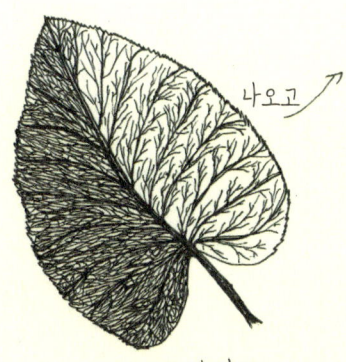

들어가고 나오고

녹색 식물

- 이 변환 과정을 **광합성**이라 불러. 광합성이란 식물의 색소가 빛을 빨아들일 때만 일어나는 현상이야. 식물을 초록색으로 만드는 색소는 엽록소라고 불리지. 박테리아나 조류 같은 경우에는 엽록소가 아닌 다른 색소가 빛을 흡수해.

275 커다란 연꽃이 자라는 열대 지방

빅토리아큰가시연꽃(*Victoria amazonica*)에 대해 알고 있니?

- 위로 솟은 가장자리까지 포함해 2미터 지름의 잎을 지닌 연꽃이야.

- 줄기는 8미터나 되지.

- 잎은 40킬로그램의 무게도 견딜 수 있어서 원한다면 그 위에 올라서도 돼.

- 꽃은 이틀 동안만 피어 있지. 첫 번째 밤에는 하얀 꽃이 나타나. 딱정벌레들을 꾀어서 수정을 하는 데 이용하지. 그리고 낮 동안에는 잠시

크다!

꽃잎을 닫아. 그다음 날 밤, 다시 꽃잎을 열면 이번에는 분홍색 꽃이 피어나.

- 빅토리아큰가시연꽃은 고여 있는 물이나 아주 느리게 흐르는 물에서만 꽃을 피워. 볼리비아, 브라질, 가이아나, 그리고 페루에서 자라지.

- 각 나라의 수목원이나 식물원에서도 찾아볼 수 있어.

276 죽일 수 없는 박테리아

박테리아는 우리 주변 없는 곳이 없어. 그 크기가 1~2마이크로미터 정도 되지. 마이크로미터란 1밀리미터를 1,000으로 나눈 길이로, 엄청나게 작은 단위야. 그 말은 1제곱센티미터의 넓이에 1만 마리의 박테리아가 살고 있다는 뜻이지.

박수를 친다고 우리 손에 사는 박테리아가 죽진 않아. 외부의 압력을 견뎌 낼 수 있는 강한 세포벽을 가졌거든. 그리고 맨손으로 박수를 쳐 봐야 박테리아를 누를 순 없지. 압력이 손 전체로 퍼져서 매우 작은 박테리아에게는 닿을 수조차 없을 테니까.

대체 어떻게 하면 박테리아를 죽일 수 있을까?

- 음식 안의 박테리아를 죽이려면 특별한 산이나 방부제를 써서 박테리아의 세포벽을 뚫어야 해.

- 음식을 가열할 수도 있지만 그렇다고 박테리아가 사라지진 않지. 새 박테리아가 나타날 수 있게 흔적을 남길 뿐이야. 이 모든 흔적을 지우기 위해서는 음식에 120~130도가 넘는 열을 가해야 해. 이것을 열탕 소독이라고 하지.

- 낮은 기온에서는 박테리아의 번식이 느려져. 그래서 음식을 냉장고에 보관하는 거야.

277 불을 뿜지 않는 용, 용혈수

예멘의 소코트라섬에는 그 어디서도 찾아볼 수 없는 동물과 식물이 살고 있어. 그곳에 사는 생물 중 약 3분의 1은 지구 어디에서도 찾아볼 수 없는 종들이지. 이 섬은 600백만 년 전에 본토에서 떨어져 나왔고 지금은 350킬로미터 정도 거리를 두고 있어.

> **그리고 또 다른 이야기**
> 어떤 동물이나 식물의 거주지가 그곳뿐이라면 '풍토적'이라고 불러.

특별한 식물 중에는 **용혈수**라는 것도 있어. 커다란 파라솔처럼 생긴 이 나무의 잎과 껍질을 벗기면 빨간 수액이 흘러나와. 소코트라섬의 조상들은 이 수액을 용의 피라고 생각했어. 그래서 나무가 용혈수라는 무시무시한 이름을 지니게 됐지.

278 무인도에서 살아남는 법

알렉산더 셀커크야말로 엄청난 문제아였어.

- 알렉산더는 죄를 지어 감옥에 가야 했을 때, 그 대신 해적이 가득한 배의 선원을 지원했지. 해적들은 유럽의 모험가였는데 다른 배를 공격하고 아프리카에서 노예들을 실어 왔어.

- 1704년 9월, 배는 무인도로 출발했어. 항해를 하던 알렉산더는 자신이 탄 배가 더 이상 안전하다고 생각하지 않아 선장에게 수리를 제안했지. 하지만 선장은 그 제안을 거부했고 고집스러운 알렉산더도 배를 고치지 않으면 자신은 무인도에 머무르겠다고 말했어. 선장은 알렉산더가 귀찮아서 알렉산더를 섬에 둔 채 배를 돌려 섬을 빠져나가 버렸어.

- 다행히 섬에는 먹을 수 있는 것들이 있었지. 알렉산더는 식용 식물, 과일, 뿌리, 그리고 산딸기류를 먹으며 살아남았어. 간혹 가재, 생선, 또는 새알을 먹을 수도 있었지. 알렉산더는 그곳에서 4년 4개월을 살았어.

- 1709년 2월 2일, 우즈 로저스 선장이 알렉산더를 찾았어. 로저스는 세계 곳곳을 항해한 경험과 자기 자신에 대한 책을 썼어. 책 제목은 《세계를 항해하며(a cruising voyage round the world)》였지. 그 이야기는 소설가 **대니얼 디포**가 《로빈슨 크루소》를 쓰는 데 영감을 주었어.

- 알렉산더가 지내던 마스 아푸에라섬은 그곳에 혼자 머물던 알렉산더의 이름을 따서 1966년부터 알레한드로 셀커크라고 불리기 시작했어.

생존에 관한 더 많은 이야기

1982년 스티븐 캘러핸이 탄 배가 항해 중 고장이 났어. 다행히 스티븐은 배에서 빠져나올 수 있었고 몇 가지 물건을 가지고 도망쳤어. 배는 천천히, 그렇지만 확실히 가라앉고 있었지. 가져온 음식이 전부 동났을 무렵, 스티븐은 수렵을 할 수 있는 창을 만들었어. 빗물을 받아 마시기도 했지. 그렇게 스티븐은 76일을 무인도에서 살았어. 스티븐이 무사히 구출됐을 때 얼굴이 매우 많이 여위고 몸은 상처로 가득했지만, 그래도 여전히 살아 있었어.

아무데서나 잘 자라는 대나무

279 하루에 1미터가 넘게 자랄 수도 있는 대나무

대나무는 아무데서나 아무렇게나 잘 자라는 식물이야.

- 대나무는 최고 35미터까지 자라며, 줄기의 지름이 10~35센티미터까지 굵어진대. 그렇지만 모든 대나무가 이렇게 큰 것은 아니야. 고작 몇 센티미터 지름의 줄기를 지닌 종류도 있지.

- 대나무는 열대 지방과 추운 지방에서 모두 찾아볼 수 있어.

- 땅속의 뿌리 역시 빠른 속도로 성장해. 그래서 원래 생각했던 장소가 아닌 완전히 다른 장소에서 자라는 모습을 목격할 수 있기도 해.

- 몇몇 대나무는 정말 빨리 자라. 간혹 하루에 1미터가 넘게 자라나기도 하지. 덕분에 대나무는 세상에서 가장 빨리 자라는 식물로 뽑혔어.

- 간혹 빠르게 자라나는 대나무의 특성을 사용해 사형을 집행하는 경우도 있었다고 해. 사형수의 몸을 아직 어린 대나무 위에 고정시켜 놓아. 그러면 대나무가 자라며 사람의 몸을 관통해 버릴 거야. 하지만 과학자들은 이 사형 방법이 정말 시행되었는지는 확신할 수 없다고 해. 어쩌면 그냥 지나가는 괴담이었을지도.

280 아프리카의 요정 무늬

나미비아와 남아프리카 공화국 사람들은 종종 초원에 그려진 이상한 원을 목격해. 외계인이 그린 그림일까? 그 지역 사람들은 아마도 모래에 사는 엄청나게 똑똑한 **흰개미**가 그린 무늬일 거라고 생각해.

흰개미들은 어린 식물이 죽을 때까지 뿌리를 갉아먹어. 그렇게 죽은 식물이 요정이 놀다간 것처럼 동그란 무늬를 남기는 거야.

비가 오면 텅 빈 요정 무늬의 땅속으로 물이 흘러내려 가. 그러면 그 밑에 사는 흰개미들도 힘들이지 않고 물을 얻을 수 있지. 또한 흘러내려 간 물 덕에 새로운 식물도 더 빨리 자라날 수 있어. 그래야 개미들을 위한 풀이 또 자라나겠지.

그런데 흰개미들만 요정 무늬를 만든 건 아닐지도 몰라. 어떤 사람들은 더 많은 물을 가져가려 싸우던 식물들이 자신의 긴 뿌리를 흙 밖으로 내놓아서 작은 요정 무늬가 만들어졌다고 이야기하기도 해.

요정 무늬에 대한 연구는 아직도 진행 중이야.

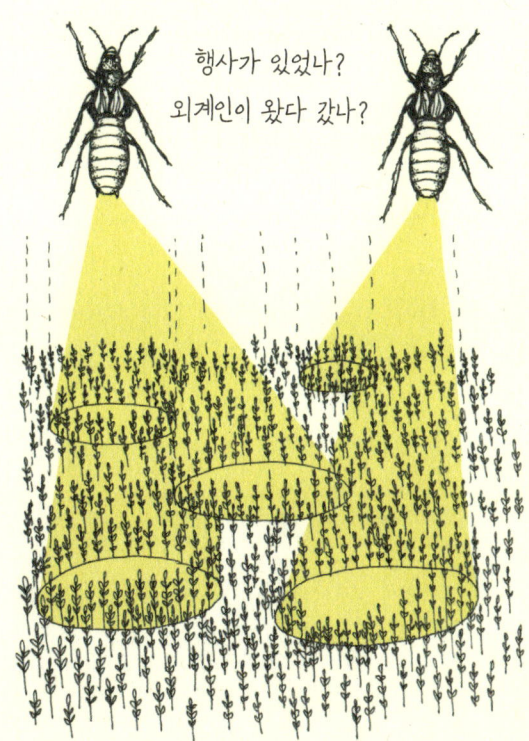

11
음식에 관한 모든 것

281 고양이 똥으로 만든 세상에서 가장 비싼 커피

코피루왁이라는 커피에 대해 들어봤니? 고양이 똥으로 만들어졌는데, 킬로그램당 가격이 19만~65만 원까지 하는 비싼 커피야.

- 보통 커피를 만들려면 커피콩을 말린 후 볶아. 그리고 갈아서 커피를 내리는 거야.

- 코피루왁은 다른 방법으로 생산돼. 루왁, 또는 사향고양이에게 커피콩을 먹이지. 고양이가 콩을 먹으면 커피콩의 과육은 모두 소화되지만 씨는 그대로 밖으로 배출돼. 이렇게 배출된 씨는 굉장히 특별한 향을 풍겨. 이렇게 모은 커피콩을 씻어서 다시 일반 커피콩처럼 처리해.

- 코피루왁은 1년에 몇 백 킬로그램도 되지 않는 적은 양만 생산돼.

- 이 커피를 정말 맛보고 싶다면 베트남의 야생 사향고양이의 커피를 찾아봐. 킬로그램당 가격이 자그마치 350만 원이나 돼. 한 컵의 고양이 똥 값치고는 엄청나게 비싸지 않니? 동물 보호 단체에서는 무척 싫어하지.

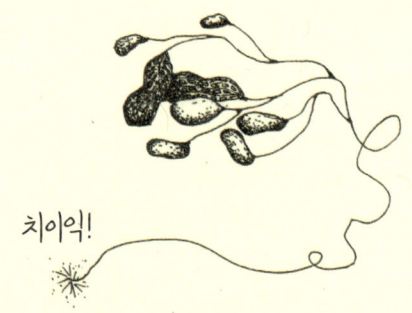

치이익!

282 다이너마이트에 든 땅콩

입안에서 땅콩이 터질까 걱정 따위는 하지 않아도 돼. 하지만 다이너마이트에 땅콩이 들어 있다는 이야기는 사실이야.

다른 견과류와 마찬가지로 땅콩에는 기름이 있어. 땅콩에서 추출한 기름은 요리를 할 때 사용할 수도 있지만 다이너마이트를 제작할 때 필요한 니트로글리세린의 주요 재료인 글리세롤을 만들 때도 사용하지. '아!' 똑똑한 사람은 이미 알아들었을지도 몰라. '니트로글리세린'으로는 폭발물을 만들 수 있어.

니트로글리세린은 매우 빠르게 폭발하는 위험한 물질이야. 다이너마이트는 니트로글리세린과 톱밥, 그리고 찰흙과 같은 재료를 섞어서 만들어. 톱밥과 찰흙을 섞어야 니트로글리세린만 사용하는 것보다 안전하게 폭발시킬 수 있지.

어때, 땅콩이 좀 달라 보이지?

283 너무나 맛있지만 먹으면 죽을 수도 있는 복어

화가 나면 몸을 부풀리는 **복어**로 만든 요리는 정말로 맛있어.

- 복어는 맹독성 생선이야. 내부 장기에서 테트로도톡신이라고 하는 청산가리보다 더 독한 독성 물질이 생성되거든. 이 독을 삼키면 근육이 마비될 거야. 처음에는 혀와 입술이 마비돼. 그리고 나중에는 온몸이 마비되어 질식하지.

- 그럼에도 복어는 고급 음식이자 최고의 레스토랑에서만 제공하는 요리야. 복어 요리를 내놓는 레스토랑의 요리사들은 특수한 훈련을 받아야 해. 복어의 독이 완벽하게 제거됐는지를 증명하기 위해 언제나 요리사가 한입을 먹어 본 후 음식을 제공해.

- 하지만 간혹 일이 잘못될 때도 있지. 일본에서는 이런 일도 있었대. 도쿄의 한 손님은 복어 요리를 먹은 후 병원에 실려 갔어. 이 여성은 자신의 용맹함을 보여 주고 싶어 복어의 간을 먹기로 결심했지. 사실 요리사는 이 여성의 부탁을 무시해야 했지만, 그러지 않고 요청대로 간을 내놓았어. 이 여성은 병원으로 실려 갔지만 다행히 살았지. 하지만 요리사는 해고당하고 말았어.

복어에 대한 더 많은 이야기

- 일본에서는 이미 2,300년 이상 복어 요리를 먹어 왔어.

- 복어는 일본 왕이 섭취할 수 없는 유일한 음식이야.

- 사실 복어의 맛은 특별하지 않아. 전문가들은 부드러운 맛이 난다고 말해. 그러니 결국은 맛보다는 짜릿한 느낌에 먹는 음식이 아닐까?

284 집 한 채 값의 특별한 버섯 한 덩어리

중국의 부호 스탠리 호는 버섯 한 덩어리를 사려 33만 달러를 낸 적이 있어. 당연히 보통 버섯은 아니었지. 바로 크리스티아노 사비니가 피사 근처에서 채취한 500그램의 **송로버섯**이었어. 사실 크리스티아노의 개 로꼬가 찾았지만 말이야. 로꼬는 그날 밤 간식을 많이 받아먹었을까?

송로버섯은 보통 떡갈나무의 뿌리에서 자라나. 보통 집돼지나 개를 이용해 찾곤 해. 그 향이 아주 특별해서

여러 음식에 활용하지. 하지만 가격이 비싸기에 모두들 아주 적은 양만 먹곤 해.

285 약으로 쓰였던 케첩

닥터 마일스의 혼합 토마토 추출물. 무슨 약품 이름 같지만 **케첩**의 옛날 이름이야.

사실 19세기 초반에는 케첩을 약으로 사용했어. 케첩을 팔던 상인의 말로는 영양제로 먹어도 된다나 뭐라나. 이 '약'은 오늘날 케첩과 비슷한 재료를 포함하고 있었으니 아마 당시의 케첩 역시 약은 아니었을 거야.

케첩은 건강에 해롭지 않아. 토마토로 만들었고 면역 물질인 리코펜을 함유하고 있으니까 말이야. 생토마토를 먹을 때 우리의 신체는 리코펜을 잘 흡수하지 못해. 하지만 토마토 수프, 토마토 소스, 또는 케첩처럼 토마토를 가열해 만든 것을 먹으면 많은 양의 리코펜을 흡수할 수 있어.

콜라 역시 약사가 가장 처음 발명했어. 존 펨버튼이라는 약사이자 의사가 1886년 개발했지. 존은 간혹 약을 만들었는데 구매를 원하는 사람이 아무도 없었어. 그래서 이번에는 아예 다르게 탄산음료를 개발한 거야.

처음에는 성공하지 못했지만 얼마 지나지 않아 판매량이 높아졌지. 지금까지도 코카콜라의 레시피는 비밀로 남아 있어.

그렇다면 코카콜라는 건강한 음료일까? 그렇지 않아. 엄청난 양의 설탕을 담고 있거든. 그러니 너무 자주 마시지 않는 게 좋을 거야.

286 미래 식량, 벌레스낵

귀뚜라미 튀김, 딱정벌레 애벌레 햄버거, 메뚜기 꼬치……. 자, 이 메뉴를 읽는 기분이 어떠니? 사실 수많은 국가에서 이미 곤충은 흔한 음식 재료야.

- **콩고**에서는 한 가족이 매일 500그램씩의 애벌레를 먹지.

- **남아프리카 공화국** 사람들은 모파니나무의 애벌레를 좋아해.

- 구운 벌의 유충과 볶은 비단벌레는 **중국**에서 유행하는 스낵이야.

- **멕시코**에서는 감자튀김 대신 귀뚜라미 튀김을 테이블에 올리지. 애벌레, 개미, 그리고 구더기 역시 맛있는 간식으로 여겨.

세계 20억이 넘는 인구가 곤충을 섭취하는 데 거부감을 느끼지 않는다고 해.

우리의 밥상에 더 많은 곤충을 올리는 것도 좋을 거야. 튼튼한 뼈와 근육을 얻기 위해서는 많은 양의 단백질이 필요한데 곤충에는 단백질이 충분히 있거든. 또한 곤충을 기르는 데에 드는 사료나 식량도 많이 필요하지 않거든. 곤충은 변온 동물이라 체온을 올리기 위해 에너지를 사용하지 않아. 그러니 돼지, 소, 양 대신에 곤충을 기르는 게 환경에 더 도움이 되는 일이지.

딱정벌레, 메뚜기, 밀웜 등의 곤충은 포유류에 비하면 온실가스를 분출하지 않기도 하고 말이야.

세계의 과학자들은 어떻게 하면 곤충을 더 잘 기를 수 있을지를 연구하고 있어. 또한 사람들에게 곤충 섭취를 권장할 수 있는 효과적인 방법을 찾고 있지.

우리도 모르는 사이에 이미 밀웜버거를 먹고 있을지도…….

징그러운 음식에 대한 더 많은 이야기

캄보디아에서는 튀긴 타란툴라가 손꼽히는 별미야. 라임과 찍어 먹는 소스가 곁들여진 커다란 튀긴 거미를 상상해 봐. 거미의 다리를 핥는 상상을 해 봐! 정말 맛있을 것 같지 않니?

287 살아 있는 동물을 먹는 지구촌 사람들

- 한국에 여행을 온 사람들이 정말 신기하게 여기는 음식 중 하나는 바로 산낙지야. 이미 다 해체됐지만 입에 넣고 씹어도 여전히 꿈틀거리는 식감에 놀라곤 해. 산낙지를 좋아하는 사람들은 그 촉수가 입안에 붙는 느낌이 얼마나 좋은지를 설명하지.

- 살아 있는 음식을 먹는 건 한국 사람만이 아니야. 일본 사람들은 생선을 산 채로 회를 쳐서 먹는데, 이를 **이키즈쿠리**라고 불러. 상에 내왔을 때는 아직도 생선의 심장이 뛰는 모습을 볼 수 있어.

- 중국에서는 '**취한 새우**'를 내오는 경우가 있어. 생새우 위에 취하게 만드는 양념을 뿌린 후 내오는 거야. 이 새우가 담긴 볼은 접시로 덮여 있는데 새우가 깨어서 튀어 나오는 것을 방지하기 위해서야. 그리고 살아 있는 채로 새우를 먹지.

- 지금 기절하기 직전이라고? 그러면 한 가지 더 이야기해 줄게. 오스트레일리아의 원주민인 에보리진은 **위체티그럽**을 좋아해. 커다란 나방의 애벌레로 만든 음식인데, 아몬드 맛이 나지. 살아서 꿈틀거리는 채로 먹어 치워야 해.

- 유럽 지역에서는 살아 있는 **굴**이나 **성게**를 먹곤 하지. 그게 입안에서 움직이는 경우도 있어.

288 사르디니아에서 먹는 썩은 치즈

곰팡이가 슬어 있는 푸른 치즈를 말하는 게 아니야. 구더기가 기어 나올 정도로 썩은 상태의 치즈를 말해. **카수 마르주**라고 불리는 이 치즈는 양의 젖으로 만들어. 벌레가 나올 때까지 숙성시켜야 하지. 치즈에 사는 벌레나 구더기는 치즈만 먹는 게 아니라 대변을 보기도 해. 그리고 그 분비물이 부드럽고 크림같이 톡 쏘는 맛을 만들지. 이탈리아의 사르디니아 사람들은 숟가락으로 이 치즈를 퍼 먹어. 그러면 목구멍으로 구더기도 같이 넘어간다는군!

이 치즈에 들어 있는 구더기의 크기는 약 8밀리미터 길이까지 자라 있어. 심지어는 점프를 할 수도 있지. 치즈가 담긴 그릇을 열면 눈을 감는 게 좋을 거야. 아니면 구더기가 눈으로 튀어오를 테니 말이야.

안타깝게도 이 치즈는 상점에서 구매할 수는 없어. 농장에 가서 직접 사야 하지.

썩은 치즈   삭힌 청어

289 냄새나는 청어를 좋아하는 스웨덴

- 스웨덴에서는 **수르수트뢰밍**이라는 음식을 먹어. 발효시킨 청어야. 소금에 약간 절여서 같은 온도로 3달 정도 발효시킨 음식이야. 그러고서 그 청어를 통조림 안에 넣지. 그 안에서 발효가 계속 진행되는 거야. 통조림을 열었을 때 어떤 냄새가 날지 상상할 수 있겠지? 그러니 집 밖에서 캔을 따도록 해. 스웨덴 사람들은 보통 물속이나 젖은 천으로 덮은 후 통조림을 열곤 해. 그래야 냄새도 덜 나고 청어가 들어 있던 통조림 국물이 얼굴로 튀는 걸 막을 수 있거든.

- 노르웨이에서는 소금에 절인 연어, 즉 **락피스크**를 먹어. 처음에 연어를 손질하고 소금으로 살짝 절여서 통 안에 저장해. 그리고 3달 후, 통을 열면 신나는 연어 파티를 즐길 수 있는 거야. 노르웨이에 살면 적응해야 할 맛이지.

290 소의 고환으로 만든 음식

크리아디오가 뭔지 아니? 맛있을 것 같다고? 이름만 들으면 바삭한 쿠키 같지만 완전히 다른 음식이야. 바로 소의 고환으로 만든 음식이지. 간혹 소의 달걀이라고 부르는 사람도 있어. 어떤 음식인지 상상이 가니?

그래 맞아! 크리아디오는 전날 밤 소싸움에서 진 소의 고환으로 만든 음식이야. 고환을 납작하게 누른 후 튀긴 음식이지.

소의 고환을 먹는 나라가 또 있어. 미국의 **록키 마운틴 오이스터**라고 불리는 음식이지.

또한 염소, 양, 그리고 닭의 고환을 먹기도 해.

291 오믈렛, 오리 알, 또는 수백 년 된 오리 알 중 무엇을 먹을래?

- **피단**은 중국에서 매우 유명한 음식이지. 오리 알을 100일 정도 삭혀 만들어.

- 중국인들은 오리 알을 라임, 재, 차, 그리고 소금으로 버무려. 그리고 항아리 안에 묻지. 100일이 지난 후, 오리 알을 밖으로 꺼내. 그러면 알은 검고 단단하게 변해 있지. 오리 알을 깨 보면 초록색 노른자가 금빛으로 빛나는 단백질로 덮여 있는 것을 볼 수 있을 거야. 그저 썩은 오리 알인 거지 뭐. 그렇지만 먹는 데는 아무 지장이 없어.

- 더 이상한 음식도 있어. 바로 **발롯**이라고 불리는 음식이야. 태어나기 직전의 오리가 들어 있는 유정란이지. 이 알을 요리해서 안의 오리까지 통째로 먹는 거야. 처음에는 약간만 깨뜨려 오리를 감싸고 있는 액체를 마시고 알 껍데기를 마저 까야 해. 필리핀에서는 인기 있는 음식이야. 오리 알을 요리해서 먹어도 상관없지만 생으로 먹을 수도 있어.

1. 계란을 준비한다. 2. 재료를 추가한다. 3. 기다린다. 4. 깬다.

+ 라임 / 재 / 차 / 소금   → 100일

292 나폴레옹이 가져다준 헤이즐넛 페이스트

가끔 빵에 **초콜릿 페이스트**를 발라먹니?

그중에서 헤이즐넛을 넣은 초콜릿 페이스트를 좋아한다고? 이런 초콜릿 페이스트는 **나폴레옹** 덕에 먹을 수 있게 된 거야. 1806년 이탈리아 토리노 지역의 초콜릿은 매우 비쌌어.

나폴레옹이 엄격한 입국 규정을 만들었거든. 그래서 궁리 끝에 토리노 지역의 사람들이 초콜릿 페이스트와 헤이즐넛 크림을 섞었어. 그리고 **잔두야**라는 이름을 붙여 주었지. 헤이즐넛을 넣은 이탈리아 초콜릿 페이스트인 잔두야는 토리노 지역의 명물이 되었어.

잔두야

293 중세 시대에는 어린이도 맥주를 마셨어

오해하지 마. 다 그럴 만한 이유가 있었어!

- 당시의 맥주는 물보다도 좋은 식품이었어. 그때의 사람들은 깨끗한 식수를 얻을 수도꼭지를 설치하지 못했거든. 대신 다른 곳에서 물을 길어 와야 했지. 도시를 돌던 운하는 오염이 심했어. 사람들이 쓰레기를 마구 던졌기 때문이야. 심지어는 운하에 용변을 봐서 식수로 마시기에는 너무나 더러운 물로 변해 버렸지. 이런 물은 전염병을 불러일으키기도 했어.

- 맥주는 같은 물로 만들었지만 미리 끓였기 때문에 대부분의 병원균이 사라진 상태였지. 그리고 맥주의 재료인 홉 역시 물의 나쁜 박테리아를 죽이고 맥주를 오래 보관할 수 있게 만들었어. 물에서는 찾아볼 수 없는 홉의 비타민까지 들어 있으니 괜찮았지.

- 중세 시대의 사람들은 1년에 300리터 정도의 맥주를 마셨어. 당시의 맥주에는 지금에 비해 알코올 성분이 덜 들어 있었기 때문에 쉽게 취할 일도 없었지. 어린이들 또한 알코올이 적게 들어 있는 어린이용 맥주를 마실 수 있었지만 다행히 부모의 지도에 따라서만 마셨다고 해.

건배

> **맥주에 대한 더 많은 이야기**
> 체코 사람들은 지금도 엄청난 양의 맥주를 마셔. 일주일에 11잔, 한 해로 치면 572잔에 이르지.

294 먹어도 먹어도 끝이 없던 로마의 파티 음식들

로마 사람들은 음식을 많이 먹는 파티를 열곤 했어. 매우 퇴폐적인 파티였지.

- 로마의 부자가 손님을 초대할 때는 자신의 부유함을 뽐내기 위해 음식을 최대한 마련했어. 손님들은 엄청난 양의 달걀, 치즈, 생선, 올리브, 빵, 그리고 고기 안에 풍덩 빠졌지. 노예들은 계속해서 음식을 준비했고 말이야. 접시를 비우기도 전에 서둘러 음식을 채워 놓았지.

- 로마 사람들은 포크와 나이프는 사용하지 않았어. 손으로 직접 음식을 집어 먹고 노예들이 들고 있는 물그릇에서 손을 씻었어.

- 음식을 먹는 동안 엄청난 양의 와인을 마시기도 했지. 파티가 이어지는 동안 가수, 무용수, 그리고 음유 시인이 공연을 진행했어.

- 로마 사람들은 의자에 앉지 않고 낮은 테이블에 누워 팔로 머리를 기대곤 했어.

- 셀 수 없는 숫자의 음식이 있었기에 로마 사람들은 모든 음식을 먹어 보지 못한다는 게 너무 슬펐어. 그래서 속임수를 개발해 냈지. 손가락으로 목을 간질이고 먹었던 음식을 다 토해 내는 거야. 바닥에 깔린 토사물은 노예들이 청소했지. 사람들은 그렇게 위장을 비우고는 바로 다른 음식을 채워 넣곤 했어.

우웩!

295 카드 게임을 하며 먹기 위해 개발한 샌드위치

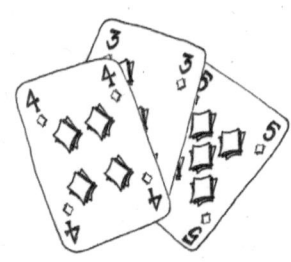

존 몬태규, 또는 **샌드위치 백작 4세**는 18세기에 실존한 인물이었어. 카드 게임을 매우 좋아해서 식사도 거르기 일쑤였어. 당시의 주식이던 감자와 고기 요리를 먹으려면 게임 장소를 떠나 식탁에 앉아야 했거든.

카드 게임을 오랜 시간 하다 보면 당연히 배가 고파졌을 거야. 샌드위치 백작은 하인에게 식사 때 먹지 못해 차갑게 식은 고기 조각을 빵 사이에 넣어서 가져다 달라고 했어. 그렇게 하면 게임을 계속하면서 테이블을 떠나지 않고 먹을 수 있으니 말이야. 또한 이 빵을 먹을 때는 포크도 필요 없으니 한 손으로는 계속 카드 게임에 참여할 수 있었겠지. 보송보송한 빵 사이에 고기를 끼웠으니 손이나 카드가 더러워질 염려도 없었을 테고 말이야.

백작이 자리를 떠나지 않으니 게임을 같이 진행하던 상대편도 테이블을 떠날 수 없었어. 당연히 다들 허기가 졌으니 '샌드위치 백작이 먹는 것과 같은 음식'을 주문했겠지. 그때부터 빵 사이에 속 재료를 끼운 음식을 '샌드위치'라고 부르기 시작했어.

296 두 배 더 맛있는 봉봉 초콜릿

봉, 봉! 맛있다. 맛있어! 프랑스어를 배운 사람은 바로 알아들었겠지. 봉이 맛있다는 뜻이니 초콜릿 봉봉, 즉 프랄린은 두 배 맛있을 거야.

- 프랄린은 특별한 초콜릿이야. 처음에는 높은 관료였던 뒤 플레시 프랄린의 이름을 따서 불렀지. 프랄린은 손님들, 특히 여성들에게 설탕 코팅을 한 구운 아몬드를 대접했어. 프랄린이 개발한 음식이었지. 손님들은 이 음식과 사랑에 빠졌고 레시피를 만든 주인의 이름을 따 '프랄린'이라고 불렀어.

- 그런데 당시의 프랄린은 사실 지금의 우리가 아는 프랄린과는 달라. 지금의 프랄린은 겉에 크림이 덮여 있는 초콜릿이거든. 크림이 줄줄 흐르고, 부드럽고, 바삭바삭하기까지 해. 간혹 알코올이 들어 있는 경우도 있어. 그리고 이 프랄린을 발명한 사람은 스위스에서 벨기에 브뤼셀로 이사를 간 장 노이하우스야. 초콜릿 봉봉을 파는 멋진 제과점의 주인이었지.

- 지금까지도 벨기에의 프랄린은 세계에서 가장 맛있다고 소문나 있어.

297 크루아상이 프랑스 음식이 아니라고?

- 크루아상은 프랑스어로 초승달을 의미해. 빵의 모양을 보고 붙인 이름이지. 프랑스어 동사로 '자라다'라는 의미를 지닌 크루아트레(croitre)라는 단어에서 따왔어.

- 그렇지만 크루아상을 처음 발명했던 건 프랑스인이 아니라 오스트리아인이었대. 아우구스트 장은 오스트리아 빈 출신이었지. 아우구스트는 파리로 가 빈 베이커리라는 빵집을 열었어. 그곳에서 폭신한 빵을 개발했고, 손님들은 이 빵을 '크루아상'이라 부르기 시작했지. 그 이름이 지금까지 전해진 거야.

- 크루아상에 대한 아름다운 이야기가 또 있어. 어느 날 아침, 오스트리아의 한 빵집 주인은 시끄러운 소리를 들었어. 땅속에서 나는 소리였지. 대체 무슨 일인지 알아보러 갔더니 글쎄 투르크족 사람들이 도시를 감싸고 있는 벽 아래에 터널을 뚫고 있는 거야. 빵집 주인과 그 친구들은 경찰에 이를 알렸고 경찰들이 와서 투르크인을 막았지. 빈 사람들은 이들이 투르크족을 막아 주어서 아주 다행이라 생각했어. 그래서 시청의 공무원들은 빵집 주인인 장에게 뿔 모양으로 빵을 구워 팔 수 있는 허가를 내주었다고 해. 그 빵은 '회른헨(Hornchen, 뿔이라는 뜻)'이라고 불렸어. 아직도 독일과 오스트리아에서는 크루아상이란 이름 대신 회른헨이라 부르지. 사실 위의 일화는 진실이 아니지만 말이야.

음식에 관한 모든 것 **273**

298 땅에서 나는 오이와는 아주 다른 바다 오이

땅이 아니라 바다에서 나는 오이가 있어. 얼마나 맛있는지 몰라. 땅에서 나는 오이보다는 짤지 모르지만 그래도 샐러드에 넣기 좋지.

- 설마 바다 오이가 정말 바다에서 자라는 오이라고 생각하는 건 아니지? 바다 오이는 '해삼'을 일컫는 말이야. 바다 바닥을 기어 다니는 동물이지. 약간 오이처럼 생기기도 했지만 비슷한 점은 생김새뿐이야.

- 해삼은 중국 요리에서 많이 사용하는 재료야. 보통 촉수와 내장만 제거한 후 말리지.

- 말린 해삼을 먹기 전에는 물에 넣어 불린 후 한 번 끓여야 해. 해파리처럼 미끈미끈해 보이고, 실제로도 보이는 것만큼 미끈한 질감을 가지고 있지. 맛있게 먹도록 해!

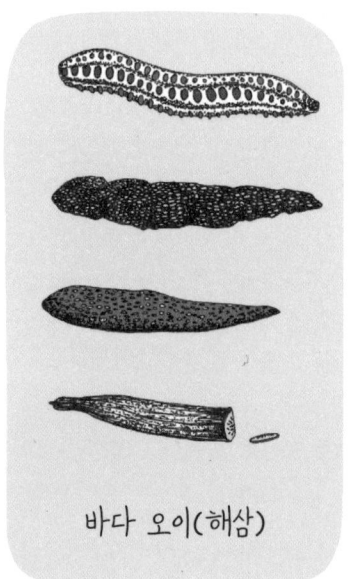

바다 오이(해삼)

299 껌의 재료로 쓰이는 석유

입 냄새를 없애기 위해 **껌**을 씹어 본 적이 있을 거야. 그런데 껌의 재료가 석유라는 걸 알고 있었니?

- 껌은 석유에 다른 감미료를 넣어 만들어. 고무, 인공 향, 감미료, 그리고 색소를 넣어 열을 더해 녹이는 거야. 처음에는 빵 반죽처럼 보여. 그 반죽을 압축해 기다란 모양으로 만든 후 적당한 길이로 잘라 만들지.

- 이런 종류의 껌은 분해가 되지 않아. 바다, 강, 그리고 호수로 흘러들어 가면 미세하게 작은 플라스틱으로 쪼개져 생선들이 먹게 되고 결국 우리의 식탁으로 돌아오는 거야.

- 다행히 요즘은 천연 재료로 만든 껌도 개발되고 있어. 사포딜라 나무에서 추출한 고무가 그 재료야. 일단 나무를 타고 올라간 사람이 나무껍질을 벗겨 내면 고무가 흘러나와. 이 고무는 치클이라고 불려. 이렇게 얻은 고무로 껌을 만들면 나무를 베어 낼 필요가 없으니 그나마 다행이지 않니?

- 그러니 천연 고무로 만든 껌을 씹도록 하자. 바다에 들어가면 분해도 될 테니 말이야.

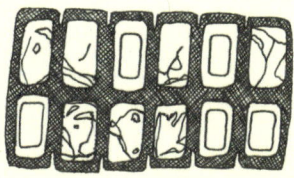

석유로 만듦

껌에 대한 더 많은 이야기

인류는 언제나 무언가 씹기를 좋아했어. 이누이트족은 고래 고기를 씹었고 중국인들은 인삼 뿌리를 씹었지. 딱딱한 나무껍질을 씹는 경우도 많았어. 몇 년 전, 스웨덴의 고고학자들은 9,000년 전에 씹던 껌을 발견했대.

300 함부르크에서 만든 햄버거

햄버거는 전형적인 미국 음식이라 생각할 수 있어. 하지만 사실 햄버거는 독일에서 발명된 음식이야.

- 19세기의 유럽은 상당히 가난했어. 많은 사람이 더 나은 삶을 살아 보고자 미국으로 이민을 떠났지. 당시에는 비행기가 발명되지 않았기에 배를 타야만 했어. 오랜 항해였지.

- 당시 독일에서는 고기 분쇄기를 발명해 사용하고 있었어. 이 기계를 사용하면 고기를 잘게 분쇄하고 빵가루와 양파를 섞은 음식을 만들 수 있었지. 이 음식은 특히 독일의 함부르크에서 유명했어.

- 미국으로 이주한 유럽인들은 이 전형적인 독일 음식을 미국 사람들에게 선보였어. 미국인들은 전에는 보지 못했던 이 음식을 너무 좋아했어. 그래서 이것을 빵 사이에 끼워 먹기 시작했지.

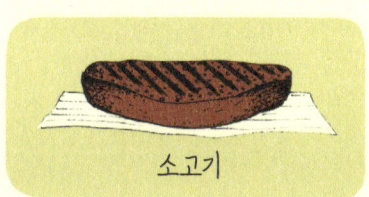

소고기

- 우리가 오늘날 먹는 햄버거를 정확히 누가 발명했는지는 알지 못해. 많은 사람이 자신이 가장 처음 발견했다고 주장하거든. 어쨌든 빵 사이에 끼운 고기가 얼마나 맛있었는지, 미국의 상징과도 같은 음식이 돼 버렸네.

음식에 관한 모든 것 275

12

상상초월 별들의 세계

301 거인이 사는 우주

그 거인 중 하나는 바로 **VY 캐니스 메이저리스**라는 항성이야. 다른 말로 큰개자리 VY 항성이야.

- 큰개자리 VY는 엄청나게 커다래. 태양의 1,400배가 넘는 크기에 무게는 20배나 더 나가.

- 태양의 지름이 지구의 109배라는 걸 안다면 큰개자리 VY가 얼마나 커다란 별인지 이해할 수 있겠지. 이 항성이 태양계에 있었다면 아마 목성이 있는 자리보다 더 뒤까지 차지했을 거야.

- 큰개자리 VY는 붉은색이고 태양의 50만 배가 넘는 빛을 생성한대.

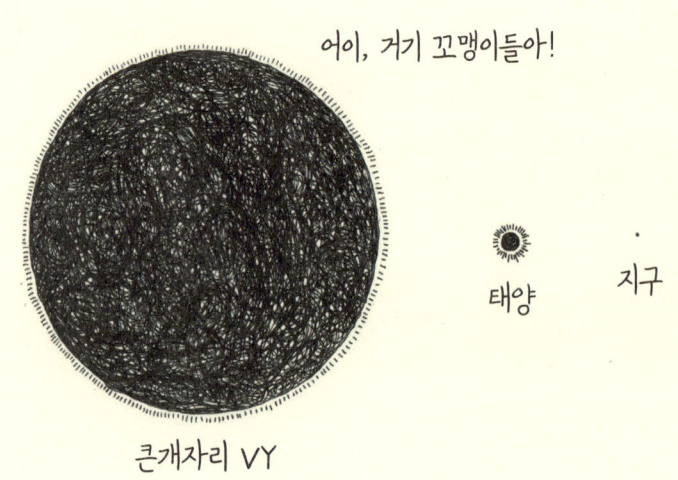

어이, 거기 꼬맹이들아!

큰개자리 VY   태양   지구

302 조약돌만 한 크기의 별똥별

별똥별을 본 적이 있니? 어두운 밤에 빠르게 지나가는 빛 말이야. 흔히 올려다보고 소원을 빌곤 하지. 구름이 없어 밤하늘이 깨끗할 때 쉽게 목격할 수 있어.

별똥별은 대기를 뚫고 들어오는 엄청난 속도의 조약돌에 지나지 않아. 우리가 유성이라고 부르는 이 조약돌은 하늘에서 빠른 속도로 떨어지며 엄청난 마찰을 만들어 내거든. 그래서 돌이 말 그대로 증발해 버리지. 그러면서 공기 중 떠다니는 분자와 충돌하고 결국 분자가 작게 분리되어 전류가 흐르게 돼. 이 모든 것이 합쳐져서 우리가 보는 별똥별로 보이는 거야.

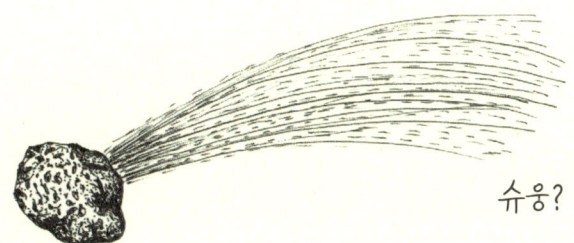

슈웅?

303 크기를 가늠할 수 없는 우주

사실 우리는 우주에 대해 많이 알지 못해. 우리가 보는 우주는 아주 작은 부분이지.

현재 천문학에서 추정하는 우주의 나이는 138억 년이야. 138억 광년(잡학 314 참고) 이상은 알 수 없어. 만약 그 이전에 빛이 출발했다 해도 아직 우리에게 닿지 않았기 때문이지.

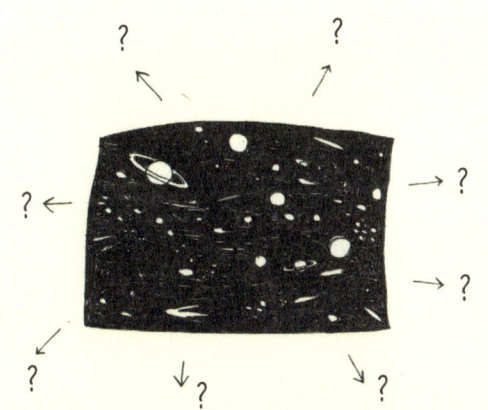

우리가 아는 우주에는 3,500억 개의 은하가 존재하고 각 은하는 몇 십억 개의 별로 이루어져 있지. 인간이 볼 수 있는 우주의 크기는 약 900억 광년이야. 엄청난 숫자이지. 보통 사람이라면 듣기만 해도 어지러울지도 모르고 과학자들도 쉽사리 상상할 수 없는 숫자라고 말하곤 해. 그래서 다른 개념과 비교하는 거야. 그러면 쉽게 이해할 수 있거든. 사람들은 하늘에 존재하는 별의 개수가 해변의 모래알 개수보다 더 많다고 이야기하곤 해. 사실은 전 세계 모든 해변의 모래알 개수보다 많을 거야.

우리가 정확히 알 수는 없겠지만 우주의 크기는 무한대일지도 모르지. 상상할 수도 없어. 하지만 만약 그 끝이 있다면, 우주의 뒤에는 대체 무엇이 있는 걸까?

304 커다란 얼음덩어리, 혜성

혜성은 작은 천체야. 우리 지구 밖을 조용히 돌고 있는 얼음덩어리지. 혜성이 태양계 가까이 끌려오면 얼음은 열 때문에 가스로 변해. 이 현상을 '승화'라고 불러. 태양 바람이 불어오면 이 기체가 혜성의 핵으로부터 승화하며 꼬리를 만들어. 보통 핵은 지름이 10킬로미터 정도 되지만 꼬리는 몇 백만 킬로미터나 되지. 혜성의 꼬리는 가늘고 빛나는 기체로 이루어져 있어. 먼지와 기체로 이루어진 이 꼬리의 이름을 '코마'라고 해.

'하야쿠타케'라는 혜성의 꼬리 길이는 적어도 5억 7,000만 킬로미터라고 하는구나!

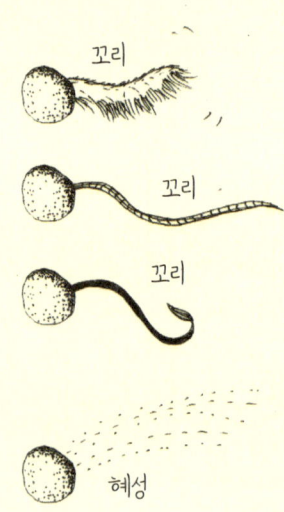

305 별의 죽음

별은 커다란 폭발을 일으키며 죽어. 잡학 301에서 이야기했던 큰개자리 VY가 폭발하면 그야말로 엄청난 에너지가 발생할 거야. 태양 질량의 8배 이상의 별이 폭발하면 **초신성**이 생겨나. 태양은 이보다 크기가 작으니 절대 초신성이 되진 못할 거야. 초신성은 커다란 먼지와 가스 구름을 만들어 우주로 퍼트리지. 그리고 남은 부분은 '성운'이라고 불러.

큰개자리 VY는 **블랙홀**로 생을 마감할 수도 있을 거야. 블랙홀의 중력은 너무나 강해서 모든 질량이 한 군데로 압축되고 그 어떤 빛도 이곳을 빠져나가지 못해. 잡학 307을 읽어 봐.

폭발한 거대 행성의 핵은 **중성자별**이라고 불려. 지름이 30킬로미터 정도 되는 도시만 한 크기에 빛나고 뜨거운 구체라고 생각하면 쉬워. 중성자별의 온도는 적어도 백만 도 정도일 거야. 얼마나 무거운지 아주 작은 핀의 머리통만 한 크기만 되어도 백만 톤의 무게는 나갈 거야. 커다란 마천루 세 채를 합친 무게이지. 상상하기 어려운 개념이지?

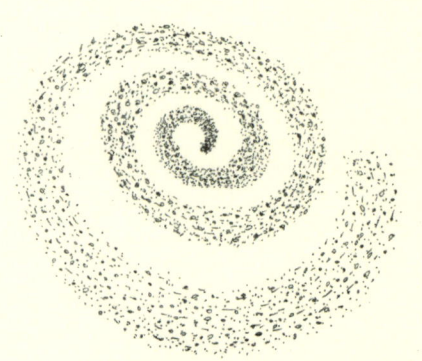

306 시속 27,600킬로미터의 속도로 지구를 도는 국제 우주 정거장

국제 우주 정거장, 짧게 줄여 ISS라고도 부르는 이곳은 지구에서 쏘아 올린 여러 개의 다른 모듈(조립할 수 있는 부분 장치)로 이루어져 있어. 첫 번째 모듈은 1998년에 러시아가 쏘아 올렸지. 2000년 이후로는 우주 과학자들이 우주 정거장에 살고 있어.

- 간혹 국제 우주 정거장은 서쪽에서 동쪽으로 움직이는 밝은 빛으로 보이기도 해. 천천히 움직이는 것 같지만 시속 27,600킬로미터로 지구를 돌고 있지. 그 말은 즉 지구를 91분에 한 번씩 돌고 있다는 거야. 우주 정거장은 지구의 지상으로부터 400킬로미터 정도 떨어져 있어. 이 부근의 대기는 엄청나게 옅어서 마찰이 거의 없어. 그 덕분에 빠른 속도로 지구에 떨어질 일은 없지.

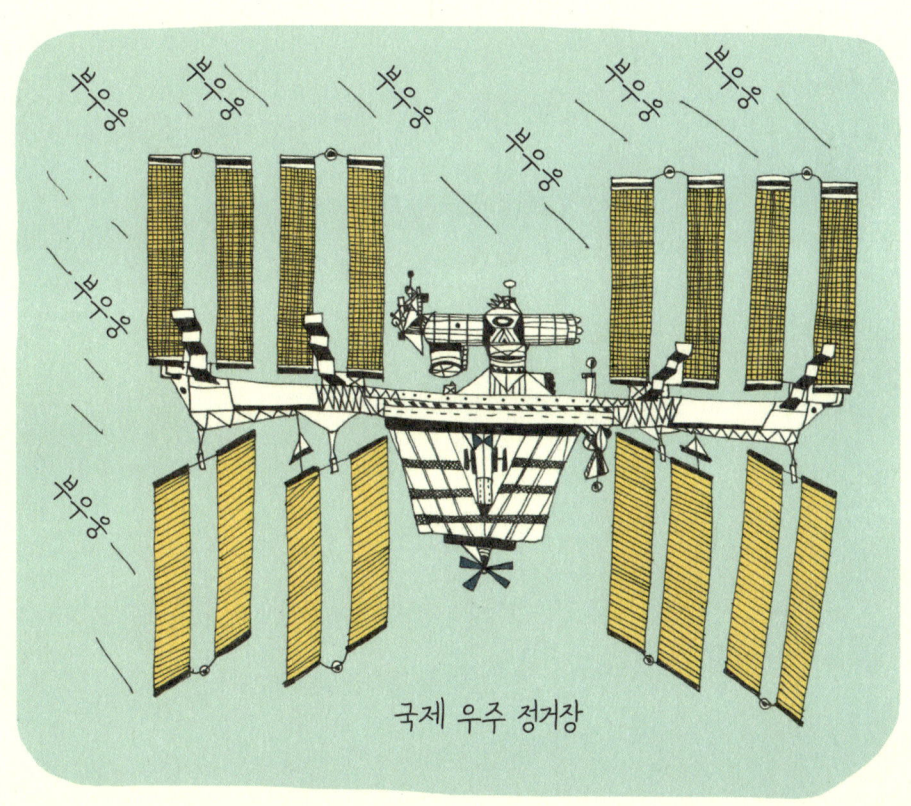

국제 우주 정거장

307 너무나 무서운 블랙홀

- **블랙홀**은 중력이 너무 커서 빛을 포함한 그 무엇도 밖으로 빠져나갈 수 없는 구멍을 말해. 그래서 검은 구멍이라는 의미의 블랙홀이란 이름을 지니게 되었지.

- 블랙홀에 들어가면 별로 좋지 않을 거야. 블랙홀의 중심을 '특이점'이라고 부르는데, 우주에 떠다니는 각종 물질들이 특이점 방향으로 빨려 들어가지. 이곳으로 일단 빨려 들어가면 다시는 밖으로 나올 수 없어. 완전히 파괴되지.

- 블랙홀의 나이가 많아지면 당기는 힘이 줄어들어. 그렇다면 나이가 많은 블랙홀에서는 빠져나올 수 있지 않을까?

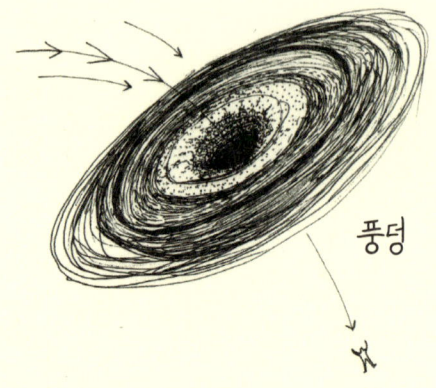

풍덩

- 간혹 블랙홀이 다른 우주로 통하는 터널이라고 생각하는 과학자들도 있어. 블랙홀을 통해 떠나는 환상적인 우주 시간 여행을 다루는 영화도 있지. 하지만 그런 것들은 공상 과학 영화이고, 그런 일이 일어날 확률은 거의 없어. 인간이 생존할 수 있는 행성은 우리가 알기로는 아직 지구뿐이거든.

308 둥글지 않은 지구

그렇다고 지구가 평평하다는 말은 아니야. 하지만 지구가 평평하지 않다고 해서 완전한 구형인 것도 아니야.

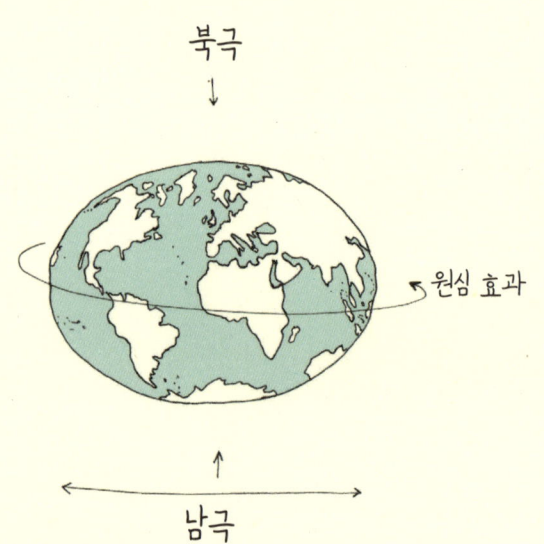

북극 ↓
원심 효과
↑ 남극

- 적도를 따라 지구를 여행해 보면 극지방을 지나는 여행보다 몇 십 킬로미터 정도 더 긴 거리라는 것을 느낄 수 있을 거야.

- 이는 지구가 축을 중심으로 너무 오랜 시간 돌아왔기 때문에 발생한 현상이야. 지구의 극지방 쪽이 다른 부분보다 더 평평해진 거지. 이런 '원심 효과' 덕분에 지구는 구형이 아닌 타원형 모양으로 변했어.

- 17세기의 과학자들도 지구가 타원형이라 의심했던 적이 있었어. 하지만 유럽 북부의 라플란드와 남아메리카 페루에서 진행된 지구 거리 측정을 통해 1735년에 와서야 이를 증명할 수 있었어.

천체 무게(kg)	태양	목성	지구	화성	달
	560	50.6	20	7.6	3.3
	840	75.9	30	11.4	4.9
	1120	101.2	40	15.2	6.6
	1400	126.5	50	19	8.2
	1680	151.8	60	22.8	9.8
	1960	177.1	70	26.6	11.5
	2240	202.4	80	30.4	13.1
	2520	227.7	90	34.2	14.8
	2800	253	100	38	16.4

중력 크기 작아짐 →

309 지구에서보다 화성에서 몸무게가 더 적게 나간다고?

- 지구에서 몸무게가 50킬로그램인 사람은 **화성**에 가면 고작 19킬로그램밖에 나가지 않는대. 그건 화성의 중력이 작기 때문이지. 화성은 지구보다 더 작고 무게도 덜 나가. 화성에서의 몸무게를 알고 싶다면 자신의 몸무게(킬로그램)에 0.38을 곱해 봐. 예를 들어 몸무게가 50킬로그램이라면 여기에 0.38을 곱해. 그러면 19킬로그램이 나오는 거지.

- **달**에 가면 몸무게가 화성에서보다 더 줄어들어. 그곳의 중력은 더 작거든. 50킬로그램의 몸무게는 달에 가면 8.2킬로그램으로 줄어들 거야.

- 하지만 그 반대의 현상이 일어날 수도 있지. 커다란 행성인 **목성**에서는 모든 게 더 무거워져. 지구에서는 50킬로미터였던 사람이 목성에 가면 126.5킬로그램 이상 나가게 되지.

- 하지만 태양계에서 몸무게가 가장 많이 나가는 경우는 **태양**에서야. 50킬로그램이 나가는 사람은 태양에 가면 1,400킬로그램이 나가.

> **화성에 대한 더 많은 이야기**
>
> 2012년 8월 6일, 화성을 연구하기 위한 로봇을 쏘아 올렸어. 큐리오시티였지. 큐리오시티가 화성을 연구하기 위해 1년을 머무르는 동안, 과학자들은 로봇이 자신을 위한 생일 축하 노래를 부르게 했다고 해.

310 1,500만 도나 되는 태양의 핵

- 뜨거워. 정말 뜨거울 거야. 신기하게도 핵의 바깥은 '고작' 6천 도밖에 되지 않지. 그래도 상당히 높은 온도야. 끓는 물이 100도라는 걸 알고 나면 그 온도가 얼마나 뜨거운지 상상이 될까?

- 태양은 수소로 이루어져 있어. 태양 내부의 응축된 수소는 헬륨이라는 물질로 변해. 그리고 헬륨은 엄청나게 많은 에너지를 방출해. 그 때문에 핵의 온도가 1,500만 도나 되는 거야.

- 태양 주변 역시 태양의 표면보다 더 뜨거워. 넓은 자기장이 활동하고 있기 때문이지. 이 자기장이 가스 폭발을 촉진해. 이 폭발은 대기를 더 뜨겁게 만들고 말이야.

- **알베르트 아인슈타인**이 이것과 관련된 이론을 만들어 냈어. 그렇지만 지금은 그런 이론 없이도 망원경을 사용하거나 우주선을 타고 실제로 어떤 현상이 벌어지는지 볼 수 있어.

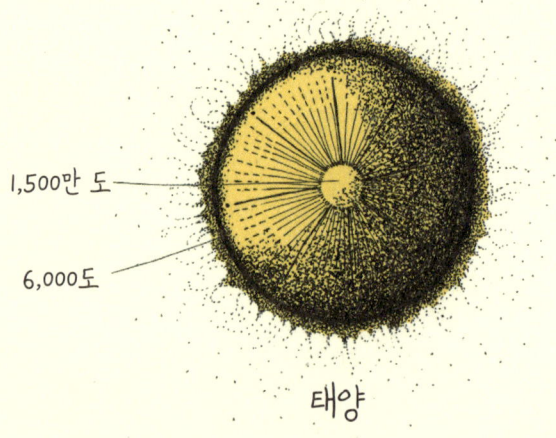

1,500만 도
6,000도
태양

311 쥐 죽은 듯 조용한 우주

소리는 파장과 운동으로 이루어져 있어. 스피커 위에 손을 올려 보면 진동이 느껴지지? 바로 그 진동이 공기의 파장을 일으켜 우리 귀로 도착하는 거야. 그러면 우리가 어떤 소리를 듣는지 뇌가 정확하게 말해 주지.

소리 파장은 공기를 타고 어디든 날아갈 수 있어. 그 때문에 조용히 서 있으면 엄청나게 많은 소리를 듣게 되는 거야. 소리 파장은 물속에서도 움직일 수 있지만 벽에서는 훨씬 더 효과적으로 전달되지. 그래서 벽에 귀를 대고 있으면 옆집 사람들이 생활하는 소리를 엿들을 수 있어.

우주에는 공기도, 물도, 그리고 벽도 없어. 그래서 소리 파장이 그 어디에도 갈 수 없지. 타고 갈 교통수단이 없기 때문이야. 그런 이유로 우주에서는 아무 소리도 들을 수 없어. 쥐 죽은 듯 조용하지. 그러니 빅뱅이 일어났을 때도 아주 작은 진동만 생겨났을 거야.

지구에서

우주에서

312 얼음 심장이라 불리는 명왕성

명왕성은 왜행성*이야. 지름 2,370킬로미터에 248년에 한 번 태양의 주위를 돌아.

명왕성의 표면은 높이 3,000미터 이상의 산으로 이루어져 있어. 꼭대기에 구멍이 나 있는 산도 있지. 아마 얼음 화산일 거야. 뜨거운 용암을 분출하진 않지만 질소, 얼음, 암모니아, 그리고 메탄을 섞은 물질을 뿜어내지.

그건 명왕성 아래로 깊이 4킬로미터, 그리고 폭 1,000킬로미터의 빙하가 있기 때문이야. 이 빙하는 수소, 일산화탄소, 그리고 메탄으로 이루어져 있어.

인간은 이 모든 것을 어떻게 알게 된 걸까? 바로 뉴호라이즌 덕분이야. 2006년 지구에서 쏘아 올린 무인 우주선이지. 뉴호라이즌은 명왕성의 풍경, 구성 요소, 대기, 그리고 위성을 연구했어. 모든 데이터를 지구로 다운로드하는 데만 16달이 걸렸지.

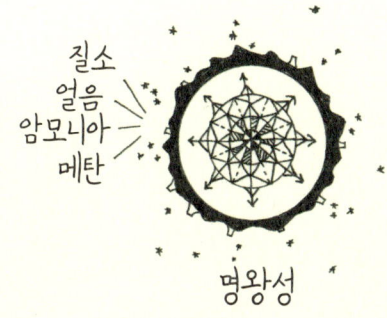

명왕성에 대한 더 많은 이야기

명왕성이 '왜행성'이라고 불리는 이유는 크기 때문이 아니야. 평범한 행성과 왜행성의 차이는 궤도에 존재하는 천체의 유무야. 왜행성의 궤도에는 천체가 존재해. 태양 주변의 명왕성 궤도에는 수많은 왜행성과 소행성이 존재하고 있어. '진짜' 행성은 주변이 아주 깨끗해.

313 우주를 떠다니는 커다란 알코올 구름

우주의 우리 은하수에서도 알코올로 가득 찬 구름이 발견됐어. 이 구름의 크기는 간혹 지구에서 태양까지의 거리만큼이나 되지. 이 구름의 알코올은 맥주나 와인의 알코올과 비슷한 성분이야. 에탄올이라고 불리지. 안타깝게도 구름의 알코올은 식용이 아니야. 사랑과 행복이라는 뜻이지. 이상하게 느껴질지도 모르지만 적합한 이름이야. 이 행성은 일정한 상태가 되면 우주 쪽으로 충분한 알코올을 뿜어내거든. 그 양이 와인 5병 이상일 때도 있어. 누구 칵테일 마실 사람 있니?

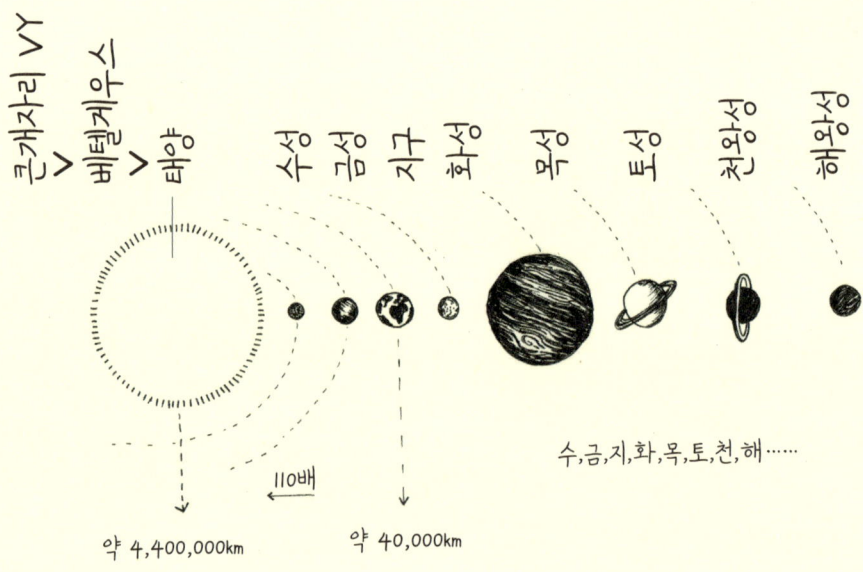

314 지구보다 110배나 큰 태양

지구의 둘레는 4만 킬로미터야. 태양의 둘레는 4,400만 킬로미터이지. 즉, 태양의 둘레가 110배 크다는 말이야.

하지만 우주에서 보자면 태양 역시 작은 별일 뿐이야. 약 600광년 떨어진 베텔게우스라는 별은 둘레가 9억 킬로미터나 되지. 4,900광년 떨어진 큰개자리 VY 항성은 세상에서 가장 큰 별이라고 말했지. 잡학 301을 참고해. 큰개자리 VY 항성을 비행기를 타고 돈다면 수천 년 뒤에야 여행을 끝낼 수 있을 거야.

그리고 또 다른 이야기

광년은 천문학에서 거리를 재는 단위야. 별이 초당 30만 킬로미터의 속도로 1년 동안 진공 상태에서 진행한 거리를 말하지. 1년에 도달하는 거리는 9,460,730,472,580,800미터. 또는 9조 4,610억 킬로미터야.

우리의 태양계가 위치한 우리 은하의 원주는 10만 광년이야.

315 별은 행성이 아니고 행성은 별이 아니야

하늘을 올려다봐. 무엇이 행성이고 무엇이 별인지 알고 싶지 않니?

- 가까이서 보면 행성과 **별**은 매우 다르게 생겼어. 별은 뜨거운 가스로 이루어진 커다란 구이지. 별의 내부에서 일어나는 핵분열 덕에 빛과 열이 방출되는 거야. 바로 태양이 별이야.

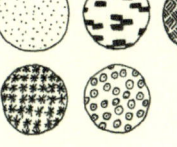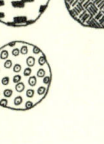

- **행성**은 그보다 작고 차가워. 돌, 얼음, 가스, 그리고 철로 이루어져 있어. 만약 행성에 빛과 열이 있다면 행성이 공전하고 있는 별에게서 얻는 것이지. 우리가 살고 있는 지구는 행성이야.

- 하늘을 바라보면 밝게 빛나는 점을 찾아볼 수 있을 거야. 그 점이 별인지 행성인지는 맨눈으로도 알아볼 수 있지. 행성도 눈에 잘 띄지만 별보다는 덜 빛나.

- 마지막으로 별은 항상 같은 자리에 머물러 다른 별들과 일정 거리를 유지해. 태양을 생각해 보면 알겠지. 하지만 행성은 가만히 있지 않아. 그래서 그리스인들은 '방랑자'라는 이름을 붙여 주었지. 오랜 시간 동안 하늘을 올려다보면 움직이는 점과 그렇지 않은 점을 구분할 수 있을 거야. 사실 별도 가만히 있진 않아. 하지만 지구에서 매우 멀리 떨어져 있기 때문에 움직임을 볼 수 없을 뿐이지.

- 맨눈으로 볼 수 있는 행성은 다섯 개야. 그중 **금성**이 가장 밝은 행성이지. 새벽과 땅거미가 지는 시간에는 **수성**을 찾아볼 수 있을 거야. 그리고 2년에 한 번씩은 **화성**을 볼 수 있지. 주황빛으로 빛나는 행성이니 구분하기 쉬워. **목성** 역시 **토성**만큼 밝은 행성이야. 목성과 토성은 1년에 두 달만 관찰할 수 있어.

316 태양 빛이 만들어 낸 오로라

간혹 남극과 북극 지방에서는 믿을 수 없는 아름다운 빛을 볼 수 있어. 어두운 밤하늘에 아름다운 색깔을 띤 빛의 커튼이 비치는 거야. **오로라**라고 불리지. 고대 로마 사람들이 새벽의 여신 이름을 따 지은 이름이야.

- 오로라는 태양 빛이 만들어 낸 거야. 태양은 우주로 계속해서 전류를 내보내거든. 이를 '태양풍'이라고 불러.

- 이 입자들이 지구의 대기로 진입하면 산소와 수소 분자와 충돌하지. 그리고 여기서 생긴 에너지가 빛을 분출하는 거야.

- 오로라의 색은 충돌한 분자의 성분에 따라 여러 가지로 나뉘어. 초록색, 붉은 갈색, 푸른색, 그리고 붉은색이야.

- 극지방에서 태양풍을 당기는 자기장이 활동하기에 오로라를 볼 수 있어.

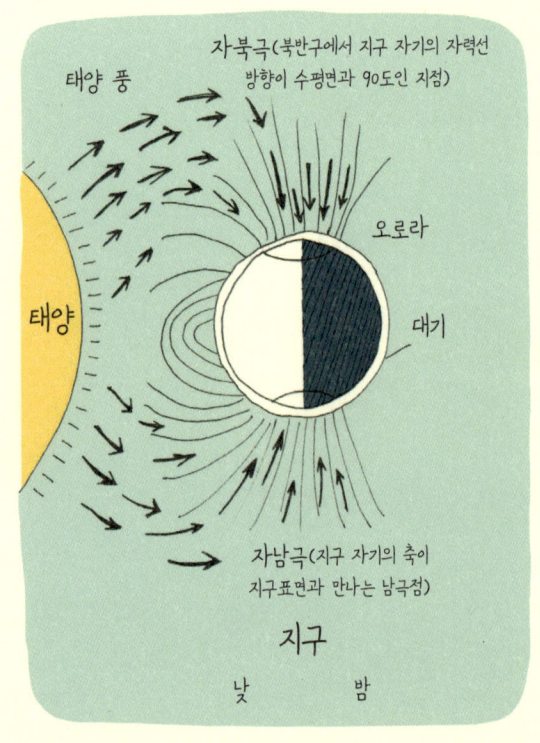

317 머리 위로 떨어지는 운석

우주에서는 지구를 향해 계속해서 돌을 던져. 운석이라고 불리는 이 돌들은 바다나 사람들이 살고 있는 지역으로도 떨어지지. 사람의 머리 위에 떨어지는 경우도 있어.

- 1954년 앤 호지스라는 여성이 자다가 운석을 맞았어. 다행히 화상만 조금 입고 살아남았지.

- 베네수엘라의 소는 그렇게 운이 좋지 못했어. 1972년 떨어진 운석을 맞고 죽었지.

- 1992년 우간다에서는 한 소년의 머리 위에 3그램짜리 운석이 떨어졌대.

- 그보다 더 심각한 사고가 나는 경우도 있어.

- 2013년 2월 15일, 러시아로 커다란 운석이 떨어졌어. 첼랴빈스크에 사는 사람들은 하늘에서 떨어지는 불덩어리와 흔적을 목격할 수 있었지. 그때 엄청 커다란 폭발음이 들려왔어. 많은 사람들이 이 폭발 때문에 날아온 유리 조각에 부상을 당했지.

- 하지만 너무 무서워하지는 마. 운석에 맞을 확률은 매우 낮으니까. 2014년 스테판 넬슨 교수가 계산한 결과에 따르면 운석에 맞을 확률은 160만분의 1이래.

- 운석의 힘은 얼마나 강한지 만지지 않아도 사람을 죽일 수 있어. 운석이 떨어질 때의 충격조차도 치명적이거든. 그런데 우주 잔해물이 머리 위로 떨어질 확률은 운석이 떨어질 확률보다도 낮으니 거의 가능성이 없다고 보면 돼.

위험하네!

318 미행성을 밀어낼 방법

미국 항공 우주국(NASA)과 유럽 우주 기구(ESA)는 미행성이나 작은 행성이 지구에 미치는 영향을 막기 위한 연구를 진행하고 있어. 커다란 소행성은 지구의 역사를 끝내 버릴 수 있거든. 그래서 위의 두 기관은 디디문이라는 소행성을 지구 궤도에서 밀어내 버리려고 2022년까지 연구를 진행하고 있어. 2020년 인공위성을 보내 디디문의 정보를 얻을 작정이야. 그리고 1년 후 조사선을 보낼 예정이야. 1,100만 킬로미터의 여행을 마치면 궤도를 바꿀 수 있을 만큼의 속도로 소행성에 부딪칠 거야.

- 사실 이 프로젝트는 미행성을 궤도에서 밀어내는 게 가능한지 알아보는 실험이야. 미행성이 지구에 위협이 될 때 무엇을 해야 하는지를 미리 연구하는 거지.

상상초월 별들의 세계 289

319 지구의 나이 측정하기

지구의 나이는 45.7억 년이야. 그런데 대체 어떻게 나이를 알 수 있었을까?

- 한동안은 지구의 나이를 찾기 위해 성경을 참고했어. 성경의 이야기는 기원전 4004년부터 시작되지. 하지만 지금은 그보다 더 정확한 나이를 알 수 있어.

- 19세기의 과학자들은 지구의 생을 연구하기 시작했어. 모든 방법을 총동원했지. 생물학자들은 진화론을 통해 나이를 추측했어. 다윈의 이론에 따르면 단세포 생물이 인간으로 진화하려면 몇 억 년이 걸린다지. 지구의 나이는 적어도 몇 억 년인 거야.

- 지질학자들은 바다로 소금이 유입되는 기간이나 태양이 지금의 크기로 자라난 시간을 측정했지.

1. 지구를 절반으로 자른다?
2. 나이테의 개수를 센다?

지구 나이 측정하기

- 하지만 과학자들은 방사능이 발견될 때까지는 어떤 연구도 진행하지 못했어. 우라늄 원자가 분해되는 속도를 파악하면 돌 안의 우라늄이 얼마나 오래 머무르고 있었는지를 알 수 있지. 그리고 세상에서 가장 오래된 돌이 약 44억 살이라는 것을 알아냈지.

- 가장 오래된 운석은 약 45.7억 살이야. 그러니 지구가 태양계의 다른 행성이나 물질들과 비슷한 나이라면 이 운석과 나이가 비슷하겠지. 그러니 나이가 더 많은 운석을 찾기 전까지는 이게 지구의 공식 나이야.

320 위성에 있는 호수

토성의 위성은 타이탄이야.

- 우주 조사선은 타이탄에 38만 8,500제곱킬로미터 크기의 호수가 있다는 것을 발견했지. 엄청난 크기야. 지구의 가장 큰 호수는 카스피해인데, 이곳도 37만 400제곱킬로미터지.

- 타이탄의 호수에는 물이 없어. 대신 영하 181도까지 내려가 매우 춥지. 물이 있더라도 얼어 버릴 거야. 대신에 메탄과 에탄이라는 기체로 가득 차 있어.

- 과학자들은 아주 오랜 옛날에는 지구의 대기가 타이탄의 대기와 닮았을 거래. 대신 타이탄만큼 춥지는 않았을 거라고 해. 위성 타이탄엔 사람이 살지 않아. 너무 춥고 물도 없으니까 말이야.

- 타이탄은 1654년 네덜란드인 크리스티안 하위헌스가 발견했어. 매우 똑똑한 과학자였던 하위헌스는 주사위 게임에서 확률을 구하는 방법에 대한 책을 쓰고, 추를 이용한 시계를 세계 최초로 발명해 내고, 세계 최초의 물리학 공식을 만들었어. 그리고 타이탄도 발견했지.

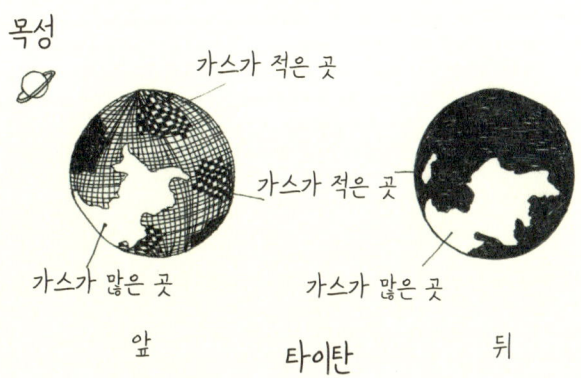

321 네가 알고 있던 그것이 UFO가 아니라면?

UFO는 Unidentified Flying Object를 줄인 말이야. 해석하면 **미확인 비행 물체**를 뜻하지.

- 하늘에 날아가는 무언가의 정체가 확실하지 않으면 UFO라고 부르지.

- UFO를 봤다고 말하는 사람들은 많지만 그것들이 모두 UFO인 건 아니야. 위성, 운석, 풍등, 새, 이상한 모양의 구름, 금성, 기상 관측 기구, 그리고 우주 정거장까지⋯⋯. 이 모든 걸 UFO라고 착각하는 사람들이 있지. 하지만 무엇인지 확실하게 알 수 있는 물체라면 이미 UFO가 아니겠지.

- 여태까지 사람들이 봤다고 한 UFO는 연구 결과 대부분 사실이 아니라고 밝혀졌어. 하지만 아직도 그 정체를 알아낼 수 없었던 목격담도 있지. 사람들은 우주에서 누군가가 지구를 방문했다고 생각하기 쉬워. UFO가 지구에서 사는 방식을 구경하러 온 우주선이라 생각하는 거지.

- 하지만 아직까지도 UFO가 정말 존재했는지는 확실히 알 수 없어. 외계인들이 스스로 모습을 드러내지 않으면 걱정하지 않아도 좋아. 하지만 현재까지 UFO란 그저 우리가 정체를 모르는 하늘을 나는 물체를 말하는 거야.

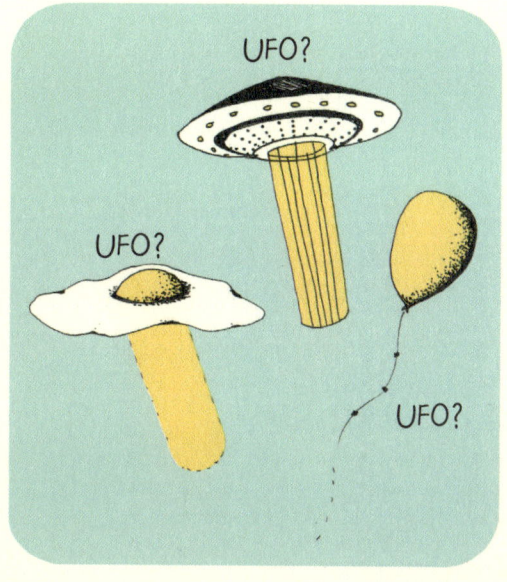

321 superslimme Dingen die je moet weten voor je 13 wordt
© Uitgeverij Lannoo nv, Tielt, 2017
Teksten: Mathilda Masters
Illustraties: Louize Perdieus
Omslagontwerp: Louize Perdieus & Studio Lannoo, Mieke Verloigne
Vormgeving: Louize Perdieus & Studio Lannoo, Mieke Verloigne
Inhoudelijke redactie en correctie: De Witregel

이 책의 한국어판 저작권은 Icaris Agency를 통해 Editions Milan S.A.S.와 독점 계약한 그린북에 있습니다.
저작권법에 의하여 한국 내에서 보호를 받는 저작물이므로 무단 전재와 무단 복제를 금합니다.

Flanders Literature opens a window on the dynamic and diverse literary landscape in the northern part of Belgium. Our mission is to help publishers and festival organisers find that one particular title or author that is the perfect fit for their list or audience.

This book was published with the support of Flanders Literature(flandersliterature.be).